O TEATRO DE
GIANNI RATTO
MAGO DOS PRODÍGIOS

SERVIÇO SOCIAL DO COMÉRCIO
Administração Regional no Estado de São Paulo

Presidente do Conselho Regional
Abram Szajman

Diretor Regional
Danilo Santos de Miranda

Conselho Editorial
Ivan Giannini
Joel Naimayer Padula
Luiz Deoclécio Massaro Galina
Sérgio José Battistelli

Edições Sesc São Paulo
Gerente Iã Paulo Ribeiro
Gerente adjunta Isabel M. M. Alexandre
Coordenação editorial Clívia Ramiro, Cristianne Lameirinha, Francis Manzoni, Jefferson Alves de Lima
Produção editorial Antonio Carlos Vilela
Coordenação gráfica Katia Verissimo
Produção gráfica Fabio Pinotti, Ricardo Kawazu
Coordenação de comunicação Bruna Zarnoviec Daniel

Apoio

O TEATRO DE GIANNI RATTO

MAGO DOS PRODÍGIOS

ORGANIZAÇÃO
Antonia Ratto e Elisa Byington

© Antonia Ratto & Elisa Byington (org.), 2022
© Edições Sesc São Paulo, 2022
Todos os direitos reservados

Introdução e textos gerais Elisa Byington
Preparação Leandro Rodrigues dos Santos
Revisão Silvana Vieira, Rosane Albert
Tradução para o português Roberta Barni (O iluminismo de um homem audacioso)
Revisão do italiano Sara Favaro (L'illuminismo di un uomo avventuroso)
Versão para o inglês Susan Wise (The enlightenment of an Adventurous Man); Anthony Cleaver (demais textos)
Projeto gráfico e diagramação Antonia Ratto e Claudia Lammoglia

Dados Internacionais de Catalogação na Publicação (CIP)

R1897t Ratto, Antonia

O teatro de Gianni Ratto: mago dos prodígios / Organização: Antonia Ratto; Elisa Byington; tradução do italiano, Roberta Barni; versão em inglês: Anthony Cleaver, Susan Wise. – São Paulo: Edições Sesc São Paulo, 2022. – 400 p. il.: fotografias. Bilíngue: português x inglês.

Bibliografia
ISBN: 978-65-86111-50-7

1. Teatro. 2. Gianni Ratto. 3. Direção teatral. 4. Cenografia teatral. 5. Iluminação teatral. 6. Figurinismo teatral. I. Título. II. Byington, Elisa. III. Cleaver, Anthony. IV. Wise, Susan. V. Barni, Roberta.

CDD 792

Ficha catalográfica elaborada por Maria Delcina Feitosa CRB/8-6187

Edições Sesc São Paulo
Rua Serra da Bocaina, 570 – 11º andar
03174-000 – São Paulo SP Brasil
Tel. 55 11 2607-9400
edicoes@sescsp.org.br
sescsp.org.br/edicoes

AGRADECIMENTOS

Agradecemos, em especial, a Kati Almeida Braga, Lucia Almeida Braga, Sylvia Moura e Vivi Nabuco que, juntamente com o Sesc, nos possibilitaram realizar a exposição que deu origem a este livro.

A Vaner Ratto, responsável pelo acervo de Gianni Ratto, e Olivia Argentini, que nos apoiaram nos longos meses de pesquisa e estiveram sempre prontas a colaborar.

Aos responsáveis pelos acervos dos teatros italianos que conservam de forma excelente os croquis e a memória da obra de Ratto, tendo estado sempre abertos a colaborar conosco: Silvia Colombo, do arquivo do Piccolo Teatro di Milano; Vittoria Crespi Morbio e Dino Belletti, do arquivo histórico do Teatro alla Scala de Milão; Elena Fumagalli, do arquivo fotográfico do Teatro alla Scala; Moreno Bucci, do arquivo do Maggio Musicale Fiorentino e Alessandra Malusardi, do Teatro dell'Opera di Roma. No Brasil, agradecemos a colaboração preciosa de Maristela Rangel, da Funarte.

Às pessoas que generosamente nos cederam imagens ou obras de seus acervos: Fernanda Montenegro, Marilia Brito, Lucélia Santos, Jocy de Oliveira.

A Ana Luisa Chafir, Ana de Hollanda, Bebetta Campeti, Claudia Pinheiro, Daniela Machado de Freitas, Daniel Filho, Ilaria Freccia, Malu Villas Boas, Olga Vlahou, Olivia Byington e a todos os que de alguma forma colaboraram para que fosse possível a realização deste livro.

ACONTECEU,
ÀS VEZES, DE EU
NÃO MAIS QUERER
FAZER TEATRO.

SUMÁRIO

TEATRO COMO VETOR Danilo Santos de Miranda — 11
DEDICATÓRIA Antonia Ratto — 15
GIANNI RATTO: UMA INTRODUÇÃO Elisa Byington — 21

ITÁLIA — 39

O ILUMINISMO DE UM HOMEM AUDACIOSO

Vittoria Crespi Morbio — 40

O MAGO DOS PRODÍGIOS - TEATRO LÍRICO E DRAMÁTICO — 54

Il Diogene — 56
Caligola — 58
Desiderio Sotto Gli Olmi — 60
I Giorni della Vita — 62
Teresa Raquin — 64

Piccolo Teatro di Milano — 66
L' Albergo dei Poveri — 68
Arlecchino, Servitore di Due Padroni — 72
Il Mago dei Prodigi — 80
Le Notti dell'Ira — 82
I Giganti della Montagna — 84
L'Uragano — 86
Riccardo II — 88
Delitto e Castigo — 90
Filippo — 94
L' Alba dell'Ultima Sera — 96
Estate e Fumo — 100
La Morte di Danton — 102
Elettra — 104
Elisabetta d'Inghilterra — 106
L' Ingranaggio — 110
Sei Personaggi in Cerca d'Autore — 112
Lulu — 114

O Piccolo em Outras Sedes — 116
La Tempesta — 118
Assassinio nella Cattedrale — 122
Il Corvo — 124
L' Assedio di Corinto — 126
La Putta Onorata — 128
La Dodicesima Notte — 130

Ópera e Balé — 132
La Traviata — 134
L'Amore delle tre Melarance — 138
Il Matrimonio Segreto — 142
Don Pasquale — 144
Pulcinella — 146
La Cecchina, ossia La Buona Figliola — 152
L'Elisir d'Amore — 154
Giuditta — 156
Marsia — 160
Oberto, Conte di San Bonifacio — 164
The Rake's Progress — 166
El Amor Brujo — 168
Wozzeck — 170
Il Ratto dal Serraglio — 176
L'Incoronazione di Poppea — 180
Lucia di Lammermoor — 184

TEATRO MUSICAL E DE REVISTA — 190
Grand Hotel — 192
Quo Vadis — 194
Bada Che Ti Mangio — 198
Carosello Napoletano — 200
I Fanatici — 204

CRONOLOGIA — 206

BRASIL 213

GIANNI NO BRASIL Sergio de Carvalho 214

PERSONAGENS EM BUSCA DE UM AUTOR
PRIMEIRA FASE: 1954-63 222

- O Canto da Cotovia 224
- Com a Pulga Atrás da Orelha 228
- Diálogo das Carmelitas 232
- Mirandolina 234
- A Moratória 236
- É de Xurupito! 238
- O Santo e a Porca 240
- As Três Irmãs 242
- O Mambembe 244
- A Profissão da Sra. Warren 250
- O Cristo Proclamado 252
- O Beijo no Asfalto 254
- Apague o Meu Spotlight 256
- Oba! 258
- César e Cleópatra 260

ANOS 1960 E 70 264

- Werther 266
- Peter Grimes 268
- **Os 20 anos de ditadura** 270
- **Teatro Novo** 272
- A Grande Imprecação Diante dos Muros da Cidade 274
- Pippin 276
- Ricardo III 278
- Os Saltimbancos 282
- Lola Moreno 284
- Lo Schiavo 286

ANOS 1980 E 90 290

- Wozzeck 292
- A Flauta Mágica 294
- Piaf 298
- Cyrano de Bergerac 302
- O Guarani 308
- O Barbeiro de Sevilha 310
- Letti e Lotte (Quaff) 314
- Don Giovanni 318
- A Queda da Casa de Usher 320
- Café 322

EXPOSIÇÃO GIANNI RATTO 100 ANOS 324

REFERÊNCIAS BIBLIOGRÁFICAS 337

SOBRE OS AUTORES 338

CRÉDITOS DAS IMAGENS 340

ENGLISH VERSION 349

TEATRO COMO VETOR

DANILO SANTOS DE MIRANDA
Diretor do Sesc São Paulo

A história da arte do Brasil é escrita por brasileiros de diversos tipos, incluindo muitos que por aqui não nasceram. Chamá-los "brasileiros" justifica-se tanto pelo desejo dos próprios artistas de serem assim considerados, como pelo impacto de suas presenças em nosso meio. Vindos de diversas partes do globo, ora mais jovens, ora mais velhos, trouxeram suas respectivas bagagens culturais e tornaram ainda mais complexo o panorama artístico nacional.

Em tais dinâmicas, é possível observar tendências predominantes em determinadas linguagens. É nessa perspectiva que se pode apontar o quão italiano se constituiu o teatro brasileiro, sobretudo o que se desenvolveu em São Paulo e no Rio de Janeiro. A partir do fim da Segunda Guerra Mundial, profissionais ligados aos diversos ofícios do palco deixaram a Itália e colaboraram decisivamente para que as artes cênicas ganhassem ares de modernidade em nosso país.

Gianni Ratto desempenhou, nesse contexto, um papel fundamental. Ao interromper sua exitosa carreira como cenógrafo em terras italianas e embarcar numa incerta empreitada ao Novo Mundo, ajudou a redefinir o patamar do teatro nacional. Esse fato, cuja importância histórica mostrou-se decisiva, sugere a imagem do trânsito como uma pista para que melhor se compreendam as peculiaridades desse artista.

A ideia de trânsito faz referência não apenas à mudança geográfica, mas principalmente à inquietação que embalou a carreira de Ratto. Sua expressão mais visível é a multiplicidade de ofícios que desempenhou, começando pela consistente experiência em cenografia; com a vinda ao Brasil, deu-se uma espécie de transbordamento, uma ampliação que apontava no sentido da concepção integral da cena. Ao cenógrafo, somaram-se outras funções, ligadas à direção, iluminação, figurinos e atuação, além de incursões nos campos da gestão e da educação. Escusado dizer que essa exploração de múltiplos saberes caminhou pari passu com a recusa da esquemática separação entre teoria e prática.

Paralelamente, a mobilidade do encenador genovês fez-se sentir também em sua aproximação a distintos registros das artes cênicas, ligados ao tradicional e ao moderno, ao experimental e ao popular, bem como à produção advinda de várias localidades – o que o levou a, inclusive, participar da valorização da dramaturgia brasileira, numa circunstância histórica em que encenar textos escritos por autores nacionais não constituía a regra.

O caráter irrequieto e movediço manifestou-se em inconformismo, levando Ratto a indagar, por meio de suas intervenções no meio cultural, o próprio lugar do teatro nas questões contemporâneas. A metáfora do trânsito ganha conotação política: transmuta-se em força motriz que excede os limites do palco.

Quando corpos, ideias e emoções estão em movimento, aumentam as possibilidades de encontros. Foram muitos, na vida e obra daquele que pensou a si próprio como uma espécie de mascate – personagem que, para continuar sendo o que é, não se permite estacionar. Há aqui um elogio da fluidez, característica essencial da cultura.

Em momentos marcados por dilemas e contradições, o campo cultural é especialmente exigido. Atravessado por vetores os mais diversos, é nele que se evidenciam agenciamentos operados pelos imaginários sociais, materializando visões de mundo e modificando a realidade. A publicação de um livro dedicado à trajetória de Gianni Ratto alinha-se a essa perspectiva e permite vislumbrar as complexas interfaces entre teatro e mundo, a partir da segunda metade do século XX.

Personalidade arredia à fixidez, Ratto impregnou de dinamismo os territórios que percorreu. Parece promissor olhar para a complexidade do mundo a partir dessa inspiração, já que ela nos desafia a captar a vida em pleno voo, sem imobilizá-la. Aventurar-se pelas peripécias de um artista vocacionado a desrespeitar escaninhos permite escapar da tendência contemporânea à fragmentação. Algo nessa postura nos acena que é disso que se trata quando se abordam as intersecções entre cultura e educação, para além de qualquer instrumentalização que a ambas trairia.

DEDICATÓRIA

ANTONIA RATTO

Meu pai foi um homem cuja vida confundia-se com o teatro. Seu ateliê, sempre aberto e dentro da sala de casa, iluminava os outros cômodos e construía em mim, criança, a imagem de um pai ao mesmo tempo humano e mitológico. Quando nasci, ele tinha 60 anos e uma história pregressa que ia muito além da minha imaginação. Fui aos poucos aprendendo detalhes de sua trajetória, e me perguntava onde, em meio a tantos eventos notáveis, se encaixava o homem que então era meu pai. Cresci ouvindo perguntas sobre como era ter um pai tão mais velho. Nunca tive a percepção de sua velhice, ou melhor, meu pai nunca foi velho. Nem seus cabelos e barba grisalhos pesavam nesse sentido, conferindo a ele, ao contrário, o charme de uma experiência vasta, porém inteiramente vital. Lá pelos setenta e tantos, ouvi-o reclamar que, durante os ensaios de um espetáculo, já não pulava do palco para a plateia com a destreza de antes. Suas pernas o atrapalhavam. Durante a Segunda Guerra, no período em que viveu na Grécia após ter desertado do exército de Mussolini, sofrera uma lesão no nervo por conta do frio. Foi tratado por uma camponesa com compressas de pimenta, o que salvou a perna, mas não deixou de registrar em seu corpo a marca de um período que deixaria também profundas cicatrizes em seu espírito. Para um homem de convicções anarquistas e humanistas, a interrupção da vida por oito anos de serviço militar obrigatório, dentre os quais quatro de guerra, não sairia sem ônus.

Durante o período da guerra, já havia participado de um núcleo de correspondência entre artistas que articulava um pensamento de reconstrução da arte italiana após os anos de destruição. Logo após o fim do conflito, esteve em Milão à frente de importantes projetos artísticos nesse sentido: em nove anos inacreditavelmente intensos, realizou mais de 120 espetáculos teatrais, estabelecendo--se entre os maiores cenógrafos da Europa. Porém, sua visão de encenador, sua parceria com Giorgio Strehler, desde o início, na construção de uma visão conceitual de cada espetáculo como um todo coeso, o faziam sentir-se um tanto restrito apenas no papel de cenógrafo. Quando, em 1954, recebeu o convite de Maria Della Costa para mergulhar no desconhecido e exótico Brasil e estrear como diretor, o instinto libertário falou mais alto e ele não hesitou em se lançar naquela aventura cheia de incertezas que o fazia respirar, talvez pela primeira vez, ares de uma história pessoal a ser escrita a seu próprio modo, e não como a História e, em seguida, o *status* profissional, até então lhe haviam imposto.

Em 1954, ano em que meu pai nascia como diretor em *O canto da cotovia*, espetáculo que se tornou histórico e marcou de forma indelével sua chegada ao Brasil, minha mãe completava 1 ano de idade. Eu nasceria apenas 23 anos mais tarde, quando sua vida brasileira já entrava na maioridade – já havia criado e dissolvido o Teatro dos Sete, feito espetáculos históricos com o Grupo Opinião em resistência à ditadura militar, desistido do teatro após seu grande sonho, o Teatro Novo, ter sido brutalmente interrompido pelos militares, depois voltado aos palcos a convite do grande amigo e parceiro artístico Flávio Rangel e, entre muitas outras coisas, dirigido a primeira montagem de *Gota d'água*, de Chico Buarque e Paulo Pontes, na inesquecível interpretação de Bibi Ferreira.

Foi em 1977, exatamente quando a *Gota* estreou em São Paulo após uma temporada de sucesso no Rio, que eu nasci. Foi Flávio Rangel que promoveu o encontro entre meus pais. Minha mãe era sua jovem assistente, e meu pai, seu cenógrafo no musical *Pippin*. A relação dos dois, que tinham 37 anos de diferença, gerou toda sorte de reações entre os amigos e familiares, porém mostrou-se sólida, uma parceria que duraria a vida inteira, mesmo após o fim do relacionamento amoroso. Logo depois nasceu meu irmão Bernardo, e meu pai, que então não queria mais filhos (já tinha um filho italiano, Andrea, com sua primeira mulher) por se achar muito velho para isso, entregou--se àquele novo capítulo num momento em que muitos pensam em se aposentar.

Aposentadoria era uma palavra que não figurava no vocabulário de meu pai, que trabalhou até os 87 anos e parou apenas porque um câncer na bexiga o foi deixando cada vez mais debilitado. Foi aos 87 que meu pai finalmente ficou velho. Apenas nos dois anos finais de sua vida o vi cansado, o tempo pesando sobre seus ombros. Tive a felicidade de conceber e produzir um documentário, *A mochila do mascate*, que não apenas era sobre ele, mas com ele presente, logo antes de não ter mais forças. Convidei-o a refazer a trajetória de sua vida, viajando comigo e uma equipe de filmagem dirigida pela cineasta e querida parceira Gabriela Greeb, pelas cidades italianas onde viveu e trabalhou, e depois voltar ao Brasil, exatamente como havia sido seu percurso. Ele não hesitou em aceitar o convite, talvez apenas para satisfazer o desejo de uma filha que buscava compreender a imensidão desse homem cuja história era também a sua, tão perto mas também tão distante de sua realidade brasileira no século XXI. À exceção dos dois anos que passou na Itália após o primeiro período brasileiro, quando decidiu de vez criar raízes no Brasil, não havia mais retornado aos lugares onde antes era protagonista, não havia procurado amigos ou colegas e, depois de um tempo, havia perdido contato até mesmo com sua mãe, deixando os italianos perplexos com a ruptura. Portanto, cada encontro registrado no filme carrega uma emoção verdadeira de resgate de um passado

que, se por um lado era remoto, por outro permanecia impressionantemente vivo, não apenas dentro dele, mas também das pessoas que o receberam. Sua doença apareceu e transcorreu exatamente nos dois anos que se seguiram às filmagens, enquanto batalhávamos patrocínio para a pós-produção e o filme era finalizado, tendo seu aval e crítica em diversos momentos. Já no último ano de sua vida, o filme estreou na Mostra de Cinema de São Paulo, sessão em que ele esteve presente e foi aplaudido no final. Morreu dois meses depois.

Seu corpo foi cremado no dia 31 de dezembro de 2005, em pleno *réveillon*, e a ida para o crematório mais parecia uma procissão de carnaval que um evento fúnebre, com os carros dos familiares e poucos amigos que estavam em São Paulo naquela data indo em fila para o adeus final, na metrópole livre do trânsito habitual de carros e debaixo de explosões de fogos de artifício que anunciavam o novo ano. Mal tinha partido e já nos pregava peças, criando o enredo e o cenário de sua própria despedida.

Pouco depois, Vaner Ratto (sua última companheira, com quem ficou por dezessete anos) e eu organizamos uma pequena exposição, "Gianni Ratto – Artesão do Teatro", com curadoria de Glaucia Amaral, na antiga galeria da Caixa Econômica Federal da avenida Paulista. Durante esse processo, conseguimos organizar muitos dos desenhos e projetos de espetáculos que se encontravam desordenados dentro de caixas e sacos, no alto de um armário. Foi naquela ocasião que percebemos a necessidade de organizar de forma adequada o material, no intuito de preservar a memória artística pessoal de meu pai, mas também parte importante da história dos teatros brasileiro e italiano. Fundamos então um pequeno instituto dentro de casa, o Instituto Gianni Ratto, e ganhamos o edital "Memória das Artes", da Petrobras. Esse fomento nos permitiu formar uma equipe, liderada pela museóloga Malu Villas Bôas, que ao longo de um ano catalogou, higienizou e acondicionou centenas de esboços, desenhos, croquis finais, fotos, hemeroteca, manuscritos etc. Hoje esse acervo é aberto ao público, que pode visitá-lo com hora marcada, e tem em Vaner sua guardiã incansável.

O acervo organizado nos permitiu vislumbrar outros projetos de perpetuação dessa importante memória, e em janeiro de 2017, ano em que seu centenário estaria em curso (ele nasceu em agosto de 1916), realizamos o sonho, com a parceria fundamental do Sesc, de montar uma exposição mais completa, na tentativa de resgatar seu percurso de homem de teatro. Dividi a curadoria da exposição "Gianni Ratto: 100 Anos" com uma querida amiga, a historiadora da arte Elisa Byington – que, tendo morado por mais de vinte anos na Itália e sendo especializada em arte renascentista, complementou de forma importantíssima meu olhar mais pessoal. Com sua abordagem aprofundada de historiadora, comandou a pesquisa que embasou a mostra, trazendo questionamentos que até então não tínhamos feito, como o papel do grupo de intelectuais "Il Diogene" na formação do que viria a ser a equipe do Piccolo Teatro. Também se debruçou sobre referências que situam sua história pessoal no espectro mais amplo dos eventos ocorridos na Itália, por exemplo, a identificação de um documentário de Visconti sobre o tristemente famoso massacre das Fossas Ardeatinas, promovido pelos nazistas em Roma, ocasião em que foi assassinado Giorgio Labò, melhor amigo de meu pai e filho de seu primeiro mestre, o arquiteto genovês Mario Labò. Apesar de não ser especialista em história do espetáculo, Elisa conhece muito bem as raízes culturais de um homem como meu pai, cujos múltiplos saberes, que iam desde a intimidade com a música, adquirida com a mãe pianista e compositora, passando pela marcenaria, a pintura e chegando à arquitetura, faziam dele um verdadeiro "homem da Renascença" em pleno século XX.

Este livro é produto da mesma pesquisa feita para a exposição, não apenas no Instituto Gianni Ratto, mas também em parceria com os acervos dos diversos teatros italianos que até hoje abrigam suas obras históricas lá realizadas: Piccolo Teatro de Milão, Teatro alla Scala de Milão, Maggio Fiorentino e Opera di Roma. No Brasil, contribuíram acervos como o da Funarte e os de artistas como Fernanda Montenegro, Sérgio Britto e Lucélia Santos. Buscamos com esta obra não apenas registrar a exposição em si, mas ir além dela, incluindo espetáculos que não "couberam" no espaço físico da mostra e aprofundando temas da trajetória de meu pai nos dois países, a partir dos ensaios de Elisa Byington (texto histórico-biográfico), Vittoria Crespi Morbio (ensaio crítico sobre o período italiano) e Sérgio de Carvalho (ensaio crítico sobre o período brasileiro). Apresentamos também alguns processos de trabalho, quando possível, ilustrando um método investigativo e aprofundado de se chegar a um projeto final, que era característica de sua forma de trabalhar.

Este livro não tem a pretensão de catalogar a totalidade da obra de meu pai, já que o material de muitos espetáculos importantes se perdeu, especialmente no Brasil. A seleção das montagens aqui apresentadas busca organizar um panorama de sua obra, com destaque para a iconografia de projetos de cenário e alguns figurinos, equilibrando-se entre espetáculos imprescindíveis e aqueles que, talvez não tão importantes historicamente, são valiosos, no entanto, para ilustrar seus métodos de concepção e desenvolvimento de projetos. O material ainda foi acrescido de verbetes que tentam apresentar ao leitor um pouco do conceito de cada montagem, contando com o que é possível e mais elucidativo em cada caso: a citação de alguma crítica, às vezes uma fala dele mesmo sobre a peça, ou ainda um trecho que conte alguma curiosidade ou especificidade daquele trabalho.

Completamos, assim, as comemorações de seu centenário, coroando um esforço que vem sendo construído desde a produção do documentário: o de registrar e não deixar morrer a memória de uma trajetória notável tanto para a história do teatro italiano quanto para a do brasileiro. Mais uma vez, o Sesc nos acompanha na empreitada, acreditando na importância deste registro. Meu pai deixou cinco livros escritos, todos em português, língua que dominava e virou sua, apesar do forte e inapagável sotaque italiano. Há livros escritos sobre ele na Itália e seus trabalhos são citados em outros tantos, em ambos os países. Mas é a primeira vez que uma publicação lança um olhar panorâmico sobre uma obra que perpassa seis décadas e dois continentes, por vezes inovando e revolucionando, como nas montagens de ópera do tradicional Scala de Milão, onde ele e Strehler eram ovacionados por uns e detestados por outros, outras vezes limitando-se a traduzir e honrar o desejo original do autor do texto teatral. Como um verdadeiro homem de teatro, meu pai se entregava igualmente a todos os trabalhos no amplo espectro da cena, do teatro lírico ao dramático, de textos clássicos de alta complexidade a obras de entretenimento ou comédias leves. Sempre se considerou, antes de mais nada, um artesão, um homem cujo cotidiano era marcado pelo ofício diário de servir ao único deus que o orientava em seus passos, o teatro.

GIANNI RATTO 100 ANOS: UMA INTRODUÇÃO

ELISA BYINGTON

Comi teatro e fui comido por ele.
Gianni Ratto

Gianni Ratto foi um cenógrafo, diretor, iluminador e figurinista cuja atuação marcou de modo indelével a renovação do teatro italiano do pós-guerra e a estruturação do moderno teatro brasileiro a partir de sua chegada ao país, em 1954. Deixou a Itália no auge do sucesso, com a herança de 110 espetáculos realizados em menos de nove anos.

Na Itália, por sua inteligência sintética e capacidade singular de materializar uma variedade de mundos sobre qualquer palco, tinha sido chamado de "Mago dos Prodígios". As maiores provas dessa capacidade genial foram dadas no minúsculo Piccolo Teatro de Milão, que ele fundou com Giorgio Strehler e Paolo Grassi em 1947. Juntos, deram vida a uma companhia modelo, aclamada em toda a Europa, que, após as décadas de censura imposta pelo fascismo e pela guerra, propunha a encenação inovadora de grandes clássicos e de textos contemporâneos inéditos.

A originalidade, o virtuosismo do seu desenho em perspectiva e a ousadia em reduzir o cenário certas vezes à simples bidimensionalidade do papel inovaram

também óperas e balés. Com suas criações para o grandioso palco do Teatro alla Scala de Milão, templo mundial da música lírica, encantou grandes plateias e os maiores protagonistas da cultura musical da época, tendo trabalhado com Igor Stravinsky, Herbert Graf, Maria Callas e Herbert von Karajan.

Não obstante o reconhecimento pelas esferas mais altas da cultura, Gianni Ratto não tinha preconceito de gênero e jamais deixou de cultivar a sátira e o humor. Paralelamente ao trabalho com os textos mais refinados e desafiadores do teatro lírico e de prosa, realizou dezenas de cenários para os espetáculos de revista. Ao mesmo tempo que arquitetava cenas para os espetáculos engajados no Piccolo Teatro, fazendo proezas com pouquíssimos meios, realizou os espetáculos mais caros da história da revista italiana, com cenários hollywoodianos para a mítica Wanda Osiris, a rainha das vedetes da época, que ele fez descer em cena a escadaria mais majestosa das muitas de sua carreira. Trabalhou com o grande sedutor Walter Chiari e fez o colossal *Bada che ti mangio* para o inimitável Totò. Para surpresa de seus colegas de outros palcos, na temporada 1949/50, enquanto brilhava no Scala com os cenários para *Lulu*, de Alban Berg, óperas de Malipiero e Donizetti, Ratto recebeu o prêmio "Maschera D'Argento", "oscar" italiano para o teatro musical, por suas realizações naquele gênero, como a revista *Quo Vadis* e o musical *Carosello Napoletano* (que virou filme estrelado por Sophia Loren).

Na Itália, talvez tenha se tornado célebre demais como cenógrafo. Tal fama o aprisionara nessa função, e ele desejava um papel mais amplo: a direção e concepção do espetáculo como um todo. A oportunidade lhe foi oferecida por Sandro Polônio e Maria Della Costa, que o convidaram para dirigir seu teatro em São Paulo. Ele escolheria o texto e o dirigiria. Diante disso, Ratto não hesitou em abandonar o sucesso e a fama para se aventurar no país desconhecido, com outra língua, em outro continente.

Eu estava fugindo de tudo que, juntamente com o êxito alcançado profissionalmente, tinha infernizado minha vida. [...] Eu estava fugindo, e fugindo não queria deixar rastros. Pouquíssimos sabiam que iria para o Brasil, e esses pouquíssimos não compreendiam e não aceitavam essa decisão. E acabei indo embora sem me despedir de ninguém a não ser de minha mãe, que me acompanhou até o navio. [...] Ria pressentindo um cheiro de liberdade, a imagem do mar revolto; ria pensando em um país que não conhecia, um tanto enfatizando o folclore das notícias desencontradas; [...] mas ria principalmente pelo fato de que sabia, e disso eu tinha certeza, que iria iniciar uma nova vida.[1]

Gianni Ratto, Maria Callas e Giacinto Prandelli. Estreia de *Il Ratto Dal Serraglio*, no Teatro alla Scala de Milão, 1952.

Lendo os jornais da época, não resta dúvida de que Ratto abandona a cena italiana no auge do sucesso. Eram patentes o entusiasmo da crítica, o consenso em torno de sua inventividade e de seu bom gosto, a celebridade e o reconhecimento de um estilo próprio, que conformavam o perfil de uma personalidade artística consolidada em poucos anos.

No final de 1950, por ocasião da exposição "Scenografia italiana", Enrico Prampolini publica uma análise histórica e uma classificação analítica das tendências da atualidade[2]. Prampolini foi um famoso pintor, escultor e cenógrafo, catedrático de cenografia na Academia de Brera, em Milão. As quatro tendências identificadas por ele eram: "naturalismo verista", "neorrealismo pictórico", "neorrealismo plástico" e "abstração espacial plástico-cromática", categoria na qual inclui o jovem Gianni Ratto, a mesma que reservava para si próprio e para os maiores pintores da época – Balla, Severini, Depero –, prova de que, àquela altura, Ratto já havia conquistado um lugar no olimpo das artes visuais.

Capaz de produtividade assustadora em todos os gêneros, trabalhando de norte a sul do país, quando Gianni Ratto deixou a Itália era considerado "o cenógrafo", como testemunha Lele Luzzati[3], ou "o mais original, influente e disputado cenógrafo e figurinista italiano do imediato pós--guerra", como escreve o produtor e diretor Maner Lualdi[4].

Em uma passagem do documentário sobre sua vida[5], quando visita o arquivo do Museu do Teatro alla Scala, Ratto observa com surpresa seus desenhos de cinquenta anos antes: "reconheço que são melhores do que eu recordava. Pensei que fossem mais ou menos. Mas são bastante bons" – diz ele, enquanto os mostra à filha Antonia, verdadeira motivação da sua presença ali. Com sincero interesse e sem qualquer vaidade, parece olhar adiante, indagar o horizonte, perguntar-se sobre a validade daquele trabalho no presente. Detém-se brevemente

---

1. Gianni Ratto, *A mochila do mascate*, Rio de Janeiro: Bem-te-vi, 2017, p. 202.
2. Enrico Prampolini, "Lineamenti di Scenografia Italiana", em: *Il Loggione*, 15 jan. 1951. O artigo alude ao luxuoso catálogo da exposição "*Scenografia italiana*", com texto introdutório e a classificação das tendências proposta por Prampolini.
3. Emanuele Luzzati, em depoimento no documentário *A mochila do mascate*.
4. Maner Lualdi, "Incontro con Gianni Ratto che è diventato brasiliano", *Corriere della Sera*, Milão, 9 mar. 1965.
5. *A mochila do mascate*, documentário de Gabriela Greeb com roteiro e produção de Antonia Ratto, 2005. A cena referida foi filmada em 2003.

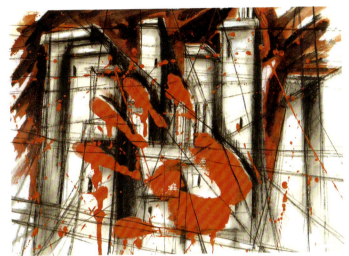

Croqui para *Wozzeck*, montagem de 1952 no Teatro alla Scala de Milão.

no comentário sobre os croquis aquarelados da *Traviata* de 1947, com os quais havia escandalizado a crítica, e na explicação sobre os croquis do *Wozzeck* de Alban Berg, desenhos que se destinavam a ser construídos, pintados e projetados, fundindo a triplicidade de recursos cenográficos para a encenação dirigida por Herbert Graf em 1952.

Esse reencontro com o trabalho da juventude é inegavelmente carregado de emoção. Mas Ratto, avesso à nostalgia, não cede às recordações pessoais. Elogia a historiadora Vittoria Crespi Morbio[6], diretora responsável pelo arquivo de cenografia, que manuseia os originais e cita de memória os vinte espetáculos por ele realizados no Teatro alla Scala: "*Lei sa tutto!*" ("A senhora sabe tudo!"), exclama, surpreso. "Mas são históricos!", responde a estudiosa, diante de obras que não poderia desconhecer.

A atitude de marcada sobriedade, pouco afeita a relembrar o passado, minimalista nos adjetivos em relação a si mesmo e a seus feitos, torna ainda mais surpreendente que, para nossa sorte, Ratto tenha conservado um volume tão significativo de material de trabalho: estudos, esboços, croquis, além de cartas, cartazes, programas, resenhas de jornais, alguns dos quais atravessaram com ele o oceano e o acompanharam em tantas mudanças – de país, de cidade, de casamento. Essa aparente contradição talvez se resolva n'*A mochila do mascate*, título de seu deslumbrante livro de memórias. Na metáfora despojada usada para suas recordações, oferece a chave de leitura para a vida e a obra do artista itinerante no qual se identifica, à semelhança do andarilho, um mascate que carrega na bagagem um acúmulo de coisas sem utilidade imediata, mas que poderiam servir a qualquer momento para a elaboração de um novo contexto dramático entre os tantos que caracterizam a vida no teatro.

O riquíssimo material conservado, feito de centenas de documentos e desenhos originais – que ele guardava em irreverentes sacos plásticos –, hoje se encontra reunido e catalogado no arquivo do Instituto Gianni Ratto[7], cujo suporte foi essencial para a exposição retrospectiva realizada no Sesc Consolação em 2017 e para a existência deste livro. Papéis importantes para a compreensão de sua trajetória na Itália, mas também, e principalmente, para a documentação de seu trabalho no Brasil. São registros da atenção minuciosa dedicada à montagem de um espetáculo, cujo estudo podia envolver as mais diferentes fontes literárias, musicais, históricas e iconográficas. Como dizia outro cenógrafo, "é um milagre quando você consegue as coisas no teatro. O único modo para conseguir que isso aconteça é prepará-lo"[8].

Tendo se dedicado a todos os gêneros de modo tão prolífico, Ratto, a certa altura, se confessa "lotado de departamentos", que incluem:

---

6. Autora do ensaio sobre o período italiano de Gianni Ratto neste livro, "O iluminismo de um homem audacioso", p. 40.
7. O material classificado está disponível para consulta, sob a responsabilidade de Vaner Ratto.
8. Parte do discurso de Boris Aronson quando ganhou o Tony Award de 1976, sexto e último de sua carreira.

[...] salas palacianas, quartos miseráveis, jardins orientais, naves de igrejas, navios fantasmas, quartos assombrados onde o crime espreita pelas frestas e gretas das paredes; hospedarias noturnas, hotéis luxuosos, praças italianas, becos londrinos, subúrbios americanos, mansões sulistas, interiores burgueses, cais do porto, entroncamentos ferroviários, desertos africanos, aldeias russas, século V a.C. e século V d.C., Idade Média, Renascença, elisabetanos, barrocos, Revolução Francesa, Segundo Império, Dadaísmo, ismos, ismos, ismos, guerras, revoluções, teorias, revisões, revistas e shows, óperas e operetas, mágicas e truques, alçapões, cantores, regentes, autores e diretores...ufa![9]

Estudo para *La Tempesta*, montagem da Cia. Piccolo Teatro realizada no Jardim de Boboli, Florença, em 1948.

A esse vasto e onívoro horizonte corresponde a biblioteca pessoal de Ratto, feita de livros fartamente consultados, onde todos os saberes residem sem hierarquias, da filosofia à história da porcelana, da moda às armaduras, na busca de qualquer detalhe capaz de soprar vida e materializar sobre o palco, a cada vez, um diferente universo dramático. "Duvido realmente que alguma profissão exija conhecimentos 'enciclopédicos' tão vastos quanto um cenógrafo de verdade deveria ter."[10]

Na maioria das vezes, o material conservado no instituto documenta as fases preparatórias do trabalho: desenhos e notas que nos permitem observar o processo criativo, a pesquisa envolvida, o caminho sendo traçado desde as primeiras ideias até sua progressiva definição, o estudo dos elementos necessários no limite das diferentes possibilidades do espaço cênico, sejam elementos estruturais, sejam decorativos. É o caso, por exemplo, do desenho com as primeiras ideias para *A tempestade* de Shakespeare, encenada ao ar livre nos jardins do Palazzo Pitti, em Florença, em 1948. Depois de um primeiro desenho em guache, que reproduzia o chafariz e seu entorno (local escolhido para a realização do espetáculo) – registro pictórico preferido a uma fotografia ou a um cartão-postal –, surgem os primeiros croquis sobre papel preto, no qual as manchas de diferentes cores, feitas com guache e pastel, estabelecem a primeira divisão esquemática do espaço em planos assimétricos, circunscritos por giz branco, definindo assim os vários setores da encenação que depois ele detalharia: "Quando projeto um cenário, estou sozinho comigo mesmo. [...] Trabalho numa busca em que o lápis ou o carvão traduz e transcreve no papel. Sozinho elaboro as ideias, estruturando valores arquitetônicos e plásticos, imaginando a luz, conversando com o espaço"[11].

O livro reúne parte significativa da criação cenográfica de Ratto, croquis de cenários que foram montados e estudos indicativos do processo criativo que levou àquele resultado. Os preciosos croquis finais, aqueles que, na Itália, ficavam nos teatros para a construção da cena, estão bem conservados nos inestimáveis acervos do Piccolo Teatro di Milano, do Teatro alla Scala, do Maggio

---

9. Gianni Ratto, *op. cit.*, p. 31.
10. *Ibidem*.
11. *Ibidem*, p. 211.

Croqui aquarelado para *O mambembe*, de Artur Azevedo, montagem de estreia da companhia do Teatro dos Sete, 1959.

Musicale Fiorentino e do Teatro dell'Opera di Roma, que gentilmente os cederam para a publicação, juntamente com belas fotos de cena, sem as quais não conheceríamos o resultado sobre o palco daquele pensamento plástico conservado no papel.

No caso do Brasil, graças a Fernanda Montenegro e Fernando Torres, foram conservados os croquis finais de *O mambembe* de Artur Azevedo, uma série de aquarelas com os diferentes ambientes: o palco do teatro itinerante e as perspectivas do centro antigo do Rio. A encenação, que buscava atualizar o texto do século XIX, marcou a estreia do Teatro dos Sete, em 1959, oferecendo um novo parâmetro de encenação para o teatro brasileiro. Depois de conservá-los por décadas nas paredes de casa, o casal doou o conjunto de croquis aquarelados para o acervo da Funarte, junto com o croqui do cenário para a primeira encenação de *Beijo no asfalto*, em 1961, dirigida por Fernando Torres.

Este volume se divide em dois blocos, Brasil e Itália. A separação não é apenas geográfico-cronológica, destinando-se também a refletir a ruptura profissional e artística representada pela partida do Velho Mundo e o início de fase distinta da vida e da obra de Gianni Ratto no Brasil. A cronologia do trabalho na Itália pode ser dividida por gêneros teatrais. Já a extensão temporal e a variedade de experiências como diretor e cenógrafo no Brasil exigem a apresentação dos contextos históricos que condicionaram sua produção. Em certa medida, este é um catálogo da exposição "Gianni Ratto – 100 anos". Procuramos aqui ampliar o alcance da exposição com o material incluído nos verbetes dos espetáculos, bem como com os ensaios de dois historiadores das artes cênicas: Vittoria Crespi Morbio[12] analisa espetáculos significativos e a evolução do seu estilo em diálogo com Giorgio Strehler, enquanto Sérgio de Carvalho se debruça sobre a extensa trajetória brasileira. Escrito na primeira pessoa, o texto de Carvalho reflete historicamente sobre a atuação de Ratto, contextualizando seu papel no moderno teatro brasileiro, ao mesmo tempo que, apoiado na convivência e no afeto cultivado, funciona como testemunho.

NOTAS BIOGRÁFICAS

Gianni Ratto nasceu em Milão em 1916, durante a Primeira Guerra Mundial, e teve a juventude marcada pela violência da Segunda Guerra, que condicionou o ritmo de sua formação. A ascensão do fascismo e a militarização da vida social obrigaram-no a um longo serviço militar, de 1938 até 1945. Viveu a insanidade das "leis raciais" e a violência da guerra resultante das pretensões imperiais de Mussolini e da aliança com Hitler.

A mãe pianista e compositora de música erudita, formada nos mais importantes conservatórios italianos[13], influiu desde muito cedo sobre sua sensibilidade musical e sua relação com as artes em geral. Em sua companhia, aos 4 anos já frequentava salas de concerto e sessões de

---

12. Autora da monografia *Ratto alla Scala*, Milano: Umberto Allemandi & C., 2004.
13. Maria Ratto diplomou-se em piano no Conservatorio Verdi, em Milão, e especializou-se em composição no Conservatorio Rossini, de Pesaro.

Partitura de Maria Ratto, mãe de Gianni, pianista e compositora de música erudita.

cinema mudo, ainda sem saber ler, seguindo a narração dos filmes pelas explicações da mãe e, sobretudo, sugestionado pela dramaticidade dos acordes do piano tocado ao vivo. Os ecos dessa formação singular afloram em suas reflexões e contribuem para sua compreensão da dramaturgia: "Quando alguém toca a campainha, quem chega? Um entregador, um assaltante, uma namorada, um carteiro, uma ideia, uma proposta, a vida e a morte? Estes tempos emocionais podem ser equiparados a ritmos, pausas, andamentos, à página pautada de uma composição orquestral"[14].

Gianni tinha pouco mais de 10 anos quando entrou em contato com Edward Gordon Craig, célebre ator, diretor e cenógrafo inglês, entre os grandes inovadores do teatro moderno, que estava vivendo nos arredores de Gênova. A filha de Craig tinha aulas de música com sua mãe e, por seu intermédio, Ratto passa a frequentar o mestre, promotor de uma teoria do teatro como forma de arte unificada, que endereçaria precocemente sua vocação: "o mundo de Craig transformou minha paixão latente pelo teatro em um delírio [...] em que nada era claro, mas tudo maravilhoso..."[15].

Na época, ele também estudava música – piano, violino, violoncelo – e participava de corais, como se depreende das entrelinhas de seus depoimentos, que, constantemente, por excesso de discrição, nos deixam curiosos em relação aos fatos. Ainda criança, os concertos em companhia da mãe eram programas especialmente amados: os rituais da afinação e apresentação da orquestra, a música e "as mudanças de intensidade sonora, a passagem de um pianíssimo para um crescendo até a explosão de trompas, tímpanos, cornos e fagotes. Os movimentos dançantes agitavam meu corpo..."[16]. Ratto descreve o envolvimento emotivo que o transportava a outra dimensão e as linhas melódicas que o acompanhavam até a cama, deixando-o dormir apenas quando a orquestra o "invadia com toda sua sonoridade"[17].

Sobre a importância da música em sua formação, a certa altura das memórias, Gianni registra o

---

14. Gianni Ratto, *Hipocritando*, Rio de Janeiro: Bem-te-vi, 2004, p. 30.
15. Gianni Ratto, *A mochila do mascate*, op. cit. p. 20.
16. *Ibidem*.
17. *Ibidem*, pp. 81-3.

aprendizado que significou para ele assistir aos ensaios da orquestra no Teatro alla Scala, "acompanhar o apurado trabalho de elaboração da linguagem musical"[18], às vezes escondido, no escuro, pois os regentes nem sempre admitiam alguém na sala. Cita especialmente as ocasiões em que pôde acompanhar os ensaios de Arturo Toscanini – que tinha voltado à Itália com o fim do fascismo – e a eficácia das observações feitas pelo maestro, capazes de melhorar instantaneamente o resultado do conjunto. Nessas páginas, Ratto atribui à regência seu modelo e método de direção.

De fato, a estrutura em colunas de suas listas de cenas, personagens, necessidades, funções e movimentos de cada um durante o espetáculo assemelha-se, algumas vezes, à partitura do maestro, da qual constam as vozes de todos os instrumentos e suas diferentes entradas em cena. Nas reflexões sobre a arte dramática, são frequentes as imagens tomadas de empréstimo da análise musical: "O valor de uma pausa poderá ser medido no pentagrama da sensibilidade?"

Podemos supor que tamanha intimidade com a música, que era vivida como linguagem subjacente, tenha sido significativamente saboreada durante a direção das muitas óperas às quais se dedicou desde os primeiros anos no Brasil. Segundo narra, aqui não era habitual que diretores de prestígio dessem atenção ao teatro lírico, considerando-o uma atividade secundária. No entanto, Ratto vinha de um ambiente em que, na montagem de uma ópera, a leitura dada pelo diretor desfrutava de grande prestígio e responsabilidade.

Na direção desse tipo singular de espetáculo, considerava importante se orientar pela partitura e não pelo libreto. "É a música que comanda", dizia. Talvez poucos tenham percebido tal habilidade, e como a profundidade de sua formação o fazia transitar com segurança entre os grandes clássicos do "bel canto"

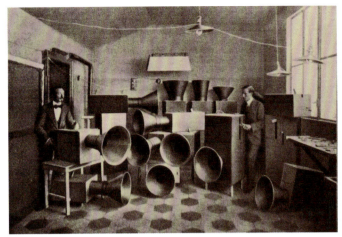

Luigi Russolo, seu assistente Ugo Piatti e sua invenção, o *intonarumori* (entoa ruídos), 1913.

italiano e todas as experiências do século XX: da música atonal de Alban Berg e Luigi Dallapiccola ao drama eletrônico de Luciano Berio, ou mesmo a ópera minimalista de Philip Glass.

Gianni Ratto teve sua infância e formação condicionadas pelas guerras mundiais, mas também pela atmosfera das vanguardas artísticas que inflamava os debates estéticos. O fervor revolucionário e o alcance estético-cultural das proclamações do futurismo foram muito além dos trágicos acontecimentos da Primeira Guerra Mundial. A poética iconoclasta contida no *Manifesto futurista* de Tommaso Marinetti (1909) teve desdobramentos em todos os campos das artes e inspirou outros movimentos de vanguarda da época. A influência de suas ideias, sua incansável reelaboração dos conceitos futuristas por Marinetti em novas linguagens – a solidez plástica da arte mecânica naquela década de 1920 e a aeropintura dos anos 1930 –, mesmo durante o fascismo, esteve presente na formação de Ratto, que frequentava o Liceu Artístico em Milão desde 1932. A admiração que o jovem estudante nutria pelos protagonistas da vanguarda que apregoava "audácia e rebeldia" torna-se manifesta nas

18. *Ibidem*, p. 281.

Giorgio Strehler, Fiorenzo Carpi e Gianni Ratto, c. 1946.

Em sua longa e intensa trajetória de trabalho, a música, sua primeira musa, fosse ela lírica, sinfônica, eletrônica ou dodecafônica, esteve sempre presente com exigências diferentes para a tradução de suas potencialidades plásticas, fazendo-o, a certa altura, diante das necessidades cênicas da ópera de Philip Glass, criar o neologismo "cenoplastia"[21], a respeito do qual voltaremos a falar.

"A CENOGRAFIA É UMA PERSONAGEM QUE SE EXPRESSA PLASTICAMENTE" [22]

A grande paixão pelo desenho, alimentada na admiração por Gordon Craig, fez que Ratto iniciasse seu caminho profissional no Liceu Artístico, estudo acompanhado pelo trabalho no escritório do arquiteto Mario Labò, ativo protagonista da arquitetura racionalista. A experiência iniciada aos 15 anos, decisiva para sua formação, foi deixada quando ele se transferiu para Roma para estudar

discussões com a mãe, citadas por ele em suas memórias. Nas conversas polêmicas, havia sua admiração por Luigi Russolo, pintor e compositor futurista, autor do manifesto que clamava por uma música que, além da habitual escala harmônica, incorporasse também os ruídos[19]. Russolo criou o famoso *intonarumori* (entoa ruídos) – caixas que utilizavam os sons da vida cotidiana reproduzidos com intensidades diferentes, espécie precursora da música eletroacústica, com partituras de escrita radical que contemplavam explosões e sussurros.

Em seu último livro, *Hipocritando*, dirigido em especial aos atores, Ratto busca definir o teatro como um pentagrama contemporâneo, feito com os sons do mundo: "não apenas notas, mas marcado também por gritos, silêncios, tempos e andamentos, orgasmos e catarses, imagens reais, virtuais e oníricas..."[20]. Essa imagem parece conter o eco da inspiração futurista de Luigi Russolo.

Teatro della Fortuna, em Fano, onde Ratto e Paolo Grassi realizaram o espetáculo de formatura da escola militar, em 1939.

---

19. "É preciso romper este círculo restrito de sons puros e conquistar a infinita variedade dos 'sons rumores'" (*Bisogna rompere questo cerchio ristretto di suoni puri e conquistare la varietà infinita dei "suoni-rumori"*). Ver Luigi Russolo, "L'Arte dei Rumori. Manifesto Futurista", 11 mar. 1913. Disponível em: <https://www.wdl.org/pt/item/20037/>. Acesso em: 17 jan. 2019.
20. Gianni Ratto, *Hipocritando*, op. cit., p. 19.
21. O termo foi cunhado durante a preparação com Philip Glass da ópera *A queda da casa de Usher*, em 1992. Texto datilografado. Arquivo Gianni Ratto.
22. Gianni Ratto, *A mochila do mascate*, op. cit., p. 110.

no Centro Sperimentale di Cinematografia, onde ingressou ao vencer o concurso promovido por uma revista de cinema. Em pleno regime fascista, a formação no Centro Sperimentale seria bruscamente interrompida pelo longo serviço militar. No entanto, mesmo nos quartéis, ele não deixa de desenhar, de traduzir e adaptar textos teatrais, procurando encontrar maneiras de fazer teatro.

Durante o serviço militar, na escola de oficiais em Fano, cidade da costa adriática, conhece Paolo Grassi, homem culto, jornalista e encenador ativíssimo, que, muito habilidoso, obtém permissão para que montassem um espetáculo musical satírico como trabalho de formatura: "durante o dia eu executava os cenários para o espetáculo na grande sala onde normalmente eram realizadas as aulas de esgrima; no meio de velhas camisas que, reduzidas a tiras, me permitiam reforçar meus painéis pintados (Steinberg e Munari eram meus inspiradores), desenhava e pintava engatinhando". À noite ensaiavam no teatro local, o belo Teatro della Fortuna, "um teatro lindo com um ligeiro cheiro de mofo devido à madeira antiga e às cordoalhas"[23].

Nos anos da guerra, seu batalhão é transferido para a Grécia, onde ele acaba por desertar. De volta à Itália, trazido pelos ingleses no início de 1945, depara-se com o desastre de um país marcado pela Segunda Guerra e pela Resistência que, junto com os exércitos aliados, havia libertado a Itália da ocupação. No retorno a Gênova, tem a notícia do assassinato de seu melhor amigo pelos nazistas: Giorgio Labò, filho de Mario, condecorado postumamente como herói, fuzilado em Roma no massacre das Fossas Ardeatinas. Encontra a cidade "semidestruída pelos bombardeios marítimos e aéreos, visitando amigos, sabendo de famílias conhecidas inteiramente arrasadas. O Carlo Felice, teatro lírico de grandes tradições, nada mais era do que um amontoado

Gianni Ratto, Dimitri Mitropoulos e Herbert Graf. Estreia de *Wozzeck*, no Teatro alla Scala de Milão.

de escombros; ruas inteiras obstruídas, encanamentos quebrados, hospitais destroçados, e, principalmente, mortos inocentes, mortos, mortos..."[24].

Gianni Ratto muda-se então para Milão, onde reencontra Paolo Grassi que, na cidade bombardeada do pós-guerra, reunia um grupo de críticos, escritores e atores empenhados na renovação do teatro. No círculo cultural "Il Diogene", discutiam o papel central que o teatro deveria ter na reconstrução da sociedade pós-bélica. Livres da censura

---

23. *Ibidem*, p. 119.
24. *Ibidem*, p. 153.

fascista, liam textos inéditos em voz alta, debatiam a renovação dos clássicos. Nesse ambiente, Ratto conhece Giorgio Strehler, por quem é convidado a realizar seu primeiro espetáculo profissional, naquele mesmo ano: *Il lutto si adisce a Elettra* (*Electra enlutada*), de Eugene O'Neill, que estreia em dezembro de 1945.

Ratto participa ativamente da efervescência criativa e dos anseios de liberdade de expressão que animavam os grupos empenhados na renovação do teatro: fazia palestras e escrevia sobre cenografia nas revistas especializadas. É desse tempo sua conceituação da "cenografia como personagem"[25], teorizada em um texto no qual ele afirma que, assim como para o ator, para o cenógrafo, cada elemento usado na concepção da cena, cada detalhe, deve obedecer à interpretação do seu próprio papel no texto. A ideia é ainda retomada por ele em suas memórias: cenografia "não é um fenômeno decorativo", mas uma "personagem que se expressa plasticamente"[26].

Depois do êxito da estreia, a fértil parceria com Strehler se consolida em dez espetáculos teatrais, além da ópera *La Traviata*, no Teatro alla Scala de Milão, antes mesmo da fundação do memorável Piccolo Teatro, em maio de 1947 – celebrada com a encenação do *Albergo dei Poveri* (Ralé), de Máximo Gorki. Em comum, ambos tinham a mãe musicista, a intimidade com solfejos e partituras, e a total devoção ao teatro. Entre óperas e dramas, crescem e amadurecem, realizando juntos um total de 56 espetáculos que fizeram história no teatro italiano nos anos que precedem a vinda de Ratto para o Brasil.

O Piccolo Teatro di Milano, primeira companhia pública italiana de teatro, foi bandeira e modelo para as que surgiram na Itália nos anos seguintes, baseadas na

Anna Magnani em cena do filme *Roma, cidade aberta*, de Roberto Rossellini, 1945.

concepção do teatro como serviço público. Paolo Grassi, diretor da companhia, na qualidade de membro do Partido Socialista, tinha relação privilegiada com o prefeito da cidade, também socialista, de quem obteve a concessão da sede e a verba necessária à reconstrução do velho cinema Broletto, semidestruído nos anos de ocupação pelas tropas durante a guerra. Strehler torna-se o diretor todo-poderoso, e Gianni, o cenógrafo permanente da companhia, além de arquiteto encarregado da reforma e adaptação das instalações às novas funções[27].

No minúsculo palco do Piccolo Teatro, Gianni soube criar soluções prodigiosas graças à inventividade do seu desenho em perspectiva. O domínio da ciência, que remonta a seus antepassados renascentistas e aos arquitetos-cenógrafos do século XVII que ele admirava, fornecia as bases técnicas para suas invenções[28] e para as diferentes intenções estéticas a cada espetáculo, fossem construções arquitetônicas no Teatro alla Scala ou soluções apenas pictóricas, sobre telas e painéis. Gianni estudou tudo, mastigou o saber do passado misturado a toda a história da arte do século XX, ao futurismo, à metafísica, ao expressionismo, aos movimentos pelos quais se encantou o suficiente para aprender-lhes os nexos e abandoná-los a fim de melhor usá-los a serviço da arte que o apaixonava mais do que as outras, o teatro.

---

25. Gianni Ratto, "Invito alla critica della scenografia", *Palcoscenico, Rivista di arte teatrale*, mar. 1947.
26. Idem, *A mochila do mascate*, op. cit., p. 110.
27. No Arquivo Gianni Ratto, há carta de apresentação ao "Departamento Técnico da Prefeitura", assinada por Grassi em papel timbrado do *Avanti!*, periódico do Partido Socialista.
28. Gianni Ratto, em suas memórias, cita a inspiração em Galli Bibiena e nos mestres quadraturistas, referências presentes também em seu *Antitratado de cenografia*.

A Itália se recuperava cultural e moralmente produzindo arte, cinema, literatura de alta qualidade, com reconhecimento internacional. A reconquista da liberdade e a necessidade de comunicar as próprias experiências fez florescer um forte movimento nas artes em geral. O teatro estava em sintonia com a literatura e com o cinema – naqueles anos, o cinema via nascerem obras como *Roma, cidade aberta* (1945) e *Paisà* (1946), de Rossellini, *Vítimas da tormenta* (1946) e *Ladrões de bicicleta* (1948), de Vittorio de Sica, enquanto Visconti lançava *A terra treme*, filmado com não atores. Visconti trazia também ao teatro temas até então excluídos dos palcos, como o incesto e a homossexualidade, tratados com crueza[29].

Gianni é um protagonista nesse processo criativo. Trabalha em todos os principais teatros italianos que estavam reabrindo e em produções de sucesso que excursionam pela Europa. Colabora com diferentes diretores e companhias teatrais: de Mario Landi, Vittorio Gassman e Vittorio de Sica a Adolfo Celi e Ruggero Jacobbi, que reencontraria no Brasil[30]. "Eu trabalhava sem parar. Cheguei a projetar sete cenários em um dia."

Não era fácil otimismo ou gratuita euforia, pelo contrário: nós nos sentíamos depositários de um sentido da vida como algo que pode recomeçar do zero, um tormento problemático geral e também nossa capacidade de viver a dor e o perigo. [...] Ter saído de uma experiência – guerra, guerra civil – que não tinha poupado ninguém, estabelecia uma imediata comunicação entre o escritor e seu público: estávamos cara a cara, em pé de igualdade, carregados de histórias a serem contadas, cada um tinha tido a sua, cada um tinha vivido uma vida irregular dramática, aventurosa, arrancávamos a palavra da boca um do outro. A renascida liberdade de falar significou uma compulsão de contar: nos trens que voltavam a funcionar, lotados de pessoas e sacos de farinha, latas de azeite, cada passageiro contava aos desconhecidos as vicissitudes que tinham conhecido [...].[31]

Nesse depoimento singularmente expressivo sobre a atmosfera daqueles anos e o frenesi produtivo vivido então, Italo Calvino, à distância de alguns anos, recorda o sentimento de urgência que marca a publicação do seu primeiro romance, *A trilha dos ninhos de aranha*, em 1947.

PERSONAGENS EM BUSCA DE UM AUTOR

A peça mais famosa de Pirandello[32], recordada no título acima, tematiza o teatro dentro do teatro, atores

Gianni Ratto com Ettore Giannini e Remigio Paone, entre outros, por ocasião da comemoração do prêmio "Nozze d'Argento" no restaurante La Caravella (Roma, 1949).

---

29. Cf. G. P. Brunetta, *La città del cinema. I cento anni del cinema italiano*. Milano: Ed. Skira, 1996; Elio Testoni, "Introduzione", em: *Atti del convegno sulla drammaturgia di Eduardo di Filippo*, Roma: Senato della Repubblica, 2004.
30. Para direção de Jacobbi, realiza o cenário de *Mirandolina* de Goldoni, com Maria Della Costa no papel-título, em 1955. Ao contrário do que se pensa, Ratto não trabalhou com Celi no Brasil e fez apenas dois espetáculos no TBC: direção e cenário de *Eurídice*, de Jean Anouilh, em 1956; e direção, cenário e iluminação de *Nossa vida com papai*, de H. Lindsay e Russel Crouse, em 1957. Voltaria em 1991, com *Quaff*, uma adaptação de *Lettice and Lovage*, de Peter Schaffer, dirigido por José Renato, para a qual realiza cenários, figurinos e iluminação. Mas já era outra história...
31. Italo Calvino, prefácio para a edição de 1964 de *Il sentiero dei nidi di ragno*. Milão: Ed. Garzanti, 1987 (1947), pp. 7-8.
32. *Seis personagens em busca de um autor*, de 1921.

Fachada do Teatro Maria Della Costa. *O canto da cotovia*, primeiro espetáculo de Ratto no Brasil. São Paulo, 1954.

que ora abraçam ora recusam seus personagens. A primeira década de Gianni Ratto no Brasil é marcada pelo encontro mágico entre o cenógrafo que queria dirigir e os atores que desejavam alguém com sua experiência e visão universal do teatro.

Ratto desejava para si a responsabilidade inteira sobre os espetáculos. Desde sempre seu método de trabalho previa a análise do texto teatral e a concepção de cada aspecto do espetáculo junto ao diretor. Este pensamento é visível em seus croquis e anotações que orientam seu processo de elaboração de cenários e figurinos, assim como na sua correspondência com os diretores. Aprisionado pela fama de cenógrafo na Itália, Ratto viu no convite de Maria della Costa e Sandro Polônio a oportunidade de abraçar o espetáculo como um todo. Meses depois, estreia em São Paulo *O canto da cotovia* (*Alouette*), de Jean Anouilh, espetáculo do qual, além da direção, assina o cenário e a iluminação. A unidade da concepção, a direção dos atores e a grande beleza plástica da encenação foram louvadas de forma unânime pela crítica, que atribuiu ao espetáculo prêmios em todas as categorias. "Ele possuía consciência cultural educacional do teatro, sem atitudes de didatismo exibicionista como vi muitos", diz Fernanda Montenegro, que o conheceu no mesmo ano. "Era um professor de interpretação, de história do teatro, sociologia, antropologia. Ele tinha ambição de fazer assim."[33]

Em 1958, três anos depois da chegada, Gianni e a figurinista italiana Luciana Petrucelli, com quem era casado, passam uma temporada trabalhando na Universidade da Bahia e, de lá, retornam à Itália para o Natal, permanecendo por diversos meses. A intensa correspondência trocada nesse período entre ele e Fernando Torres, com as vozes de Fernanda e Luciana entremeadas, é eloquente sobre a riqueza da relação profissional e humana que havia se estabelecido antes dessa data. "Vejo o quanto os anos passados ao seu lado, sr. Ratto, me foram úteis", escreve Torres, que havia trabalhado como assistente de Ratto e que agora dirigia uma peça em São Paulo. "A disciplina pelo sr. imposta, na base de um mútuo respeito e de amor ao trabalho, tudo isto está enraizado em mim." O tom é cerimonioso e reverente, mas direto e franco nas discussões de repertório, na troca de pareceres sobre crítica e público, nos comentários sobre as dificuldades materiais enfrentadas, na cobrança das promessas de voltar e se estabelecer no Brasil para que juntos formassem uma companhia[34].

O resultado foi o Teatro dos Sete, que estreou em 1959 com *O mambembe*, de Artur Azevedo – sugestão da Fernanda, lembra Ratto –, honrando a preocupação do diretor em encenar textos de autores brasileiros: "não há teatro nacional sem autor nacional", sentenciava, diante do

---

33. Depoimento de Fernanda Montenegro no filme *A mochila do mascate*.
34. Carta de 24 de junho de 1958. Ratto, nessa altura, estava na Bahia. As cartas estão conservadas, respectivamente, no Arquivo Gianni Ratto e no acervo de Fernanda Montenegro.

Jocy de Oliveira, Ítalo Rossi, Fernanda Montenegro, Gianni Ratto e Luciano Berio, por ocasião da montagem de *Apague meu spotlight*. Rio de Janeiro, 1961.

preconceito dominante que privilegiava autores estrangeiros. Perseguindo esse propósito, o grupo solicita textos a vários autores e Fernanda insiste no pedido a Nelson Rodrigues, que, ao fim de algum tempo, entrega *O beijo no asfalto*, "tragédia carioca" que teria direção de Torres, cenários de Ratto e a presença constante do autor durante os ensaios.

O grupo integrado pelos "Fernandos", Ítalo Rossi e Sérgio Britto – Luciana não retorna ao Brasil – já havia realizado alguns espetáculos com Ratto. Inclusive *A moratória*, em 1955, estreia de Jorge de Andrade no teatro e de Fernanda Montenegro no papel principal. Além do sucesso obtido com *O mambembe* e do reconhecimento pelas montagens de qualidade, o grupo realiza espetáculos de cunho experimental, como *Apague meu spotlight*, de Jocy de Oliveira e Luciano Berio, primeiro espetáculo de música eletrônica encenado no Brasil, nos teatros municipais do Rio e de São Paulo, em 1961[35].

No ano anterior, haviam feito *O cristo proclamado*, de Francisco Pereira da Silva, peça que expunha a exploração da miséria e ingenuidade dos retirantes nordestinos pelos políticos, cuja encenação previa a entrada do público com cortinas abertas e o palco nu, num despojamento ao qual muitos atribuíram seu fracasso. O espetáculo era uma crítica social cáustica, muito distante do público frequentador do teatro do Copacabana Palace do Rio de Janeiro, e constituiu o maior fracasso do Teatro dos Sete. Ratto, no entanto, continuou a considerá-lo um de seus melhores trabalhos[36], qualidade reconhecida por parte da crítica:

> Acreditamos que a peça é destinada a grandes sucessos em um futuro próximo. Muito ao contrário da (alegada) falta de comunicação, o que se nota é uma vivência comum entre atores e público. Por vezes os espectadores chegam a se sentir elementos integrantes da peça, tentados a protestar contra a demagogia do deputado Feitosa, magistralmente interpretado por Sérgio Brito [...][37]

A escolha da peça e a encenação austera estavam em sintonia com os movimentos ligados à cultura popular – o Centro Popular de Cultura (CPC) seria fundado no ano seguinte –, iniciativas que seriam canceladas dali a pouco pela ditadura militar. Em 1966, convidado a dirigir

---

35. A I Semana de Música de Vanguarda, considerada uma introdução à I Bienal de Música, era uma iniciativa da Juventude Musical Brasileira, dirigida pelo maestro Eleazar de Carvalho. Segundo declaração de Berio aos jornais locais, o "drama eletrônico" *Apague meu spotlight* celebrava a desejada união da música de vanguarda com o teatro de vanguarda. A primeira apresentação ocorreu no Rio, no Theatro Municipal cheio. Em São Paulo, foi apresentado durante a Bienal de Arte. Infelizmente, resta apenas uma pequena parte do áudio do espetáculo, com a voz de Fernanda Montenegro e as gargalhadas de Sérgio Britto. O restante foi destruído com os arquivos da Rádio MEC pelos militares durante a ditadura implantada em 1964. Cf. no Youtube o belo depoimento de Fernanda Montenegro reconstruindo sua participação na peça e a efervescência cultural daquele início dos anos 1960. Disponível em: https://tinyurl.com/apaguemeu. Acesso em: 31 jan. 2019.
36. Gianni Ratto, *A mochila do mascate*, op. cit., pp. 213-6.
37. "Cristo Proclamado e o Teatro dos Sete", *Correio Literário*, dez. 1960.

o primeiro espetáculo do Grupo Opinião, ainda que dele não fizesse parte, Ratto tem sua participação justificada de forma eloquente no texto do programa de *Se correr o bicho pega, se ficar o bicho come*, de Oduvaldo Vianna Filho e Ferreira Gullar: "GR fez e faz parte do movimento que terminou por dar vida ao Grupo Opinião"[38].

Ainda nos promissores anos 1960, Ratto poria de pé o ambicioso projeto do Teatro Novo[39], escola de teatro, música e companhia de balé, um sonho longamente acalentado, que durou menos de um ano e foi brutalmente fechado pela ditadura militar no final de 1968. Tamanho arbítrio o fez abandonar o teatro e se retirar a uma praia deserta por mais de um ano. Foi trazido de volta à cena pela insistência de Flávio Rangel, com quem estabeleceria uma fértil parceria.

Vinte anos depois dos traumáticos episódios mencionados, Gianni volta a afirmar a poética que o inspirava naqueles anos:

> Continuo acreditando num teatro despojado, pobre – até andrajoso – onde tudo seja ritual, espontâneo, num contexto de signos e símbolos. Acredito na juta que, pela luz de uma vela, se transforma em preciosíssimo brocado; acredito no galho de árvore que é cajado, cetro e serpente: em tudo que muda pelo olhar mágico de um gato. [...] A humanidade precisa de poesia e não de teatro "com gosto artificial de poesia". A humanidade precisa de meios para entrar em contato consigo mesma; precisa poder gritar de angústia sem que seus gritos fiquem abafados por holofotes e ruídos de engrenagens; precisa reencontrar seus espaços, suas luminosidades, suas decepções; reencontrar a compreensão de seus destinos.[40]

Ratto era mestre em realizar grandes construções cenográficas. Com o passar do tempo, o papel da cenografia como "elemento estratégico que deve anunciar o espetáculo ao abrir as cortinas" ganharia diferentes considerações. Nas últimas décadas, ele conceitua a cena como palco vazio, substituindo os elementos materiais pelos aspectos imateriais da construção do espaço dramático, como a luz e suas transparências, apostando na força central da palavra.

> Hoje [a cenografia] não é mais um problema estrutural ou pictórico: ela é um espaço no qual a luz trabalha cada vez mais em profundidade; podemos até mudar seu nome, chamá-la de espaço cênico, área de ação, clima tridimensional, atmosfera dramática etc.; isso não exclui a possibilidade de utilizar recursos que pertenceram ao passado recente, mas penso que, falando de perspectiva, por exemplo, será mais lógico pensar numa perspectiva dramática do que num problema de projetação arquitetônica.[41]

Estudo de planos e luz para a ópera *A queda da casa de Usher*, de Philip Glass, baseada no conto homônimo de Edgar Allan Poe.

---

38. "As razões para Gianni Ratto", em: *Se correr o bicho pega se ficar o bicho come* [programa da peça], de Oduvaldo Vianna Filho e Ferreira Gullar, 1966.
39. Para melhor compreensão do período e das realizações de Gianni Ratto durante a ditadura, assim como das características do Teatro Novo, ver ensaio de Sérgio de Carvalho neste volume, p. 218.
40. Gianni Ratto, *A mochila do mascate*, op. cit., p. 190.
41. Ibidem, p. 110.

Não há dúvida de que, para Ratto, a luz passa a ser progressivamente mais protagonista na construção e transformação do espaço arquitetônico. Nesse percurso, é interessante observar o papel que a música, arte imaterial por excelência, pode ter tido na "tradução dramática do espaço teatral" ao gerar experiências decisivas. A imprevista encenação do *Don Giovanni* em 1991 apenas com a luz – pois os cenários tinham se incendiado –, como também, no ano seguinte, a ópera de Philip Glass baseada em *A queda da casa de Usher*, de Edgar Allan Poe, ocasionaram reflexões que o fizeram cunhar o neologismo "cenoplastia".

Cena da ópera *Ernani* por Gianni Ratto no Teatro Amazonas, para o filme *Fitzcarraldo*, de W. Herzog, 1982.

> Consideradas as condições espaciais nas quais os personagens de Glass-Poe deverão agir, a palavra cenografia não é muito conveniente, menos, decerto, que da **cenoplastia**, que sugere planos, volumes e níveis em oposição ao decorativo e às adjetivações que os conceitos cenográficos tradicionais sugerem e solicitam. Colocamos no palco, portanto, no espaço aproveitável, estruturas envolvidas num clima nebuloso; na tentativa não de visualizar uma história, mas de encontrar um clima adequado à obra no seu todo.[42]

Ratto foi essencialmente um homem de teatro, ainda que o cinema, arte que o havia fascinado na juventude por seus recursos, continuasse a diverti-lo. Não somente como cenógrafo, mas também como ator. Foi o caso da atuação no papel de avô no seriado *Anarquistas, graças a Deus* (1983), história de uma família de imigrantes italianos dirigida por Walter Avancini, e de *Sábado* (1995), comédia de Ugo Giorgetti, na qual fez o papel de um morto que pontuava a trama, dentro do elevador. Na primeira juventude, ainda na Itália, fez os cenários para *Gli orizzonti del sole* de Enrico Pea, em 1953. Muito mais tarde, realizaria para o filme *Fitzcarraldo* (1982), de Werner Herzog, as cenas da ópera *Ernani*, no Teatro Amazonas, em Manaus.

"Eu não seria um bom brasileiro se deixasse de ser italiano", escreve Ratto sobre o fato de jamais ter se naturalizado, motivo de perplexidade para muitos que conviveram com ele. Esse paradoxo parece ter orientado muito de sua atividade, nutrindo, nessa tensão, sua rica personalidade. Os cinco livros escritos em belo português, combinados com o forte sotaque italiano que nunca perdeu, traçam os contornos do comprometimento de Ratto com o Brasil. Emocional e existencialmente entregue ao país que escolheu, permanece italiana a sua forma mental, a matriz humanista, assim como sua sensibilidade espacial, plástica e pictórica. Esperamos que este livro cumpra seu objetivo de documentar a obra cenográfica deste artista transatlântico, poupando-a de uma "segunda morte", como dizia um historiador de outros tempos[43], e contribua para fazer viver suas belas ideias:

> Arte é reinventar a natureza; criar novas linguagens; dar vida a seres imortais; erguer estruturas espaciais; arriscar aventuras absurdas; provocar polêmicas. Arte é técnica severa aliada a uma criatividade impiedosa. Arte é sabedoria e ingenuidade. Arte é a vitória sobre a morte.[44]

---

42. Texto datilografado, assinado. Arquivo Gianni Ratto, grifo nosso.
43. Giorgio Vasari, Proemio di tutta l'opera, in: *Le Vite dei più eccellenti pittori, scultori ed architettori, 1568*. Florença: Ed. Sansoni, 1906, t. I, p. 93.
44. Gianni Ratto, *A mochila do mascate*, op.cit., p. 277.

FOTOGRAFIA DE CENÁRIO
"L'INCORONAZIONE DI POPPEA" (A coroação de Popeia)
de Claudio Monteverdi | Teatro alla Scala de Milão, 1953

O ILUMINISMO DE UM HOMEM AUDACIOSO [1]

Vittoria Crespi Morbio

Gianni Ratto não tinha ainda 40 anos quando zarpou de Gênova a bordo do transatlântico "Eugenio Costa" em direção ao Rio de Janeiro. Era 1954 e o cenógrafo da Ligúria estava no auge do sucesso, disputado pelos maiores diretores e as mais prestigiadas instituições teatrais na Itália. No entanto, ele decidiu partir: "Achava que nada mais pudesse me deter naquele momento. Estava feliz"[2]. Atração pelo desconhecido? Necessidade de desafios? Em torno da figura de Ratto começa a crescer uma lenda, cada vez mais misteriosa à medida que sua presença se afasta na memória.

Enquanto isso, em Milão, no Piccolo Teatro e no Teatro alla Scala, Giorgio Strehler remediou sua ausência com duas jovens promessas, Luciano Damiani e Ezio Frigerio. Os novos cenógrafos transformam os espetáculos que

Ratto assinara já no final dos anos 1940, *Il servitore di due padroni* [O servidor de dois amos], de Goldoni[3], *La tempesta* [A tempestade], de Shakespeare[4], *L'amore delle tre melarance* [O amor das três laranjas], de Prokofiev[5], *I giganti della montagna* [Os gigantes da montanha], de Pirandello[6]. Frigerio perguntou-se mais de uma vez, enquanto o Piccolo tramava ideias e projetos a todo vapor: que fim levara Gianni Ratto? E, sobretudo, por que tinha ido embora, rompendo com seus afetos e seu trabalho?

Paolo Grassi, fundador do Piccolo com Strehler e o primeiro a perceber o talento de Gianni Ratto, quando, em 1942, ambos frequentavam a escola militar[7], perguntou-lhe explicitamente o motivo de sua partida. Grassi sabia que tinha intimidade com o companheiro de aventura desde os primeiros espetáculos teatrais, ainda durante a guerra. A resposta do cenógrafo foi simples e o deixou desarmado: "Sobre minha partida não há muito o que dizer. A certa altura, pareceu-me oportuno ir embora, e foi o que fiz. Nunca gostei de falar de mim e das minhas coisas, minha reserva sempre fundamentou minhas relações com os outros. Aqui comecei tudo de novo, sem muitas ilusões, mas com certa serenidade que estava correndo o risco de perder definitivamente"[8].

No Brasil, Ratto se estabeleceu em São Paulo, mas tudo parecia rechaçá-lo e forçá-lo a reconsiderações

---

1. Título original: "L'illuminismo di un uomo avventuroso". Tradução: Roberta Barni.

2. Gianni Ratto *apud* Pietro Boragina, *Il mago dei prodigi* [O mago dos prodígios]. Torino: Nino Aragno Editore, 2015, p. 754; o ensaio de Boragina contém alguns excertos, traduzidos por Ivana Librici da autobiografia de Gianni Ratto, *A mochila do mascate* (ed. original: *A mochila do mascate*. São Paulo: Hucitec, 1996).

3. *Il servitore di due padroni* [O servidor de dois amos], comédia em três atos de Carlo Goldoni, direção de Giorgio Strehler, cenário de Gianni Ratto, figurino de Ebe Colciaghi, músicas de Fiorenzo Carpi, Milão, Piccolo Teatro, 24 jul. 1947. Encenada novamente com o título *Arlecchino, servitore di due padroni* [Arlequim, servidor de dois amos] (máscaras de Amleto Sartori), Roma, Teatro Quirino, 17 abr. 1952. Em 1956, Ezio Frigerio apresenta uma nova edição da obra na direção de Giorgio Strehler, com produção do Piccolo Teatro de Milão (Edimburgo, Royal Lyceum Theatre, 27 ago., X Edinburgh International Festival).

4. *A tempestade*, comédia em cinco atos e três tempos de William Shakespeare, tradução de Salvatore Quasimodo, direção de Giorgio Strehler, cenário de Gianni Ratto, Ettore Gracis, produção do Piccolo Teatro de Milão, Florença, Jardim de Boboli, 6 jun. 1948 (XI Maio Musical Florentino). Luciano Damiani chama Ebe Colciaghi para os figurinos, as músicas são de Fiorenzo Carpi (com temas de Domenico Scarlatti). A obra conta com a tradução de Agostino Lombardi e a direção de Giorgio Strehler (Milão, Piccolo Teatro, 28 jun. 1978).

5. *O amor das três laranjas*, obra em um prólogo, três atos e dez quadros, música e libreto de Serguei Prokofiev, tradução para o italiano e versão rítmica de Rinaldo Küfferle, regente Angelo Questa, direção Giorgio Strehler, cenário Gianni Ratto, figurino Ebe Colciaghi, coreografia Ugo Dell'Ara, Milão, Teatro alla Scala, 30 dez. 1947 (primeira representação na Itália). Em 1974, Luciano Damiani encenou uma nova edição, com regência de Claudio Abbado e direção de Giorgio Strehler (Milão, Teatro alla Scala, 19 dez.).

nostálgicas. Para ele, era como recomeçar do zero, seja pelas dificuldades de trabalho nos teatros, seja porque já não havia a garantia das pequenas coisas que ajudam a viver. Ao amigo maquinista do Piccolo Teatro, Ratto escreveu: "Por gentileza, você poderia comprar para mim uma cafeteira para *espresso* da marca 'Vesuviana', de seis xícaras [para um amigo]? Precisaria também de um pacote de gelatinas coloridas [...] porque aqui não se acham e temos que usar papel celofane. Traga-me o máximo de cores possível"[9]. O orgulho será mais forte que o arrependimento. Ratto vencerá o desafio e não deixará mais sua nova terra.

GÊNOVA: GORDON CRAIG E MARIO LABÒ

Para entender o que havia por trás de sua misteriosa decisão, é preciso retroceder um pouco e remontar às origens, à Gênova ativa e estimulante de onde provinha a família Ratto (Gianni nasceu por acaso em Milão, em 27 de agosto de 1916). Vêm daí a sede de aventura, a atração pelo mar, o temperamento adrenalínico; e também a sensação de leveza poética que caracterizará suas obras, o próprio ar, as tintas pastéis dos afrescos do século XVII dos palácios genoveses, o brilho da luz e o frescor de certas rajadas marinhas.

Gênova é importante porque foi ali que o jovem encontrou o primeiro grande artista que o direcionaria para o teatro, o famoso diretor britânico Gordon Craig.

Gianni Ratto frequentava a belíssima casa da rua Costa del Serreto, "cercada de laranjeiras e numa posição panorâmica [...], uma magnífica biblioteca e um belo jardim"[10], onde sua mãe, Maria, dava aulas de canto e piano para a filha de Craig. O futuro cenógrafo se sentia subjugado pela personalidade do diretor, ao qual designa um papel quase paterno. Observando desenhos, croquis, cores, formas, volumes, luzes e sombras, viu cintilar a faísca de uma vocação.

Mais tarde, Ratto criticaria com meticulosa acuidade a arte de Gordon Craig. Em um artigo de 1942, os delicados projetos gráficos de Craig são tachados de idealismo abstrato: são estranhos às exigências pragmáticas do teatro, que "tomariam a dianteira sobre tudo, contra tudo, esmagando suas sutilezas tonais, o feliz deslizar do seu lápis, de sua goiva, de seus pincéis"[11]. Ratto ama a outra face do teatro, o aspecto árduo e antirromântico, o fardo do trabalho físico, das noites insones, da renúncia aos afetos estáveis. O trabalho criativo não podia deixar de se fundir com o artesanato e o trabalho braçal para dar concretude às complexas instalações (painéis cenográficos, praticáveis, bastidores, sarrafos, madeira, papéis, areia, pedregulho, detritos). O cenógrafo não se sentava com o pincel na mão, mas participava do canteiro de obras *in progress*.

Da lição de Craig, Ratto guardaria o amor pelas sutilezas tonais dos próprios croquis aquarelados. O ato criativo, nele, surgiu de um planejamento cuidadoso,

---

6. *Os gigantes da montanha*, drama incompleto em dois atos de Luigi Pirandello, direção de Giorgio Strehler, cenário Gianni Ratto, figurinos de Ebe Colciaghi, máscaras de Marta Latis, música de Fiorenzo Carpi, pantomimas de Rosita Lupi, Milão, Piccolo Teatro, 16 out. 1947. Ezio Frigerio apresenta uma nova edição (em língua alemã) no Piccolo Teatro de Milão, com a direção de Giorgio Strehler, em 19 abr. 1958.

7. Gianni Ratto obtém o grau de subtenente na escola militar para aspirantes a oficiais de Fano (na região das Marche). Ali, conhece Paolo Grassi por meio do amigo comum, Giannino Galloni, crítico, tradutor e diretor teatral. Em Fano, Ratto desenha os cenários para uma peça de teatro de revista satírica sob direção de Grassi para o Teatro della Fortuna (1942). Em Milão, em 1945, Grassi funda o círculo teatral "Il Diogene", na livraria Zanotti (via Brera, nº 2), onde realizam leituras dramáticas de textos inéditos de autores italianos e estrangeiros. Ratto faz parte da direção e conhece Giorgio Strehler.

8. Carta de Gianni Ratto a Paolo Grassi, São Paulo, 12 abr. 1954 (cf. Pietro Boragina, *op. cit.*, p. 470).

9. Carta de Gianni Ratto a Bruno Colombo, São Paulo, 12 maio 1954 (*ibidem*, p. 472).

10. Marina Maymone Siniscalchi; Veronica Simcock Zipoli (org. e trad.), *Edward e Gordon Craig. La storia della sua vita*. Napoli: Edizioni scientifiche italiane, 1996, p. 353 (ed. or. *Gordon Craig: The Story of His Life*. London: Victor Gollancz Ltd, 1968).

11. Gianni Ratto, "Litografie inedite di Craig", *Spettacolo-Via Consolare*, a. IV, n. 1, dez. 1942, p. 15.

de acabamento esmerado em seus detalhes gráficos. Sobre a montagem de *Desiderio sotto gli olmi* [Desejo sob os olmos], de Eugene O'Neill (1946)[12], Ratto recorda:

Para desenhar e aquarelar aquele croquis, passei a noite em claro, usando uma técnica que aprendera na escola de arte, segundo a qual depois de ter molhado e colado o papel nas bordas secas, estende-se uma folha de papel granulado sobre o qual, depois de totalmente seco, realiza-se o desenho em decalque, e depois a própria pintura.[13]

Uma experiência fundamental para o crescimento do jovem cenógrafo foi o aprendizado no estúdio do arquiteto genovês Mario Labò, em meados da década de 1930. Ratto sentia afinidade com o caráter meticuloso de Labò, e aprendeu com ele o esmero com o detalhe que lhe seria tão precioso. A tarefa do artista é domar o caos, e essa capacidade deve ser formada a partir do mínimo detalhe.

"Muniu-me de borracha, transparências e um canivete para que eu iniciasse 'a prova', apontando um lápis [...] a coisa mais simples do mundo. Mas não era assim. Mario Labò mandou parar imediatamente. Com a calma que lhe era própria, mas com a firmeza de um mestre, mostrou-me a 'técnica' para apontar um lápis".[14]

Pode parecer excesso de rigor, mas na verdade é respeito pelos instrumentos de trabalho e estímulo para a concentração. A relação entre mestre e aprendiz transformou-se, com o passar dos anos, em confraria afetiva, até em relação paterna por parte de Labò, cujo filho Giorgio seria torturado e fuzilado pelos nazistas em 1944. Uma intensa troca de correspondência documenta o apreço recíproco entre os dois artistas, que compartilharam dificuldades e sucessos até a morte do arquiteto, em 1961.

OS ANOS DA FORMAÇÃO E O PARÊNTESE BÉLICO

Nesse período, Ratto se dividia entre Gênova, onde estudava no Liceu de Artes e no estúdio de Labò[15], e Roma, onde uma bolsa de estudos (1936-1937) lhe permitiu assistir aos cursos do Centro Sperimentale di Cinematografia [Centro Experimental de Cinematografia]. Em Gênova, ingressou no mundo do teatro, trabalhando com Aldo Trabucco, diretor teatral e ator, e Giulio Codda, "cenotécnico". Foi o típico aprendizado como "faz-tudo". No Teatro dei Mutilati di Guerra[16], a cada vez exercia uma função: técnico de iluminação, ponto, diretor de cena, contrarregra. Seu nome aparece pela primeira vez no cartaz do teatro em 1934, como possível substituto no papel insignificante de camareiro.

O serviço militar e a deflagração da guerra o mantiveram ocupado no exército por um período de sete anos (1938-1945). Soldado e, logo, oficial engajado na campanha da Grécia, o jovem, quando da proclamação do armistício por parte do general Pietro Badoglio, em 8 de setembro de 1943, desertou. Depois de uma fuga rocambolesca entre os montes do Peloponeso, com a ajuda dos camponeses locais, Ratto foi levado pelos ingleses para o Sul da Itália, de onde, agregando-se às tropas norte-americanas, voltou para casa.

---

12. *Desejo sob os olmos*, drama em três atos de Eugene O'Neill, direção de Giorgio Strehler, cenário Gianni Ratto, companhia Maltagliati–Randone–Carraro, Milão, Teatro Odeon, 15 jun. 1946.

13. Gianni Ratto *apud* Pietro Boragina, *op. cit.*, p. 389.

14. *Ibidem, op. cit.*, p. 81.

15. Estudante do liceu artístico de Gênova, Gianni Ratto realiza uma maquete de plástico, papel e madeira inspirada em *Os pássaros*, de Aristófanes. A obra é exposta no *foyer* do Teatro Carlo Felice como parte de uma mostra que Anton Giulio Bragaglia dedica à cenografia moderna (1935).

16. O Teatro dei Mutilati di Guerra [Teatro dos Mutilados de Guerra] (Gênova, praça Tommaseo, 7) foi aberto ao público em 1933, sob a direção de Aldo Trabucco e Luigi Giulio Codda. O Circolo Mutilati [Círculo dos Mutilados] anterior fora inaugurado no final da Primeira Guerra Mundial como lugar de lazer para os veteranos e suas famílias. Na década de 1930, ali se exibia ao piano Maria Ratto, mãe do artista.

Depois da guerra, nós o encontramos ao lado de Giulio Codda nos espetáculos representados pela companhia do Teatro Sperimentale Luigi Pirandello, fundado em 1944 por iniciativa do jornalista e futuro diretor teatral Gian Maria Guglielmino[17].

A CHEGADA A MILÃO E OS PRIMEIROS ESPETÁCULOS COM SERGIO TOFANO E GUIDO SALVINI

Gênova, todavia, era demasiado pequena para o jovem artista. A retomada cultural do pós-guerra custava a decolar, e muitos intelectuais (jornalistas, dramaturgos, atores) se mudaram para Milão. "Gênova deu e continua dando energias", segredou Paolo Grassi a Gianni Ratto, embora poucos aguentassem o "atrito de um trabalho duro como o nosso"[18]. A guerra desferiu duros golpes: "Em poucos dias, não sobrou nem um teatro sequer. Politeama, Margherita, Politeama Genovese, Paganini, Giardino d'Italia, Nazionale, Falcone. Tudo saltou pelos ares, entre línguas de fogo e nuvens de poeira"[19], e o ex-Teatro Sperimentale[20] não contava com financiamentos públicos. Gian Maria Guglielmino e o crítico teatral Giannino Galloni tentaram mantê-lo vivo, recorrendo ao mecenato privado, mas a fuga dos talentos para Milão foi inevitável. Até a revista mensal *Sipario* mudou-se para lá em 1947, apenas um ano após ter sido fundada em Gênova, precisamente por Guglielmino e Ivo Chiesa.

A reabertura do Teatro alla Scala, com o memorável concerto de Toscanini de 11 de maio de 1946, deu a Milão a primazia da atividade e da "coragem". Gianni Ratto estava entre os muitos que apostaram na metrópole lombarda. Ele precisava trabalhar, tornar-se conhecido, aprender, crescer. Era uma questão de sobrevivência e pertinácia. Entre 1945 e 1947, atua no Excelsior, no Odeon, no Teatro Nuovo. A fisionomia de sua linguagem começava a se tornar reconhecível: já podemos falar de um "estilo Ratto".

"O cenógrafo é um artista, cujas sugestões devem provir diretamente do autor do texto que se deseja representar"[21], escreveu ele em 1948. A serviço de Donizetti ou Verdi, de Goldoni ou Tchekhov, Ratto fez valer sua maleabilidade técnica, que lhe permite passar do pincel à cena tridimensional e até mesmo às projeções. As diferentes escolas, a pictórica de Antonio Rovescalli e Léon Bakst, os cenários de luz ditados pelas experiências futuristas e pelas novas pesquisas de Luigi Veronesi, a cena arquitetônica de Appia e do construtivismo russo tinham de se transformar ininterruptamente, fundindo--se a novas linguagens. Os limites técnicos dos teatros se tornaram, assim, uma oportunidade de desafio. "Nenhum dos dois tinha urdimento, e os *principali*[22] não podiam subir diretamente, era preciso baixá-los, enrolá-los, amarrá-los e puxá-los para cima, com uma enorme perda de tempo"[23], observou Sergio Tofano a propósito do teatro de Sanremo e do Odeon. O poliédrico ator, desenhista,

---

17. A Compagnia per il Teatro Sperimentale Luigi Pirandello estreia no dia 2 de dezembro de 1944, na sede que antes fora do Teatro dei Mutilati di Guerra (D.I.C.E.A., um lugar gerenciado pela associação recreativa dos trabalhadores bancários; cf. nota precedente). No ano seguinte, a companhia se muda para o palco maior do Teatro dei Postelegrafonici [Teatro dos Correios], na via Carducci, nas proximidades da praça De Ferrari, uma zona mais central. Para a companhia do Sperimentale, Gianni Ratto realiza na temporada 1945-46 diversos croquis de cenários que serão encenados por Giulio Codda. Recordamos as três peças de um só ato *Antes do café da manhã*, de Eugene O'Neill, *Uma visão*, de William Butler Yeats, e *Cavalgada para o mar*, de John Millington Synge, com direção de Ivo Chiesa (1946); e *A tragédia do amor*, de Gunnar Heiberg, com direção de Gian Maria Guglielmino (1946).

18. Carta de Paolo Grassi a Gianni Ratto, Milão, 17 fev. 1948 (cf. Pietro Boragina, *op. cit.*, p. 303).

19. Giannino Galloni, "Cronache d'arte e Cultura", *Genova*, set. 1949.

20. Em 1947 Gian Maria Guglielmino e Giannino Galloni relançam o Teatro Sperimentale com o novo nome de Teatro d'Arte della Città [Teatro de Arte da Cidade] de Gênova.

21. Gianni Ratto, "Scenografia lirica, problema di modernità", *Il Giornale d'Italia*, 8 jan. 1948.

22. Estrutura fixa que fica logo após o pano de boca, constituída por uma bambolina e duas pernas, formando um "U" invertido que emoldura a caixa cênica. [N.T.]

23. Carta de Sergio Tofano a Gianni Ratto, Roma, segunda-feira, s.d., [início de janeiro de 1949] (cf. Pietro Boragina, *op. cit.*, p. 410).

escritor e diretor teatral foi um dos primeiros a confiar em Gianni Ratto.

Mesmo o grande Guido Salvini o notou e apreciou, corrigindo-lhe algumas ingenuidades. *Em Appuntamento a Senlis* [O encontro em Senlis], de Anouilh[24], o cenógrafo leva ao extremo os contrastes de luz. O experiente diretor interveio: "Há uma lei no teatro à qual não se pode escapar; se não se ouvir ou não se puder ver, não haverá espetáculo"[25]. Ratto, afirmava Salvini, é "um homem que tinha as mesmas manias que eu em matéria de cenografia [...] não tinha medo de nada, sobretudo de não estar realizando cenografia"[26]. A tentação narcisista do "belo cenário" que arrancasse aplausos foi evitada: "A verdadeira cenografia é aquela que consegue ser esquecida, absorvida pelas vidas daqueles fantasmas destinados a morrer antes da fatídica meia-noite"[27], sintetizaria o próprio Ratto.

O ENCONTRO COM GIORGIO STREHLER E A ESTREIA NO TEATRO ALLA SCALA

Salvini, contudo, permaneceu como um "mestre de passagem" para Gianni Ratto. O encontro decisivo de Ratto foi com a figura explosiva de um jovem diretor em ascensão, Giorgio Strehler. A ligação entre os dois se revelou imediatamente: ambos provinham de cidades litorâneas e tinham mães musicistas. Ratto se familiarizara com os solfejos que a mãe, professora de canto, ditava às alunas; já o triestino Strehler cresceu acompanhado pelo som do violino da mãe, professora de orquestra, e da trompa do avô, também músico. Ambos

tinham temperamentos voltados ao entusiasmo, às paixões, ao dinamismo, à cumplicidade e a rompantes de fúria. Ao longo de uma década eles revolucionaram a história do teatro italiano, irrompendo ali com tamanha força propulsora a ponto de conseguir competir com o dueto romano formado por Luchino Visconti e seu cenógrafo de referência, Mario Chiari. Tanto Strehler quanto Ratto adoram o rigor e falam a mesma língua teatral. A relação é paritária; eles crescem juntos.

Depois de uma estreia improvisada no Odeon, em 1945, com *Il lutto si addice a Elettra* [Electra enlutada], de Eugene O'Neill[28] ("Ainda penso com terror que aceitei dirigir a trilogia de O'Neill com duas semanas de ensaios", lembraria Strehler[29]), os dois artistas viram entreabrir-se, no clima efervescente de oportunidades que o pós-guerra oferecia em Milão, as portas do Teatro alla Scala. Era 1947, e o superintendente Antonio Ghiringhelli, com o apoio do diretor artístico Mario Labrioca, entrega a preparação de novas montagens a Guido Marussig, Gino Sensani, Mario Sironi. A Strehler e Ratto, Ghiringhelli encomendou uma nova edição da *Traviata* de Verdi, com a direção do veterano Tullio Serafin. Da última vez, a famosa ópera de Verdi tinha sido representada na montagem tradicional de Giovanni Battista Grandi, com direção de Gino Marinuzzi (1943). Agora, os dois jovens artistas apostam numa *Traviata* intimista, distante da suntuosidade da tradição, numa versão mais direta e moderna. Mas a direção "simples e natural"[30] dividiu o público. No quadro do palácio de Flora, tradicionalmente apinhado de grandes

---

24. *Rendez-vous em Senlis*, comédia em três atos de Jean Anouilh, direção de Guido Salvini, cenário de Gianni Ratto, Milão, Teatro Excelsior, 1 fev. 1947.

25. Carta de Guido Salvini a Gianni Ratto (cf. Pietro Boragina, *op. cit.*, p. 416).

26. Observação de Guido Salvini sobre Gianni Ratto, com quem trabalhou na primeira encenação italiana de *A selvagem* (comédia em três atos de Jean Anouilh, direção de Guido Salvini, cenário de Gianni Ratto, figurino de Ebe Colciaghi, Milão, Piccolo Teatro, 27 mar. 1948), citada em Arturo Lazzari; Giorgio Morandi, *Piccolo Teatro 1947-58*. Milão: Nicola Moneta Editore, 1958, p. 51.

27. Gianni Ratto, "Anche l'ambiente è paesaggio" [O ambiente também é paisagem], *Sipario*, a. II, jul. 1947, pp. 10-1.

28. *Electra enlutada*, trilogia de Eugene O'Neill, direção de Giorgio Strehler, cenário de Gianni Ratto e Piero Fornasetti, companhia Benassi-Torrieri, Milão, Teatro Odeon, 15 dez. 1945.

29. Fabio Battistini, *Giorgio Strehler*. Roma: Gremese Editore, 1980, p. 12.

30. Rubens Tedeschi, em *L'Unità*, 7 mar. 1947.

31. Fabio Battistini, *op. cit.*, p. 46.

espelhos, mesinhas e sofás, lá estava uma escadaria em formato de ponte que englobava o palco todo. O próprio Strehler diria: "Uma 'ponte' assim nunca tinha sido feita"[31]. Era uma nova visão cênica, leve, fresca e funcional. Tudo isso demonstrava que havia uma nova maneira de representar o melodrama. Os responsáveis pelo teatro tendiam à inovação e tinham plena confiança em Gianni Ratto que, entre 1947 e 1954, assinou no Teatro alla Scala dezoito espetáculos, metade dos quais sob direção de Strehler.

A AVENTURA DO PICCOLO TEATRO

No mesmo ano de 1947 teve início a aventura do Piccolo Teatro. Ratto se dedica a ele com generoso entusiasmo. Acompanhava a requalificação do prédio da rua Rovello, ligado a um trágico episódio da história bélica (durante a República de Salò, este fora abrigo da Legione Autonoma Mobile Ettore Muti, corpo da polícia política e militar, e os camarins foram transformados em celas para os prisioneiros, tornando-se, logo depois, um clube para as tropas de ocupação). O projeto teve o apoio do prefeito Antonio Greppi, autor teatral e amante do espetáculo, e foi coordenado por Paolo Grassi, que abandonou toda veleidade de ser diretor teatral para dedicar-se à carreira mais profícua de organizador, promotor e caça-talentos. "Tenho em mim um realismo concreto, uma acuidade de observação, uma sintaxe pessoal"[32], diria o próprio Grassi. Ratto recebeu carta branca dele e de Strehler (ele representa "os nossos desejos a esse próposito"[33]) para acompanhar o nascimento do novo teatro e projetou "até mesmo detalhes como a iluminação dos espelhos dos camarins"[34].

Embora trabalhando com economia e com materiais comprados a prestação, os técnicos eram contagiados pelo entusiasmo da personalidade de Strehler, cujo entendimento com Grassi e Ratto era absoluto. Tinham consciência de que estavam realizando uma revolução no campo teatral, "cada qual motivado pelo desejo de realizar alguma coisa esplêndida e luminosa"[35]. Os propósitos eram ambiciosos: abrir o teatro a todas as classes sociais. O repertório dramático se enriquecia com a introdução de novos autores estrangeiros e de títulos italianos esquecidos havia muito tempo: descobre-se uma linguagem menos empolada e mais direta, disciplina--se a criatividade dos atores, o papel do diretor se torna proeminente, renova-se o léxico da cenografia.

"Deu vida, tempo e saúde pela glória do Piccolo"[36], lembraria com uma ponta de amargura a primeira mulher de Ratto, a atriz Elsa Asteggiano. Tempo, energia, afetos foram investidos na aventura do novo teatro, que se tornou a verdadeira "casa" do cenógrafo, um porto seguro na natureza errante que o levaria a mudar constantemente de amores e endereço (a pensão Orlandini na Galleria del Corso, o Palazzo Serbelloni no Corso Venezia, a Piazza Castello).

Os inconvenientes do novo espaço ficam evidentes para todos: um palco de seis metros por quatro, sem saída lateral, camarins minúsculos sem água quente, apenas quinhentos lugares na plateia. No entanto, nesse espaço limitado, Ratto realizou suas obras-primas, inventando novas soluções a cada vez. Para o espetáculo de estreia (*L'albergo dei poveri* [Ralé], de Máximo Gorki)[37], o artista explora a altura de mais de nove metros do palco e cria um cenário vertical. Paredes esverdeadas com

---

32. Carta de Paolo Grassi a Orazio Costa, Milão, 27 jul. 1946 (cf. Pietro Boragina, *op. cit.*, p. 373).

33. Carta de Paolo Grassi ao engenheiro Magnaghi, Prefeitura de Milão – Escritório Técnico, Milão, 28 jan. 1947 (cf. *ibidem*, p. 444).

34. *Ibidem*, p. 446.

35. *Ibidem*.

36. Elsa Asteggiano *apud* Pietro Boragina, *op. cit.*, p. 493.

37. *L'albergo dei poveri* [Ralé], drama em quatro atos de Máximo Gorki, tradução, adaptação e direção de Giorgio Strehler, cenário de Gianni Ratto, figurinos de Ebe Colciaghi, Milão, Piccolo Teatro, 14 maio 1947 (inauguração do teatro).

CROQUI FINAL DE CENÁRIO
"L'INCORONAZIONE DI POPPEA" (A coroação de Popeia),
de Claudio Monteverdi | Teatro alla Scala de Milão, 1953

desenvolvimento vertical, uma luz tênue reverberando de uma janela e uma escada desconexa criam uma atmosfera que vai além do meticuloso naturalismo.

Cada mínimo elemento se inseria numa visão do conjunto que dava o "tom" específico da montagem, como se o cenógrafo compusesse uma partitura sinfônica. Contribuía para essa mesma unidade a criatividade musical de Fiorenzo Carpi, com suas músicas de cena que já não eram sons de fundo, mas função da linguagem cênica, capaz de sugerir ressonâncias remotas. Em *Noites de ira*, de Salacrou[38] (1947), evocações visuais se entrelaçaram com as sonoras: o ruído metálico do trem se aproximando, evocado pelo rufar de tambores, e as dissolvências quase cinematográficas nas quais uma câmera dá lugar à estrutura metálica de uma ponte, criaram uma forte sugestão com uma extraordinária simplicidade de meios.

Se no Teatro alla Scala Ratto, aceitando a indicação de Strehler, trabalhou para redimensionar o enorme palco, excessivamente dispersivo para os repertórios de Cimarosa, Piccinni, Donizetti ou para autores do século XX como Prokofiev, Malipiero, Peragallo, no Piccolo Teatro ele teve de se pôr à prova com as unidades mínimas, os centímetros. As instalações cênicas são "enxugadas", tornando-se ideais para a *commedia dell'arte* goldoniana: em *Servitore di due padroni* [Arlequim, servidor de dois amos][39] (1947), a solução cênica foi um pequeno tablado de madeira e algumas telas pintadas, como convém a uma companhia mambembe. Ao mesmo tempo, Ratto precisou se desdobrar em um revezamento criativo de panos de fundo quando Strehler inseriu na programação o majestoso espetáculo barroco de Calderón de la Barca, *O mago dos prodígios*[40] (1947), escrito para os grandes teatros de Felipe IV.

A COMÉDIA MUSICAL

Ainda em 1947, o incansável Gianni Ratto pesquisa outro gênero teatral, sem recear o ecletismo. Contatado por Pietro Garinei e Sandro Giovannini, trabalhou para o teatro de revista musical com abundância de meios e grandiosidade, assinando títulos inesquecíveis como *Domani è sempre domenica*[41] [Amanhã é sempre domingo] (1947) e *Al Grand Hotel*[42] [No Grande Hotel] (1948).

Para ele, aquele período representou uma pausa divertida e rentável se comparada ao empenho ao lado de Strehler. Foi ele que imaginou a rainha do teatro de revista italiano Wanda Osiris, que, da carruagem de Ceres, distribuía espigas a seus admiradores, aludindo à prosperidade. Mas a comédia musical não era seu mundo. Garinei e Giovannini atuavam em Roma, tinham o Teatro Sistina como referência para os espetáculos, e Ratto não conseguia conciliar as exigências das encomendas entre Milão e a capital, a não ser à custa de algum comprometimento. A esse respeito, ele comenta: "Trabalhei sem parar, chegando até a projetar sete cenários em um só dia, e algumas vezes tive a audácia de mandar executar esquemas para espetáculos para uma revista por telefone"[43]. Esse não era seu método habitual. Para ele, preparar um espetáculo significava entregar-se a um

---

38. *Le notti dell'ira* [Noites de ira], drama em dois atos de Armand Salacrou, tradução de Mario Luciani e Guido Rosada, direção de Giorgio Strehler, cenário de Gianni Ratto, figurinos de Ebe Colciaghi, músicas de Fiorenzo Carpi, Milão, Piccolo Teatro, 6 jun. 1947.

39. Cf. nota 3.

40. *Il mago dei prodigi* [O mago dos prodígios], comédia em três atos de Pedro Calderón de la Barca, tradução de Carlo Bo, direção de Giorgio Strehler, cenário de Gianni Ratto, figurinos de Ebe Colciaghi, músicas de Fiorenzo Carpi, Milão, Piccolo Teatro, 8 jul. 1947.

41. *Domani è sempre domenica* [Amanhã é sempre domingo], revista em dois tempos de Garinei e Giovannini, direção de Pietro Garinei e Sandro Giovannini, cenário de Gianni Ratto, figurino de Folco, música de Giovanni D'Anzi, Gorni Kramer, Vittorio Giuliani e Zecca, coreografia de Dino Solari, produção de Elvezio Clerici, Milão, Teatro Lírico, 30 ago. 1947.

42. *Al Grand Hotel* [No Grande Hotel], revista em dois atos de Garinei e Giovannini, direção de Pietro Garinei e Sandro Giovannini, cenário de Gianni Ratto, figurino de Folco, música de Vittorio Giuliani e Pasquale Frustaci, coreografia de Dino Solari, produção de Ettore Romagnoli, Milão, Teatro Lírico, 30 ago. 1947.

43. Gianni Ratto *apud* Pietro Boragina, *op. cit.*, p. 423.

44. Carta de Gianni Ratto a Sandro Giovannini e Pietro Garinei, Milão, 28 nov. 1948 (cf. Pietro Boragina, *op. cit.*, p. 711).

longo período de gestação que lhe permitisse entrar em simbiose com o texto.

Quando Garinei e Giovannini lhe propuseram assinar um contrato de exclusividade, Ratto separou-se dos dois empresários: "Sou um homem ativo, de ação, se quiserem, mas, acima de tudo, sou orgulhosamente independente"[44]. Todavia, as experiências no teatro musical e de revista não foram renegadas, mesmo porque, para Ratto, a colaboração com o comediógrafo Michele Galdieri lhe deu a oportunidade de trabalhar com Totò (*Bada che ti mangio!* [Cuidado que te como!] 1949)[45]. O trabalho no teatro ligeiro foi um parêntese que seria coroado pelo triunfo de *Carosello napoletano*[46] [Carrossel napolitano] (1950), com a direção de Ettore Giannini, e a alegre sequência dos perfis napolitanos exaltados pela presença da máscara de Pulcinella.

ESTILO E PERSONALIDADE

Impaciente com qualquer vínculo, Gianni Ratto manteve-se como vice-diretor de cenografia (o diretor era Nicola Benois) por apenas dois anos, cargo que lhe fora conferido no Teatro alla Scala por Ghiringhelli, em 1952. Em sua carta de demissão, diria: "Parecia-me necessário, uma vez que estava determinado a retomar o trabalho autônomo, como sempre tinha feito"[47]. Seu *habitat* natural era a precariedade empolgante do Piccolo Teatro, aquela navegação à vista entre as perenes angústias econômicas e as mudanças de humor de Strehler, Grassi e dele próprio. "A vida do Piccolo Teatro foi e é um risco contínuo. Risco de morrer a cada espetáculo"[48], confessava Strehler, e essa incerteza era para Ratto um sinônimo de liberdade. Entre altos e baixos, a colaboração prosseguiu até 1954, embora os desabafos estivessem na ordem do dia: "Estou cansado", escreveu Ratto a Paolo Grassi em 1948, "de teus berros comigo e com os outros. Cansado de ter que apaziguar os credores [...]. Cansado de ser continuamente ignorado. Cansado de ter que mendigar meus honorários"[49].

No Piccolo, o cenógrafo definiu o próprio estilo. Se quisermos resumir esse estilo em uma fórmula, podemos dizer que se fundamentava numa estética da ordem, garantida por uma lucidez racional. No palco do teatro, Ratto filtrava a realidade numa abstração cristalina de simetrias e de jogos perspectivos. Ele tinha um *esprit de géométrie* iluminista, que ganhava vigor e brilho pelo *esprit de finesse* de um gosto requintado. "Um grande relógio de precisão"[50], assim foi definido o equilíbrio perfeito das mudanças de cena em *Amore delle tre melarance* [O amor das três laranjas], de Prokofiev[51] (1947). Para Strehler, Ratto transformou a ribalta do Scala em uma *boîte à surprise* de variações cênicas encantadoras. O espaço reduzido de *Il matrimonio segreto* [O matrimônio secreto], de Cimarosa[52] (1949). Obrigava as personagens a agir conforme a gestualidade mecânica das caixinhas

---

45. *Bada che ti mangio!* [Cuidado que te como!], revista em dois tempos de Totò e Michele Galdieri, direção de Michele Galdieri, cenário de Gianni Ratto, companhia Totò-Barzizza-Giusti, produção de Remigio Paone, Milão, Teatro Nuovo, 3 nov. 1949.

46. *Carosello napoletano* [Carrossel napolitano], comédia musical de Ettore Giannini, direção de Ettore Giannini, cenário de Gianni Ratto, figurinos de Maria De Matteis, produção de Remigio Paone, Florença, Teatro della Pergola, 14 abr. 1950. Em 1954 sai o filme homônimo, com direção de Ettore Giannini e assistência de direção de Francesco Rosi, cenário de Mario Chiari, figurinos de Maria De Matteis, produção de Carlo Ponti.

47. Carta de Gianni Ratto ao superintendente Antonio Ghiringhelli, Milão, 26 maio 1952 (cf. Pietro Boragina, *op. cit.*, p. 576).

48. Giorgio Strehler, em Fabio Battistini, *op. cit.*, p. 13.

49. Carta de Gianni Ratto a Paolo Grassi, Milão, 23 dez. 1948 (cf. Pietro Boragina, *op. cit.*, p. 606).

50. Emilio Radius, "Il Mandarino meraviglioso", *L'Europeo*, 30 dez. 1947.

51. Cf. nota 5.

52. *Il matrimonio segreto* [O casamento secreto], melodrama jocoso em três atos, música de Domenico Cimarosa, libreto de Giovanni Bertati, regência de Mario Rossi, direção de Giorgio Strehler, cenário de Gianni Ratto, figurinos de Ebe Colciaghi, Milão, Teatro alla Scala, 22 mar. 1949.

de música; um segundo palco foi idealizado para *L'allegra brigata* [Os alegres amigos], de Malipiero[53] (1950); uma plataforma giratória a vários metros do proscênio dava profundidade plástica a *Don Pasquale*, de Donizetti[54] (1950). Em toda parte, o artifício celebrava sua primazia sobre o naturalismo: este oferecia-se à percepção do público, sem recear expor os próprios mecanismos da ficção. E era a leveza com a qual isso acontecia que estabelecia a cifra da elegância na obra de Ratto. Eis, então, as rápidas mudanças com o pano de boca aberto, os deslocamentos dos elementos de cena pelos contrarregras, os bastidores teatrais que giram sobre hastes simétricas em *La Cecchina, ossia La buona figliola* [Cecchina, ou a boa filha], de Piccinni[55] (1951), o descortinar-se da cena para o espaço reservado à plateia e às galerias na *Morte de Danton*, de Büchner[56] (1950). Na encenação realizada no espaço acidentado do Jardim de Boboli, em Florença, para *A tempestade*, de Shakespeare[57] (1948), o cenógrafo amplifica, sem desfigurá-las, as potencialidades naturais da Fonte dos Cisnes, criando uma coroa com a sequência de arquibancadas que abrigavam os espectadores, tendo por pano de fundo uma fantasmagoria de rochas pintadas. Entre as altas sebes de azinheira e as estátuas que surgiam das águas, o reino de Próspero encontrou o seu fulcro na ilhota dominada pelo solene Netuno do escultor Giambologna.

Como ocorria com Mozart, no mundo de Gianni Ratto "a vida toda se desdobra em forma-sonata"[58]. Com seu habitual entusiasmo, ao usar o pincel o artista regulamentava os ritmos das obras do século XVIII e conferia a Goldoni, Gozzi, Paisiello e Cimarosa as adoráveis tonalidades açucaradas de montagens renovadas. Fez uma homenagem a Mozart em *Il ratto dal serraglio* [O rapto do serralho] (1952, direção de Ettore Giannini)[59], mesclando branco e cinza perolado e coroando os divertidos figurinos em papel de seda de Leonor Fini. Mas a prevalência da simetria harmoniosa sobre a casualidade do naturalismo ultrapassa os limites do repertório setecentista. No balé *Pulcinella*, de Stravinsky (Teatro alla Scala de Milão, 1950), os lugares luminosos, delicadamente vazados com o propósito de deixar aflorar aquele vago aroma marinho que se anunciava no ar, Ratto espelhou-se e encontrou-se. Aquele universo solar e vivaz era o mundo que ele escolhera.

Stravinsky, com *A carreira do libertino* (1951, direção de Carl Ebert)[60], ainda ofereceu a oportunidade para que o cenógrafo se revelasse um excelente desenhista de perspectiva, seguindo o rastro da tradição italiana. Os croquis do espetáculo são um deleite de habilidade pictórica. Em relação à montagem, a praça pintada ao fundo e a cena do jardim na casa de campo de Trulove, realizadas em cores claras e radiantes, quase flamengas, davam a ilusão de deslizar em profundidade, de afastar-se do público

---

53. *L'allegra brigata* [Os alegres amigos], seis novelas em um drama lírico de três atos, música e libreto de Gian Francesco Malipiero, regência de Nino Sanzogno, direção de Giorgio Strehler, cenário de Gianni Ratto, figurinos de Ebe Colciaghi, Milão, Teatro alla Scala, 4 maio 1950 (estreia mundial).

54. *Don Pasquale*, ópera cômica em três atos, música de Gaetano Donizetti, libreto de Michele Accursi, regente Franco Capuana, direção de Giorgio Strehler, cenário de Gianni Ratto, figurino de Ebe Colciaghi, Milão, Teatro alla Scala, 20 maio 1950.

55. *La Cecchina, ossia La buona figliola* [Cecchina, ou a boa filha], de Piccinni, drama jocoso em três atos, música de Niccolò Piccinni (edição moderna organizada por Giacomo Benvenuti), libreto de Carlo Goldoni, regente Franco Capuana, direção de Giorgio Strehler, cenário de Gianni Ratto, figurinos de Ebe Colciaghi, Milão, Teatro alla Scala, 24 fev. 1951.

56. *La morte di Danton* [A morte de Danton], drama em três atos de Georg Büchner, adaptação e direção de Giorgio Strehler, cenário de Gianni Ratto, figurino elaborado a partir das gravuras de época, música de Umberto Andrea Cattini, produção do Piccolo Teatro de Milão, Lecco, Teatro Sociale, 15 dez. 1950.

57. Cf. nota 4.

58. Edward J. Dent, *Il teatro di Mozart*, org. de Paolo Isotta. Trad. Luigi Ferrari. Milão: Rusconi, 1979, p. 275 [ed. or. *Mozart's Operas: A Critical Study*. Oxford: Oxford University Press, 1913].

59. *Il ratto dal serraglio* [O rapto do serralho], comédia musical em três atos, música Wolfgang Amadeus Mozart, libreto Johann Gottlieb Stephanie, regente Jonel Perlea, direção de Ettore Giannini, cenário de Gianni Ratto, figurino de Leonor Fini, Milão, Teatro alla Scala, 2 abr. 1952.

numa vertigem dimensional que zombava das eternas convenções teatrais. No entanto, a praça tão genuinamente "New England" tinha sido concebida com a ansiedade de submeter-se ao julgamento de Stravinsky: este dava conselhos genéricos ao jovem cenógrafo, recomendando-lhe, acima de tudo, que esquecesse as gravuras de Hogarth e deixando escapar, em um arroubo de solidariedade, a confissão de que tinha certo medo da estreia da ópera[61].

O fato de ter de se submeter ao ditame dos diretores, quando não dos próprios autores de uma ópera lírica ou de uma peça teatral, começa a incomodar Gianni Ratto. Já em 1948, ele confessava a Paolo Grassi: "Tenho vontade de ficar só […] por minha conta, quero recomeçar"[62]. No entanto, os maiores sucessos ainda haviam de chegar, assim como a gradual conscientização, por parte da crítica e do público, do valor efetivo do cenógrafo. Em 1952, o palco do Piccolo foi transformado, e sua superfície chegou a oitenta metros quadrados. Gianni Ratto assina a cenografia da estreia com *Elisabetta d'Inghilterra*, de Bruckner[63], conseguindo, com um simples sistema de cortinados, dar unidade à ininterrupta sucessão de cenas. Mas alguma coisa se rompera na mágica consonância com Strehler: este reivindicava o próprio papel de diretor ("em minha opinião, seria necessário, se o diretor for diretor de fato, que a tarefa do cenógrafo fosse bem delimitada e muito profunda"[64]) e, para Ratto, não convinha o papel do executor passivo.

O ADEUS

Os últimos espetáculos criados para o Teatro alla Scala denotam o mal-estar. Margherita Wallmann queria uma grande estrutura arquitetônica barroca para a *Incoronazione di Poppea* [A coroação de Popeia], de Monteverdi[65] (1953), ao passo que Ratto procurou limitar a solenidade e acrescentou ao croqui um comentário revelador: "Tudo deverá ser extremamente leve e aéreo"[66]. Enfim, em 1954, ele se decepciona com a absoluta indiferença de Herbert von Karajan, diretor e regente na *Lucia de Lammermoor*, de Donizetti[67]. O grande maestro nem se deu ao trabalho de uma mínima troca de ideias. Na cena da loucura, o cenógrafo imaginou projeções sombrias ao redor dos gestos de Maria Callas, que Ebe Colciaghi – sua fiel figurinista, à qual desde sempre esteve ligado – vestira de cor clara.

É a hora do adeus, e Ratto o dá com leveza, sem declarações clamorosas. Não renovou sua colaboração com o Piccolo Teatro para a temporada de 1954-55 e deixou para sempre a cena teatral italiana.

Para além da imensa extensão do Atlântico, será o novo continente que lhe dará um renovado sentido de liberdade e as forças para recomeçar.

---

60. *La carriera di un libertino* [A carreira do libertino], ópera em três atos, música de Igor Stravinsky, libreto de Wystan Hugh Auden e Chester Kallman, regência de Igor Stravinsky, direção de Carl Ebert, cenário de Gianni Ratto, figurino de Ebe Colciaghi, Veneza, Teatro La Fenice, 11 set. 1951, XIV Festival de Música Contemporânea (estreia mundial).

61. Comunicação oral de Gianni Ratto, Milão, Museo Teatrale alla Scala, 28 set. 2003.

62. Carta de Gianni Ratto a Paolo Grassi, Milão, 23 dez. 1948 (cf. Pietro Boragina, *op. cit.*, p. 608).

63. *Elisabetta d'Inghilterra* [Elizabeth da Inglaterra], drama em dois tempos de Ferdinand Bruckner, tradução de Grazia Di Giammatteo e Fernaldo Di Giammatteo, direção de Giorgio Strehler, cenário de Gianni Ratto, figurinos de Giulio Coltellacci, músicas de Fiorenzo Carpi, Milão, Piccolo Teatro, 21 nov. 1952.

64. Carta de Giorgio Strehler a Gianni Ratto, sem local ou data [verão de 1952] (cf. Pietro Boragina, *op. cit.*, p. 645).

65. *L'incoronazione di Poppea* [A coroação de Popeia], drama musical em prólogo e três atos, música de Claudio Monteverdi, instrumentação de Giorgio Federico Ghedini, libreto de Gian Francesco Busenello, regência de Carlo Maria Giulini, direção de Margherita Wallmann, cenário de Gianni Ratto, figurino Dimitri Bouchène, Milão, Teatro alla Scala, 1 jun. 1953.

66. Anotações de Gianni Ratto no croqui para a *L'incoronazione di Poppea* (cf. Pietro Boragina, *op. cit.*, p. 568).

67. *Lucia di Lammermoor*, drama trágico em dois atos, música de Gaetano Donizetti, libreto de Salvadore Cammarano, regência e direção de Herbert von Karajan, cenário de Gianni Ratto, figurinos de Ebe Colciaghi, Milão, Teatro alla Scala, 18 jan. 1954.

FOTOGRAFIA DA CENA FINAL
"L'INCORONAZIONE DI POPPEA" (A coroação de Popeia)
de Claudio Monteverdi | Teatro alla Scala de Milão, 1953

ITÁLIA

O MAGO DOS PRODÍGIOS[1]
TEATRO LÍRICO E DRAMÁTICO

"RATTO NÃO SE LIMITA A RESOLVER OS PROBLEMAS TÉCNICOS QUE LHE COLOCAM AS PROPORÇÕES VASTAS DO PALCO DO SCALA OU AS DIMENSÕES MINIATURÍSTICAS DO PALCO DO PICCOLO (6X4M). A INTERVENÇÃO CENOGRÁFICA DE RATTO É MAIS COMPLEXA, ENVOLVE O MODO DE INTERPRETAR OS TEXTOS CLÁSSICOS E REPRESENTÁ-LOS EM CENA."

Vittoria Crespi Morbio, do livro *Ratto alla Scala*

---

1. *Il mago dei prodigi* é o título em italiano da peça de Calderón de la Barca encenada com direção de Strehler e cenografia de Ratto no Piccolo Teatro de Milão em agosto de 1947. O crítico teatral Giulio Cesare Castello atribui o epônimo a Ratto, estendendo-o a todo o seu trabalho de cenógrafo (cf. A revista *La Fiera Letteraria*, jan. 1949). Foi esse o título dado por Pietro Boragina à biografia dedicada a Gianni Ratto: *Il mago dei prodigi*, Milão: Nino Aragno, 2015.

FOTOGRAFIA DE CENA
"DELITTO E CASTIGO" (*Crime e castigo*), de Fiodor Dostoiévski
(adaptação de Gaston Blay)
Lilla Brignone | Piccolo Teatro de Milão, 1948

IL DIOGENE [PRIMEIROS ANOS]

O Piccolo Teatro de Milão, inaugurado em maio de 1947, é a concretização das ideias acalentadas no círculo teatral "Il Diogene", fundado no início de 1945.

O grupo convergia sobre o papel social do teatro, fundamental para a sociedade devastada por vinte anos de fascismo e cinco de guerra. Na Milão destruída pelos bombardeios, mas livre da censura, o grupo formado por Paolo Grassi, Giorgio Strehler, Mario Landi, Vito Pandolfi, Vittorio Gassman, Valentino Bompiani, Vittorio de Sica, Ruggero Jacobbi se reunia semanalmente para a leitura de um texto inédito italiano ou estrangeiro, por um indivíduo ou por um grupo de atores, seguida de debate com o público.

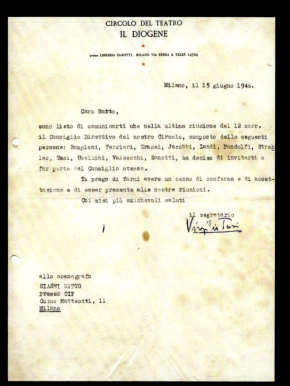

Carta-convite para integrar formalmente o grupo "Il Diogene"

Il lutto si adisce a Elettra [cartaz]
Eletra enlutada, de Eugene O'Neill
Teatro Odeon, Milão, 1945
Direção: Giorgio Strehler
Cenografia: Gianni Ratto
Cia. Benassi-Torrieri

Em 1946, Gianni Ratto passa a fazer parte oficialmente da direção do círculo, que já contava centenas de associados. Faz palestras e escreve artigos, nos quais desenvolve a ideia da "cenografia como personagem". O convite para o *Il lutto si adisce a Elettra*, estreia profissional de Ratto, junto com Strehler, em dezembro de 1945, toma forma nesse âmbito.

GIANNI RATTO, MARIO LANDI E PAOLO GRASSI

CALIGOLA
Calígula

Direção Giorgio Strehler
Cenografia e figurino Gianni Ratto
Companhia Renzo Ricci

Em menos de um mês, este é o segundo espetáculo que Ratto realiza junto com Strehler.

"Renzo Ricci se pôs em contato com Giorgio Strehler para oferecer-lhe a direção e o papel de Cipião no *Calígula* de Camus que ele estava prestes a interpretar. O espetáculo estreou em Florença e foi replicado, assim como *Il Luto*..., no Odeon em Milão. O cenógrafo, como em *Il luto*..., foi Gianni Ratto. E foi o segundo grande sucesso..." Ettore Gaipa, *Giorgio Strehler*, 1959

CARTA DE GIANNI RATTO A GIORGIO STREHLER
Milão, 20 de dezembro de 1945

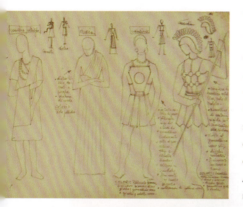

"Como vai o *Calígula*? Tenho certeza que bem. Um tanto rápidos, certo, mas espero que te sejam claros, não obstante. No 3º e no 4º ato, a escadinha da direita (em relação ao público que olha) poderia ser modificada assim (se o comprimento da boca de cena não te permite mantê-la como no projeto [esboço da cena]). É claro? Deste modo se ganharia 1,75cm no comprimento total. Mantendo o espelho no ângulo, daríamos a ele papel um pouco fantasmático, pois seria branco sobre branco, posto em evidência em um segundo momento pela projeção da sombra limitada a ele. As alturas são relativas à altura da boca de cena. De todo modo, não deveria subir a mais de cinco metros ou cinco metros e meio. Isto para manter o andamento horizontal da composição. A realização da cena é facílima. O primeiro praticável pode ser mais profundo. Em vez de dois metros, três metros. Não menos de dois metros e meio. Para o figurino da Cesônia, se não se

encontra um bom crepe da china (deve ser pesado para cair bem), poderia se usar este, que talvez seja melhor do que o crepe--georgete, que rende mais. De todo modo, acerte com a costureira. Na cintura nenhum cinto, mas um elástico interno que faça o franzido (não demais), tornando-o um pouco mais aderente. O corpete deve ser aderente, sem ser justo, e a aderência deve resultar do franzido do decote. O penteado, que no figurino está pouco claro (o menos bem-sucedido como desenho), deve ser mole e recolhido com fitas de cores contrastantes."

Em sua autobiografia, Strehler omite o parceiro: "Montei o *Calígula* de Camus em italiano e continuei ainda a atuar. Aliás, lembro que, por falta de dinheiro, fiz tudo: cenário, figurinos, música e direção"[2].

---

2. Giorgio Strehler, *Per un teatro umano*, Milano: Feltrinelli, 1974, p. 35.

de Albert Camus
TEATRO ODEON | MILÃO, 1946

ITÁLIA | O MAGO DOS PRODÍGIOS | IL DIOGENE

DESIDERIO SOTTO GLI OLMI
Desejo sob os olmos

Direção Giorgio Strehler
Cenografia e figurinos Gianni Ratto
Companhia Maltagliati | Randone | Carraro | Hinrich

"Encontro aqui o rabisco de um desenho que fiz para um dos meus primeiros cenários: *Desejo sob os olmos*. Foi em 1946, no Teatro Odeon de Milão, um teatro de novecentos lugares onde, anteriormente, eu tinha assumido minha primeira responsabilidade profissional com *Electra enlutada*. O rabisco já tinha uma consciência profissional mais apurada, uma aquarela sobre papel Fabriano, está colado no cartão de um *dépliant* que contém a planta baixa, desenhos executivos e figurinos: um trabalho caprichado, um pouco ingênuo, mas claro nas ideias e na execução. Como não desapareceu não sei."
Gianni Ratto, em *A mochila do mascate*, 1996

"Antes mesmo dos atores, todos excelentes, desejamos dizer a Gianni Ratto, o qual, descartando dificuldades excepcionais de ambiente e espaço, conseguiu nos dar uma esplêndida encenação, que nele não sabemos se elogiar primeiro o historiador, o ambientador ou o arquiteto." Avanti!, 18 de junho de 1946

"O cenário de Gianni Ratto é belíssimo, talvez o mais belo deste ano teatral." Ruggero Jacobbi, 16 de junho de 1946

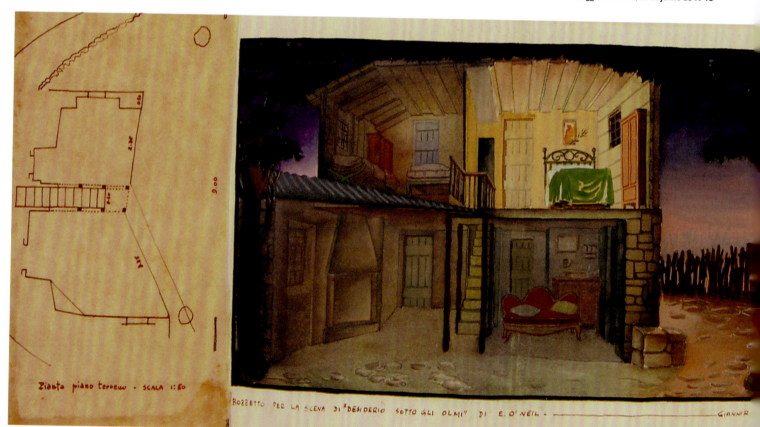

de Eugene O'Neill
TEATRO ODEON | MILÃO, 1946

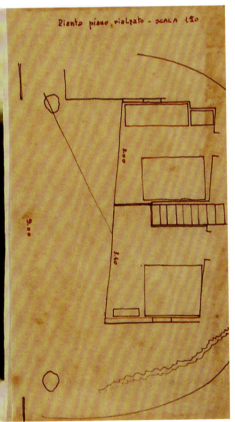

ITÁLIA | O MAGO DOS PRODÍGIOS | IL DIOGENE

I GIORNI DELLA VITA
Os dias da vida

Direção Adolfo Celi
Cenografia Gianni Ratto
Figurino Fiori e Finzi
Companhia Vittorio de Sica | Besozzi | Gioi

Nick's Bar é o ponto de referência para gente de todo tipo e origem: moças disponíveis, cafajestes incorrigíveis, artistas esfomeados, desocupados variados, bêbados, gente do submundo, policiais, jogadores de fliperama circulam em torno da mesa de Nick, o dono do bar.
A estreia italiana ocorreu em julho de 1945 em Roma, dirigida por Adolfo Celi, que se diplomou na Accademia Nazionale di Arte Drammatica, na ocasião. No ano seguinte, a companhia Spettacoli Effe encenava a peça em Milão com Vittorio de Sica, Nino Besozzi, Vivi Gioi, novamente com a direção de Adolfo Celi.

de William Saroyan
TEATRO OLÍMPIA | MILÃO, 1946

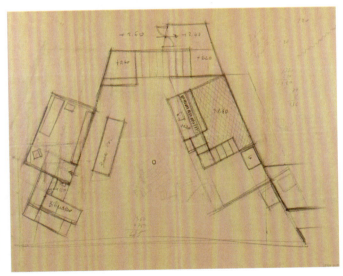

ITÁLIA | O MAGO DOS PRODÍGIOS | IL DIOGENE

TERESA RAQUIN

Teresa Raquin

Adaptação Giorgio Strehler
e Ruggero Jacobbi
Direção Giorgio Strehler
Cenografia Gianni Ratto

"Ótimas as cenas e a ambientação de Gianni Ratto." Vito Pandolfi, no *Unitá*

"Strehler mais uma vez teve em Gianni Ratto não tanto o cenógrafo mercenário quanto o amoroso coordenador de um espetáculo de classe." Paolo Grassi, no *Avanti!*

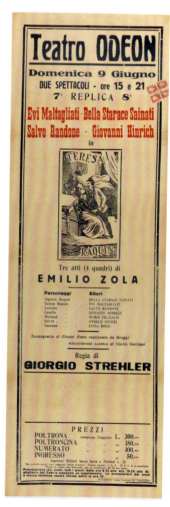

de Émile Zola
TEATRO ODEON | MILÃO, 1946

ITÁLIA | O MAGO DOS PRODÍGIOS | IL DIOGENE | 65

PICCOLO TEATRO DI MILANO

Fundado por Paolo Grassi, Giorgio Strehler e Gianni Ratto, o Piccolo foi a mais importante realização do sistema teatral italiano no pós-guerra. A primeira companhia estável de teatro, com grupo coeso e repertório permanente, foi modelo para as companhias que se formaram depois. O espaço era mínimo, mas os cenários de Ratto, grandiosos. Grassi conseguiu que a prefeitura socialista de Milão desse a sede e fornecesse a verba necessária à reconstrução do semiarruinado cinema Broletto. Ratto foi o arquiteto responsável pelas obras e cenógrafo permanente.

A encenação inovadora de textos contemporâneos inéditos e de grandes clássicos teve grande êxito na Itália e sucesso internacional.

FOTOGRAFIA DE CENA
"ARLECCHINO, SERVITORE DI DUE PADRONI" (*Arlequim, servidor de dois amos*), de Carlo Goldoni
Marcello Moretti, Elena Zareschi e Antonio Battistella
Piccolo Teatro de Milão, 1947

L'ALBERGO DEI POVERI

Ralé

Direção Giorgio Strehler
Cenografia Gianni Ratto
Figurinos Ebe Colciaghi

Espetáculo inaugural do Piccolo Teatro de Milão. O engenhoso recurso da escada, a tripartição do espaço cênico e o posicionamento das janelas seriam repetidos em alguns cenários, seja pelas restrições do espaço diminuto, seja pela escassez das finanças.

"Eu tinha à disposição um palco extremamente pequeno, com profundidade mínima, com altura, porém, superior aos nove metros, muito provocante. Nesta área, que não chegava a 40 metros quadrados, eu devia selecionar vários espaços dramáticos, deixando disponíveis também áreas de circulação para as personagens. [...] Estruturei a planta semicircular da fossa úmida e insalubre onde alguns beliches de favela eram alcançados por uma periclitante escada de madeira que levava a uma altura de quase três metros, até o nível da rua. Nos níveis mais altos, havia duas pequenas janelas, quase seteiras, através das quais filtrava uma luz tísica e cinzenta. [...] Certa noite, com meus amigos técnicos, montamos o cenário para que estivesse pronto para o ensaio do dia seguinte. [...] A parede semicircular do fundo foi tratada com serragem e papel molhado, amassado e enrugado e depois pintado com várias técnicas a fim de que ela, ajudada pela iluminação, desse a exata sensação de uma parede irregular, anfractuosa e gotejante. [...] Os atores me cumprimentaram, mas ficaram preocupados de ter que subir naquela escada curva que tinha pouco mais de 50 cm de largura e dava a sensação de ser meio desconjuntada, mas era solidíssima e eu o sabia. Para responder, subi e desci várias vezes e na última descida saltando dois degraus de cada vez." Gianni Ratto, em *A mochila do mascate*

Antonio Battistella (esq.)
Marcello Moretti (dir.)

de Máximo Gorki

PICCOLO TEATRO DI MILANO | MILÃO, 1947

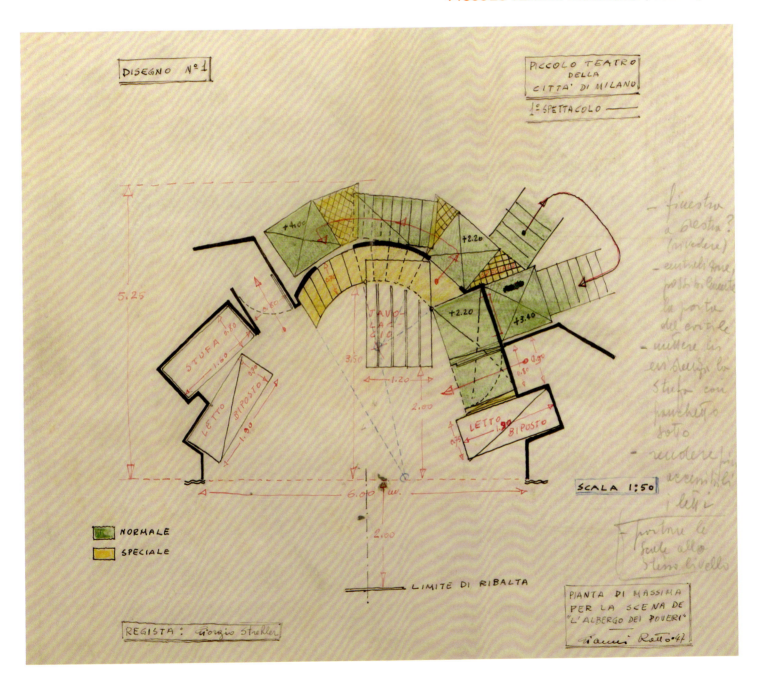

L'ALBERGO DEI POVERI

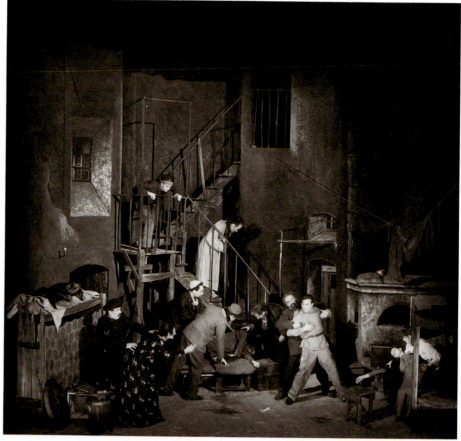

BOZZETTO PER LA SCENA UNICA DE "L'ALBERGO DEI POVERI" DI M. GORKIJ

ARLECCHINO, servitore di due padroni
Arlequim, servidor de dois amos

Direção Giorgio Strehler
Cenografia Gianni Ratto
Figurinos Ebe Colciaghi
Música Fiorenzo Carpi

Se há um espetáculo que pode resumir a capacidade de reavivar a tradição, característica do Piccolo Teatro, bem como o papel inspirador dessa casa de espetáculos para a reconstrução da identidade italiana no pós-guerra, este é o *Arlequim, servidor de dois amos*, de Carlo Goldoni, grande renovador da *commedia dell'arte* no século XVIII. Em 1961, o ator Ferruccio Soleri substituiu Marcello Moretti, o Arlequim original e seu mestre, permanecendo no papel por mais de 50 anos. O espetáculo viajou pela Europa, fez diversas temporadas nos teatros parisienses, e foi apresentado com grande sucesso no Brasil e em outros países da América Latina. A exuberância da linguagem corporal e a irresistível comicidade das situações superava qualquer limite de compreensão do texto. Em 2017, comemorou 70 anos em cartaz.

Marcello Moretti e Anna Maestri

de Carlo Goldoni

PICCOLO TEATRO DI MILANO | MILÃO, 1947/50

ARLECCHINO, servitore di due padroni

Marcello Moretti como Arlequim (esq. e dir.)
Montagem 1947 (esq.)
Montagem 1950 (dir.)

ARLECCHINO, servitore di due padroni

Marcello Moretti, Raoul Grassilli
e elenco (acima)
Marcello Moretti e Raoul Grassilli (esq.)

ARLECCHINO, servitore di due padroni

Marcello Moretti e elenco
(acima e esq.)

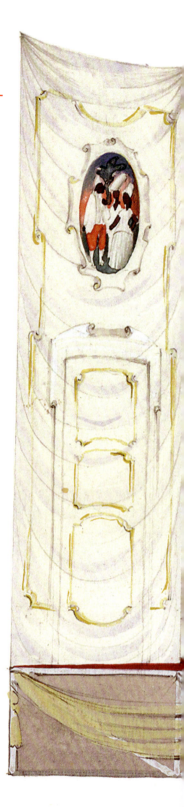

IL MAGO DEI PRODIGI
O mago dos prodígios

Direção Giorgio Strehler
Cenografia Gianni Ratto
Figurinos Ebe Colciaghi
Música Fiorenzo Carpi

Nos poucos metros de superfície do pequeno teatro, Ratto desdobra, em uma dezena de mudanças de cenário, o universo barroco de *El mágico prodigioso* de Calderón de la Barca, peça escrita para os grandes teatros de Felipe IV.

A imprensa usou o título da peça para se referir aos surpreendentes cenários de Gianni Ratto: "Mas os milagres de Ratto, calderonicamente apelidado, com referência à sua interpretação cenográfica de *O mago dos prodígios*, seriam hoje longos para elencar e atualmente correspondem a quase cada espetáculo". Giulio Cesare Castello, 16 de janeiro de 1949.

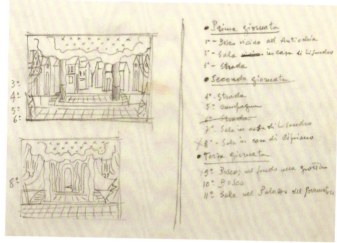

80 | O TEATRO DE **GIANNI** RATTO

de Calderón de la Barca
PICCOLO TEATRO DI MILANO | MILÃO, 1947

Gianni Santuccio e
Elena Zareschi (dir.)
Gianni Santuccio (abaixo)

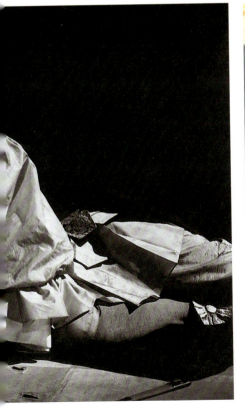

ITÁLIA | O MAGO DOS PRODÍGIOS | PICCOLO TEATRO

LE NOTTI DELL'IRA
Noites de Ira

Direção Giorgio Strehler
Cenografia Gianni Ratto
Figurinos Ebe Colciaghi
Música Fiorenzo Carpi

Para esse texto do francês Armand Salacrou sobre a Resistência, escrito no calor da hora, Ratto realiza cenografia que expressava o paralelo entre os dois mundos que se confrontam: o casal burguês e os militantes antifascistas cuja ação previa o bombardeio de uma ponte ferroviária. Foi muito elogiada a capacidade de Ratto de, com tão poucos meios, resolver, "com o uso do simples engenho, uma cenografia complicada, alcançando resultado verdadeiramente exemplar", como afirmou Ivo Chiesa, na edição da *Sipario* de julho de 1947.

de Armand Salacrou
PICCOLO TEATRO DI MILANO | MILÃO, 1947

I GIGANTI DELLA MONTAGNA
Os gigantes da montanha

Direção Giorgio Strehler
Cenografia Gianni Ratto
Figurinos Ebe Colciaghi
Músicas Fiorenzo Carpi
Máscaras Marta Latis

A última obra de Luigi Pirandello, inacabada quando da morte do autor, em 1936, havia sido representada uma única vez ao ar livre, no Jardim de Boboli, em Florença, em 1937. A ousadia de apresentá-la em espaço tão exíguo foi considerada absurda por parte da imprensa – "Os gigantes sem espaço" –, que ainda assim elogiou a elegância da encenação que inaugurava a nova temporada do recém-fundado Piccolo Teatro. A peça obteve grande sucesso de público e integrou o repertório do Piccolo em turnê europeia dois anos depois. Foram especialmente elogiadas pela crítica especializada "a impressionante atmosfera de fábula obtida pelas cenografias no segundo ato" e "as cenas mágicas e alusivas" que aboliam certo "naturalismo habitual" nas cenografias pirandellianas.

Camillo Pilotto e elenco (ao lado)
Atores não identificados (acima)

de Luigi Pirandello
PICCOLO TEATRO DI MILANO | MILÃO, 1947

ITÁLIA | O MAGO DOS PRODÍGIOS | PICCOLO TEATRO | 85

L'URAGANO
O furacão

Direção Giorgio Strehler
Cenografia Gianni Ratto
Figurinos Ebe Colciaghi
Música Fiorenzo Carpi

A peça *O furacão* é considerada a obra-prima do celebrado realista russo. Na série de esboços, podemos seguir o percurso de Ratto e seu raciocínio para mudar as situações, movendo no espaço alguns poucos elementos característicos – as árvores, um banco ou uma escada, além dos panos que descem modificando as cenas. A arcada que emoldura o proscênio ecoa a arquitetura russa do século XIX, evidenciando a habitual atenção de Ratto ao contexto.

Lilla Brignone (esq.)
Antonio Battistella (dir.)

de Alexander Ostrovski
PICCOLO TEATRO DI MILANO | MILÃO, 1947

ITÁLIA | O MAGO DOS PRODÍGIOS | PICCOLO TEATRO | 87

RICCARDO II
Ricardo II

Direção Giorgio Strehler
Cenografia Gianni Ratto
Figurinos Ebe Colciaghi
Música Fiorenzo Carpi

"O problema da encenação foi muito bem resolvido por Ratto, reconstruindo quase exatamente um palco elisabetano, e para tanto bastaram alguns estandartes e alguns tapetes para mudar a cena sem tirar unidade à representação feita em planos oblíquos. [...] menos oportunos me pareceram uns cavalinhos em *papier-mâché*, mas é certo que acrescentavam algo de saborosamente heráldico à encenação." Renato Simoni, *Corriere della Sera*, 24 de abril de 1948

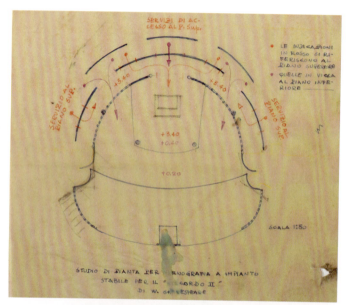

de William Shakespeare
PICCOLO TEATRO DI MILANO | MILÃO, 1948

DELITTO E CASTIGO

Crime e castigo

Direção Giorgio Strehler
Cenografia Gianni Ratto
Figurinos Casa Safas
Curadoria Ebe Colciaghi
Música Fiorenzo Carpi
Adaptação Gaston Blay

"Não nos resta mais que afirmar que as cenas de Gianni Ratto são um novo autêntico milagre deste cenógrafo que não para de nos impressionar pela qualidade do seu gosto e a inteligência com a qual 'entende' os ambientes que deve representar. Moldura mais digna não se poderia desejar para este espetáculo que situa sem mais possibilidade de dúvida o teatro de Paolo Grassi na vanguarda da cena italiana hoje." Ivo Chiesa, *Sipario*, 1948

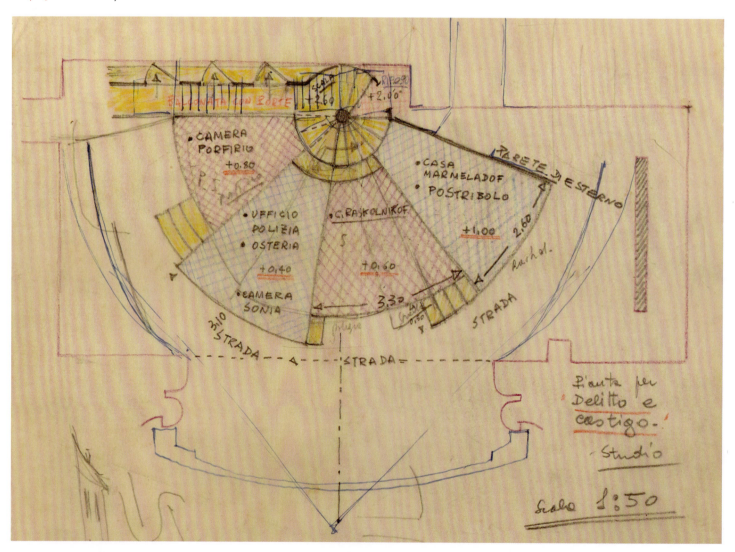

de Fiodor Dostoiévski
PICCOLO TEATRO DI MILANO | MILÃO, 1948

DELITTO E CASTIGO

Lilla Brignone (acima)
Lilla Brignone e Gianni Santuccio (esq.)
Camillo Pilotto (dir.)

FILIPPO
Felipe

Direção Orazio Costa
Cenografia Gianni Ratto
Figurinos Ebe Colciaghi

Na ocasião do bicentenário de Vittorio Alfieri (1749-1803), encena-se *Filippo*, texto de 1783, tragédia livremente inspirada na biografia de Felipe II, rei da Espanha, para a qual Ratto concebe cenas e adereços capazes de articular no palco as várias situações da trama no interior do palácio: o gabinete do rei, a sala do conselho, a capela, os aposentos da rainha, com sacada, uma prisão no alto da torre. Entre veludos e pinturas de El Greco, o cenário cita também o pintor romântico Francesco Hayez, engajado nas causas do *Risorgimento* italiano.

94 | O TEATRO DE **GIANNI** RATTO

de Vittorio Alfieri
PICCOLO TEATRO DI MILANO | MILÃO, 1948/49

Lilla Brignone, Gianni Santuccio e elenco

L'ALBA DELL'ULTIMA SERA
A aurora da última noite

Direção **Alessandro Brissoni**
Cenografia **Gianni Ratto**

Tragédia em três atos do celebrado romancista italiano Riccardo Bacchelli, protagonista nas discussões sobre o gênero na modernidade. "O texto inédito enfrentava o conflito ético entre ciência moderna e civilização, diante da evolução tecnológica que ia na direção de uma catástrofe cósmica."[3]

Lilla Brignone e Gianni Santuccio

---

3. Ines Scaramucci, Recensione a R. Bacchelli, *L'Afrodite, un romanzo d'amore*. Milano: Mondadori, 1969.

de Riccardo Bacchelli
PICCOLO TEATRO DI MILANO | MILÃO, 1949

ITÁLIA | O MAGO DOS PRODÍGIOS | PICCOLO TEATRO

L'ALBA DELL'ULTIMA SERA

Mario Feliciani e elenco

PER "L'ALBA DELL'ULTIMA SERA" DI R. BACCHELLI — ATTO 2° - SCENA TERZA - SIPARIETTO BABELE (da BRUEGELS)

ESTATE E FUMO
Verão e fumaça

Direção Giorgio Strehler
Cenografia Gianni Ratto
Figurinos Ebe Colciaghi
Música Fiorenzo Carpi

"Gianni Ratto imaginou uma cenografia genialmente alusiva, suspensa entre realidade e fantasia, que muito contribui a conferir aos personagens o destino de peregrinos sem destino pelos caminhos do tempo." Carlo Terron, *Sipario*, novembro de 1950

Nos esboços, a medida de 6,40m escrita sobre a boca de cena atesta a dimensão do Piccolo Teatro, dentro da qual se passava o drama com os dois ambientes simultaneamente visíveis, a "casa do pastor" e a "casa do doutor", separados por uma bica d'agua.

100 | O TEATRO DE **GIANNI** RATTO

de Tennessee Williams
PICCOLO TEATRO DI MILANO | MILÃO, 1950

LA MORTE DI DANTON
A morte de Danton

Direção Giorgio Strehler
Cenografia Gianni Ratto
Música Umberto Andrea Cattini

Para recriar os lugares essenciais ao drama da Revolução Francesa, Strehler e Ratto jogam com poucos elementos e mudanças de luz. Trata-se de um cenário único, um pátio circundado por muros altos e nus sobre o qual se abrem janelas vazias. Do muro de fundo, descem escadas que ladeiam uma porta até um palco de madeira, ao qual se acede por poucos degraus. O mesmo ambiente se transforma continuamente, servindo de casa de Danton, praça, sala de convenções, casa de Robespierre, prisão e patíbulo.

Gianni Santuccio

de Georg Büchner

PICCOLO TEATRO DI MILANO | MILÃO, 1950

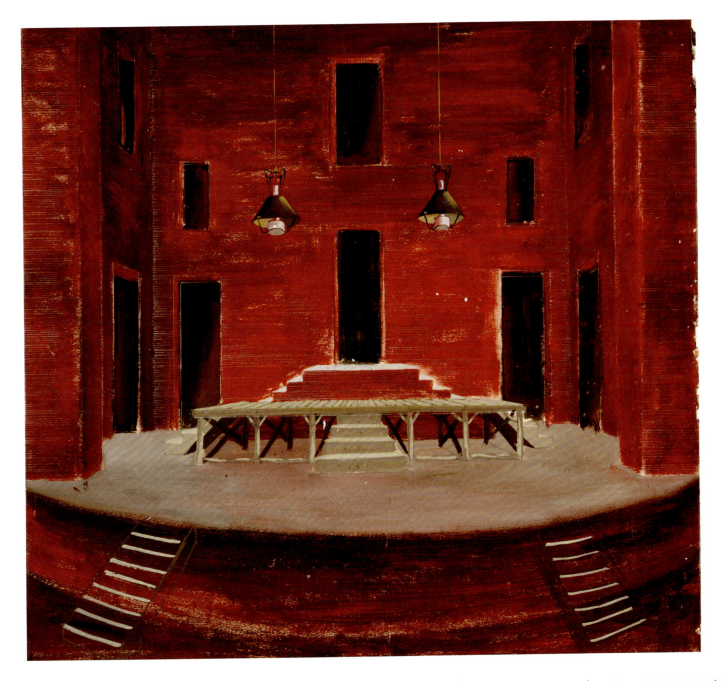

ELETTRA
Electra

Direção Giorgio Strehler
Cenografia Gianni Ratto
Figurinos Felice Casorati
Música Fiorenzo Carpi
Adaptação Salvatore Quasimodo

O Teatro Olímpico da cidade de Vicenza é considerado uma obra-prima da arquitetura renascentista. Projetado por Andrea Palladio com uma cena fixa, a exemplo das usadas na Antiguidade, foi realizado por Vincenzo Scamozzi em madeira e estuque imitando mármore, segundo um desenho em perspectiva de grande ilusionismo.

Naquele contexto, os cenários de Ratto se limitavam à inclusão de elementos alusivos à arquitetura grega clássica (na qual inexistem arcos), superpondo-os à cena fixa. O espetáculo fez parte da turnê europeia do Piccolo Teatro em 1953, e Ratto preparou-lhe o cenário essencial. A preparação corporal do coro era de Jacques Lecocq.

No mesmo ano, Ratto realiza no Teatro alla Scala uma grande cena fixa para a ópera *L'incoronazione di Poppea*, de Claudio Monteverdi, compositor renascentista, com clara alusão ao Teatro Olímpico.

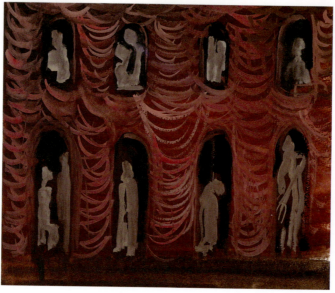 

104 | O TEATRO DE **GIANNI** RATTO

de Sófocles

TEATRO OLÍMPICO | VICENZA, 1951 | **PICCOLO TEATRO DI MILANO** | MILÃO, 1951

Lilla Brignone e Giovanna Galletti

ELISABETTA D'INGHILTERRA
Elizabeth da Inglaterra

Direção Giorgio Strehler
Cenografia Gianni Ratto
Figurinos Giulio Coltellacci
Música Fiorenzo Carpi

Primeiro espetáculo depois da ampliação da plateia e do palco do teatro, que passou a ter nove metros de largura por seis de profundidade. Mas, apesar do gigantismo do drama e da riqueza iconográfica que a montagem poderia ter, Strehler e Ratto mais uma vez não escondem a preferência pelos meios mais essenciais da tradição, dando vida a palácios barrocos e catedrais góticas com o uso de cortinas com diferentes transparências e alguns elementos de acabamento precioso.

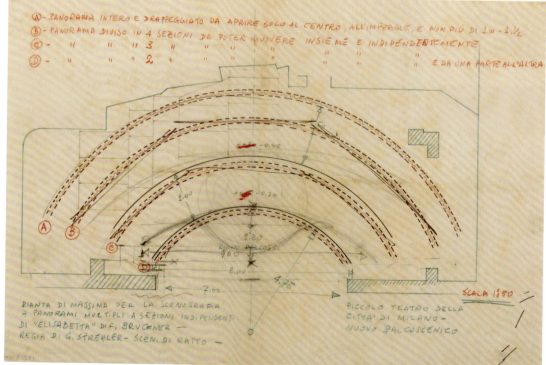

de Ferdinand Bruckner
PICCOLO TEATRO DI MILANO | MILÃO, 1952

Lilla Brignone

ITÁLIA | O MAGO DOS PRODÍGIOS | PICCOLO TEATRO | 107

ELISABETTA D'INGHILTERRA

Lilla Brignone e Giancarlo Sbragia

ITÁLIA | O MAGO DOS PRODÍGIOS | PICCOLO TEATRO

L'INGRANAGGIO

A engrenagem

Direção Giorgio Strehler
Cenografia Gianni Ratto
Música Fiorenzo Carpi

Foi utilizada nessa montagem uma ampla estrutura metálica, despida e triste, de grande eficácia expressiva. As mudanças de situação e de ambiente nas diferentes fases eram marcadas por um gongo e acompanhadas por jogos de luzes. O elemento sonoro introduzia as diversas ações que se sucediam sob holofotes, que por sua vez representavam eloquentes instrumentos de vigilância e controle. Assim também se demarcavam os *flashbacks*, fazendo que as mudanças temporais e topográficas fossem intuídas pelo público.

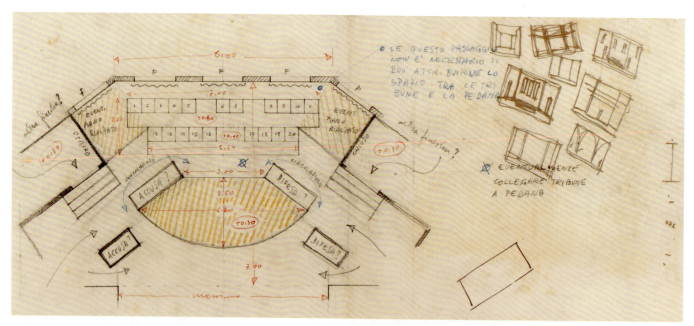

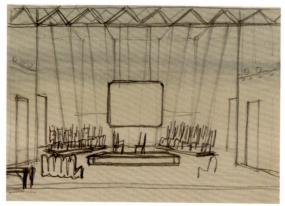

de Jean-Paul Sartre
PICCOLO TEATRO DI MILANO | MILÃO, 1953

Carlo Bagno, Tino Carraro, Ferruccio De Ceresa, Alberto Lupo, Diego Parradicini e elenco

ITÁLIA | O MAGO DOS PRODÍGIOS | PICCOLO TEATRO | 111

SEI PERSONAGGI IN CERCA D'AUTORE
Seis personagens em busca de um autor

Direção Giorgio Strehler
Cenário Gianni Ratto
Figurino Ebe Colciaghi

A peça foi apresentada em turnê por vários teatros na Itália e em outros países da Europa. A imprensa parisiense se dividiu entre estranhamento e elogio à encenação de um Pirandello para eles desconhecido, diferente de como era tradicionalmente interpretado, acendendo um intenso debate. A crítica havia se habituado à interpretação metafísica dada por Georges Pitoeff, importante encenador que havia celebrizado Pirandello na França. Strehler retoma a versão que estreou em Roma em 1921, ainda na presença de Pirandello, dando leitura realista ao texto como drama da solidão e da incomunicabilidade. Foi elogiada "a sugestão sutil e concreta das cenas de Ratto, que serviram de contraponto aos elegantes figurinos de Colciaghi".

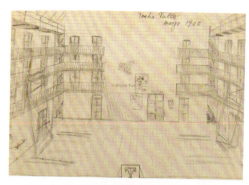

de Luigi Pirandello
PICCOLO TEATRO DI MILANO | MILÃO, 1953

LULU

Lulu

Direção Giorgio Strehler
Cenografia Gianni Ratto
Figurinos Ebe Colciaghi

O drama de Bertolazzi passa-se na virada do século XIX, em Milão, época contemporânea à estreia em 1903. Trata da sedutora, maligna e mentirosa Lulu e de um ingênuo jovem aristocrata. Em seus detalhes, suas cores e seu mobiliário, as cenas projetadas por Ratto adotam um minucioso estilo *liberty*, derivação do *art nouveau* muito em voga na Itália nos primeiros anos do século XX, e foram acolhidas como "geniais e belíssimas" pela crítica. No mesmo ano, a obra teatral foi adaptada para o cinema, com Marcelo Mastroianni e Valentina Cortese no papel-título.

Lilla Brignone e Giancarlo Sbragia

de Carlo Bertolazzi
PICCOLO TEATRO DI MILANO | MILÃO, 1953

Lilla Brignone

Lilla Brignone

ITÁLIA | O MAGO DOS PRODÍGIOS | PICCOLO TEATRO | 115

O PICCOLO EM OUTRAS SEDES

A companhia do Piccolo Teatro de Milão conquista fama e prestígio desde o início, seja por sua escolha de textos inéditos italianos e estrangeiros, seja por sua capacidade de inovar na encenação de grandes clássicos. É louvada pela crítica a unidade formal conseguida pelo "trio formado por Strehler–Ratto–Colciaghi" nos trabalhos realizados em diferentes palcos e situações. A companhia era convidada a realizar espetáculos, que hoje chamaríamos de *site-specific*, nos prestigiosos festivais de teatro e música instalados em belas estruturas históricas durante o verão. Esse foi o caso do *Assassinato na catedral*, de T. S. Eliot, encenado na igreja românica de San Francesco, em San Miniato, na Toscana, e da histórica encenação da *Tempestade*, de Shakespeare, nos jardins renascentistas do Palazzo Pitti, em Florença. Para a ópera de Rossini *O cerco de Corinto*, realizada no XII Maggio Fiorentino, Ratto foi convidado separadamente, como ocorria às vezes. Para os belos cenários, além das fontes literárias e iconográficas que explorava com maestria, aflora a memória do Partenon, que contemplara poucos anos antes, como soldado, em Atenas.

> **FOTOGRAFIA DE CENA**
> "LA TEMPESTA" (*A tempestade*), de William Shakespeare
> Jardim de Boboli, Florença, 1948

LA TEMPESTA
A tempestade

Direção Giorgio Strehler
Cenografia Gianni Ratto
Figurinos Ebe Colciaghi
Músicas Fiorenzo Carpi (sobre tema de Domenico Scarlatti)
Coreografia Rosita Lupi

XI Maggio Musicale Fiorentino

Encenada ao ar livre, entre as aleias do jardim renascentista, *A tempestade* transformou em cortina as águas do chafariz, que baixavam para dar início ao espetáculo.

"A companhia do 'Piccolo Teatro', dirigida por Paolo Grassi, veio de Milão para Florença para encenar *A tempestade* de Shakespeare na Bacia dos Cisnes de Boboli, como espetáculo de encerramento do 'Maggio Musicale'. O diretor Strehler e o cenógrafo Ratto puderam inventar sem restrições, não apenas em altura, como fazem no palco de Milão. Entre a montanha fictícia, erguida no centro da bacia, coroada pela estátua de Giambologna, e a arquibancada semicircular para o público, havia a água, represada por falsos rochedos; e mil esguichos se erguiam e baixavam feito uma cortina. No início, uma pequena embarcação de verdade deslizava sobre as águas, levando os personagens entre os raios. O grande mérito de Ratto foi ter fundido em uma única aparência de encanto elementos reais e cenários de fantasia, fora das normais convenções do teatro."
Adriano Magli, *L'Avvenire*, 13 de junho de 1948

de William Shakespeare
GIARDINO DI BOBOLI | FLORENÇA, 1948

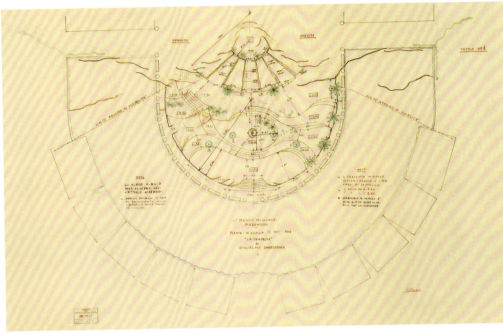

LA TEMPESTA

Marcello Moretti, Giorgio De Lullo, Camillo Pilotto

ITÁLIA | O MAGO DOS PRODÍGIOS | PICCOLO EM OUTRAS SEDES

ASSASSINIO NELLA CATTEDRALE
Assassinato na catedral

Regência Maestro Piombino
Direção Giorgio Strehler
Cenografia Gianni Ratto
Figurinos e máscaras Bissietta (Giuseppe Fontanelli)
Música Fiorenzo Carpi

"O primeiro grande aplauso foi para Gianni Ratto, o qual resolveu a cena com uma tal inteligência que merece o mais caloroso elogio: nada além de um imenso falso vitral colorido, de forma ogival análoga ao arco que filtrava a luz vinda da abside. Uma obra monacal, que realizou quase sozinho, com tesselas unidas como em um mosaico monumental. As três zonas, dispostas verticalmente, representavam os apóstolos Pedro, Paulo e João em um estilo entre o gótico e o bizantino. Pedro, com manto vermelho e azul e barba branca; Paulo, com manto verde e vermelho e barba violeta; João, com túnica amarela e azul e cabelos amarelo-ouro. Defronte ao vitral, um praticável com duas passarelas cruzadas permitia a feliz circulação dos grupos." Guido Rosada, *Milano-Sera*, 24 de agosto de 1948

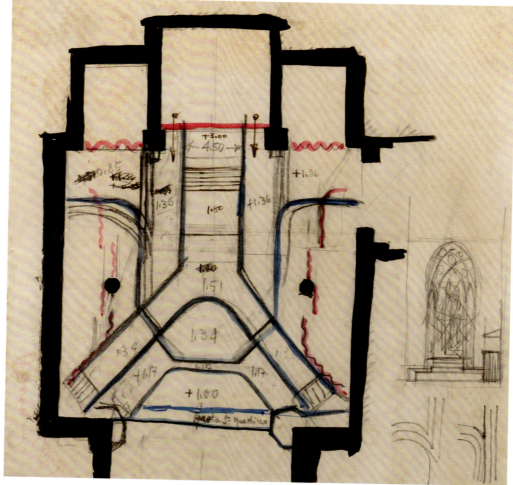

122 | O TEATRO DE **GIANNI** RATTO

de T. S. Eliot
CHIESA DI SAN FRANCESCO | SAN MINIATO, 1948

Elenco (acima)
Gianni Santuccio (ao lado)

IL CORVO
O corvo

Direção Giorgio Strehler
Cenografia Gianni Ratto
Figurinos Ebe Colciaghi
Música Fiorenzo Carpi

O corvo é a segunda "fábula teatral" de Carlo Gozzi (1720-1806), autor veneziano na tradição da *commedia dell'arte* que aposta na linguagem fantástica em oposição ao "realismo" proposto por Goldoni, também veneziano. Gozzi, que era de família aristocrata, considerava burguês o estilo de Goldoni.

As cenas repropõem arcadas e sacadas com um grande arco fragmentado ao centro se abrindo para um possível horizonte marinho útil à representação.

A peça fez parte do repertório que o Piccolo representou no teatro dos Champs Elysées em 1949, em Paris – todo em italiano –, sendo elogiada na imprensa por sua extraordinária vitalidade e também pelo "partido que o grupo conseguia tirar de um roteiro tradicional". Nos elogios, exaltavam-se os méritos da formação clássica para assegurar ao repertório moderno intérpretes capazes de ilustrá-lo.

Foto do elenco em Veneza

124 | O TEATRO DE **GIANNI** RATTO

de Carlo Gozzi
TEATRO LA FENICE | VENEZA, 1948 [IX FESTIVAL INTERNACIONAL DE TEATRO]

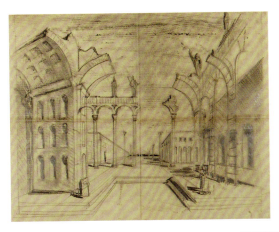

ITÁLIA | O MAGO DOS PRODÍGIOS | PICCOLO EM OUTRAS SEDES | 125

L'ASSEDIO DI CORINTO
O cerco de Corinto

Direção Enrico Frigerio
Cenografia Gianni Ratto
Música Gioacchino Rossini
Regência Maestro Gabriele Santini

XII Maggio Musicale Fiorentino

"[...] todas as vezes que eu podia ir à cidade, meus passos me levavam espontaneamente ao Partenon. As colunas estavam marcadas pelas guerras com os turcos, mas nada tinha abalado a esplêndida e serena beleza harmoniosa de sua estrutura geral. E eu, modesto soldadinho deslocado para a guerra numa terra de lendas, mitos e sofrimentos, ficava parado horas a fio olhando para os patamares que rodeavam o templo, vendo cortejos de virgens sagradas se deslocarem, translúcidos, no espaço vibrante pelo calor do verão. [...] do Erecteion amava as cariátides tão belas, suaves e assexuadas." Gianni Ratto, em *A mochila do mascate*

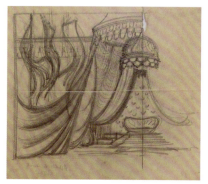

de Gioacchino Rossini
TEATRO COMMUNALE | FLORENÇA, 1949

ITÁLIA | O MAGO DOS PRODÍGIOS | PICCOLO EM OUTRAS SEDES

LA PUTTA ONORATA
A puta honrada

Direção Giorgio Strehler
Cenografia Gianni Ratto
Figurinos Ebe Colciaghi
Música Ermanno Wolf-Ferrari

XI Festival Internacional de Teatro

A representação ao ar livre explorava o aspecto teatral do Campo San Trovaso, em Veneza, onde se passa a peça goldoniana. A proposta de encenação resultava novamente em uma espécie de "teatro no teatro", em que os cenários construídos se inseriam nas construções realmente existentes e mecanismos giratórios traziam ao proscênio as cenas que se passavam no interior dos ambientes, alternando-as com as características situações de rua.

de Carlo Goldoni
CAMPO SAN TROVASO | VENEZA, 1950

Marina Dolfin

Lilla Brignone e Gianni Santuccio

ITÁLIA | O MAGO DOS PRODÍGIOS | PICCOLO EM OUTRAS SEDES

LA DODICESIMA NOTTE
Noite de Reis

Direção Giorgio Strehler
Cenografia Gianni Ratto
Figurinos Ebe Colciaghi
Música Fiorenzo Carpi

Espetáculo inaugural do teatro ao ar livre do Palazzo Grassi de Veneza, onde, na ocasião, inaugurava-se também o "Centro Internacional de Artes e Moda". O Piccolo era um teatro de grande sucesso internacional e de grande prestígio para uma ocasião como aquela, que reuniria a fina flor da sociedade italiana no verão veneziano, com repercussão nos jornais de todo o país.

"A caixa cênica é inspirada em um célebre desenho arquitetônico do final do século XV. A crítica teatral elogia o bom gosto e a 'ilogicidade fantástica da cena de Gianni Ratto', como também o 'espetáculo enriquecido pelas cenografias estilizadas em tons de violeta' […] com a ressalva de que 'a cena composta por elementos modificáveis ficou, com frequência, fragmentada e dispersa pela intrusão dos encarregados de substituir e adaptar o mobiliário.'" *Il Messaggero*, E.C., 27 de agosto de 1951

130 | O TEATRO DE **GIANNI** RATTO

de William Shakespeare
TEATRO DEL PALAZZO GRASSI | VENEZA, 1951

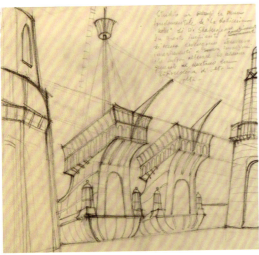

ITÁLIA | O MAGO DOS PRODÍGIOS | PICCOLO EM OUTRAS SEDES

ÓPERA E BALÉ

O Teatro alla Scala é dos mais célebres teatros de ópera, cuja história coincide com grandes momentos da música lírica no mundo. Em especial teve à sua frente Giuseppe Verdi, que lá estreou e regeu suas criações. Foi palco da estreia bem--sucedida de *O Guarany*, de Antonio Carlos Gomes em 1870. Bombardeado e reduzido a escombros durante a Segunda Guerra Mundial, o teatro foi reconstruído e reinaugurado em maio de 1946 por Arturo Toscanini, que, autoexilado nos EUA durante o fascismo, voltava ao teatro que havia dirigido desde os anos 1920. Poucos meses depois da reinauguração, os jovens Strehler e Ratto são convidados para assinar a encenação de *La Traviata*, que estreia no dia 6 de março de 1947, antes mesmo da inauguração do Piccolo Teatro de Milão.

FOTOGRAFIA DE CENA
"LUCIA DI LAMMERMOOR"
de Gaetano Donizetti | Teatro alla Scala, Milão, 1954

LA TRAVIATA
A Traviata

Música Giuseppe Verdi
Libreto Francesco Maria Piave
Regência Maestro Tullio Serafin
Direção Giorgio Strehler
Cenografia Gianni Ratto
Figurinos Ebe Colciaghi
Coreografia Aurelio Milos

"A direção do Teatro alla Scala de Milão nos convidou, a mim e a Giorgio Strehler, para realizarmos *La Traviata*, de Giuseppe Verdi. Quando Paolo Grassi nos comunicou a notícia, pensei que estivesse brincando. Percebi naquele momento que tínhamos arrombado a grande barreira do profissionalismo. Estudei, raciocinei, me arrisquei e ganhei a parada, posso dizer, em grande estilo, pois minha cenografia desencadeou uma polêmica na qual os conservadores gritaram 'Escândalo!', e os renovadores, 'Finalmente!'" Gianni Ratto, em *A mochila do mascate*

"A ampla escada em forma de ponte que se estende ao longo da parede da casa de Flora é, para Strehler, uma conclamada conquista [...] que representa o papel renovado da direção, mas que não pode prescindir do cenógrafo: esta escadaria é uma obra-prima de engenho, mas, para construí--la não foi apenas necessário superar uma infinidade de problemas técnicos, mas sobretudo a novidade da construção em si, porque uma 'ponte' assim nunca havia sido feita."
Fabio Battistini, *Giorgio Strehler*, 1980

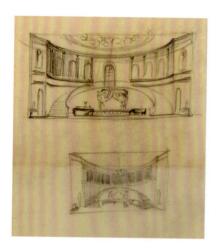

La scena di Ratto per il terzo atto della «Traviata» rappresentata al teatro alla Scala. Impressione di Mario Vellani Marchi.

de Giuseppe Verdi
TEATRO ALLA SCALA | MILÃO, 1947

LA TRAVIATA

L'AMORE DELLE TRE MELARANCE
O amor das três laranjas

Música Sergei Prokofiev
Libreto Sergei Prokofiev e Carlo Gozzi
Regência Maestro Angelo Questa
Direção Giorgio Strehler
Cenografia Gianni Ratto
Figurinos Ebe Colciaghi
Coreografia Ugo Dell'Ara

A ópera, com música e libreto de autoria de Prokofiev, era inspirada em uma fábula teatral italiana do século XVIII, estruturada nos esquemas da *commedia dell'arte* e suas características cômicas e satíricas. A estas, o compositor russo misturou elementos da poética surrealista já presentes na tradução e adaptação feita anos antes por Meyerhold. A primeira versão da ópera, escrita em francês, estreou em Chicago, em 1921, e consta que tenha contado com a soprano brasileira Vera Janacopoulos.

A cenografia criou um segundo proscênio, no qual se acomodava o exército de personagens que abarrotavam as cenas nesta espécie de "teatro no teatro" inserida em uma cenografia feita de módulos que se compunham como um jogo de armar.

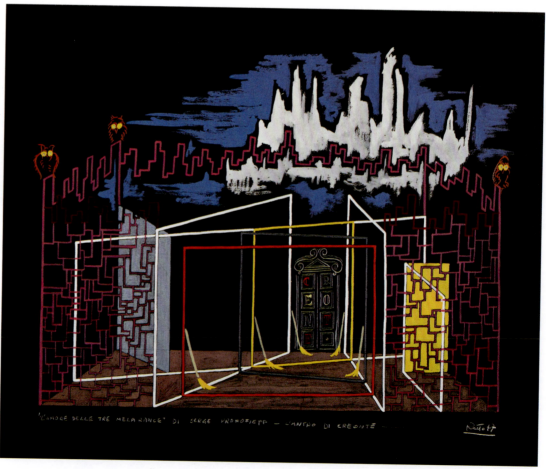

de Sergei Prokofiev
TEATRO ALLA SCALA | MILÃO, 1947

L'AMORE DELLE TRE MELARANCE

IL MATRIMONIO SEGRETO
O casamento secreto

Música Domenico Cimarosa
Libreto Giovanni Bertati
Regência Maestro Mario Rossi
Direção Giorgio Strehler
Cenografia Gianni Ratto | Gino Romei
Figurinos Ebe Colciaghi

Nessa ópera cômica em dois atos, Ratto joga com humor e maestria ao contrair o espaço do majestoso palco do Teatro alla Scala, transformando-o em suporte para uma série de quadros de refinado sabor caligráfico, quase gravuras, emoldurados por elegantes cortinas negras de rigor setecentista, com um olho na tradição e outro na inovação.

de Domenico Cimarosa
TEATRO ALLA SCALA | MILÃO, 1949

DON PASQUALE
Dom Pascoal

Música Gaetano Donizetti
Libreto M.A. (Giovanni Ruffini)
Regência Maestro Franco Capuana
Direção Giorgio Strehler
Cenografia Gianni Ratto
Figurinos Ebe Colciaghi

Entre a crítica, houve quem execrasse o experimentalismo de *Don Pasquale* e quem louvasse a ousadia dos cenários de Ratto, resultado de "pesquisa aguda e que reflete o problema da relação entre música lírica e cenografia". O proscênio – emoldurado como um quadro por cortinas, paredes, escadas e balaústres, que limitavam a imensa boca de cena do Teatro alla Scala – reduzia o campo visual e o da ação, à semelhança de um teatro de corte ao qual, no entanto, não faltava uma plataforma giratória. Como de hábito, Ratto surpreende por sua capacidade de explorar o espaço, dilatando ou contraindo nossa percepção das dimensões reais do palco.

de Gaetano Donizetti

TEATRO ALLA SCALA | MILÃO, 1950

ITÁLIA | O MAGO DOS PRODÍGIOS | ÓPERA E BALÉ | 145

PULCINELLA
Pulcinella

Música Igor Stravinsky, sobre tema de Giovanni Battista Pergolesi
Regência Maestro Nino Sanzogno
Cenografia e figurinos Gianni Ratto
Coreografia Boris Romanoff

O balé, baseado em um manuscrito napolitano da *commedia dell'arte*, foi encomendado a Stravinsky por Sergei Diaguilev, diretor dos Ballets Russes, o mesmo que convidou Pablo Picasso para realizar cenários e figurinos para a estreia em Paris, em 1920.

Ratto se encarrega brilhantemente da encenação italiana. Seus figurinos, de grande originalidade e beleza, exploram o contraste entre o negro profundo dos "doutores" e o branco-giz dos Pulcinella. O cenário, em parte sólido, em parte esvoaçante, explora a transparência de telas superpostas, aludindo poeticamente ao colorido dos varais nos becos de Nápoles.

"[...] Há quem tenha achado as cenas de Ratto pouco napolitanas. Mas a Nápoles deste *Pulcinella* é uma Nápoles abstrata, antioleográfica, sem Vesúvio e sem pivetes, transfigurada em página de álbum de uma *commedia dell'arte* que alcançou seu último estado de decantação." *Candido*, 14 de janeiro de 1951

de Igor Stravinsky
TEATRO ALLA SCALA | MILÃO, 1950

PULCINELLA

IL SIPARIETTO (DI STRACCI COLORATI) PER IL

ITÁLIA | O MAGO DOS PRODÍGIOS | ÓPERA E BALÉ | 151

LA CECCHINA, OSSIA LA BUONA FIGLIOLA
A boa filha

Música Niccolò Piccinni
Libreto Carlo Goldoni
Regência Maestro Franco Capuana
Direção Giorgio Strehler
Cenografia Gianni Ratto
Figurinos Ebe Colciaghi

Para essa ópera cômica setecentista de Niccolò Piccinni, Ratto adota como inspiração a caixa de música. A coragem e a inovação provocaram tanto elogios como execrações por parte da crítica.

"[...] as 'mudanças à vista' são contínuas. Gianni Ratto estudou um artefato mecânico no qual inseriu sua arte geométrica, simétrica e abstrata. Eis o achado de refinado sabor intelectual. No primeiro quadro deste sugestivo teatrinho setecentista, vemos seis monólitos simétricos, três à direita e três à esquerda, que parecem aludir aos bastidores dos antigos teatros particulares. Mas são bastidores apenas aparentemente, porque, na realidade, são prismas triangulares que, ao longo dos três atos, se renovam girando sobre si mesmos com a cortina aberta, mudando de face e transformando a cena em jardim, salão, floresta ou paisagem rochosa. Poucos indícios figurativos pintados em cada face (a do salão é de um precoce neoclassicismo) são suficientes para dar ideia da cena ao ar livre ou em ambiente fechado. O resto deve ser completado pela vossa imaginação, assim como ocorria na chamada 'cena indicativa' nos tempos de Shakespeare. Quando é a vez do salão, o lustre central desce do alto e os candelabros se acendem no topo de cada bastidor, onde, depois, permanecerão apagados, quando o cenário se transforma em jardim. Vocês dirão que isto é um absurdo, mas o estilismo moderno é 'antiverista'. Uma vez que os candelabros, mesmo entre selvas e rochas, conferiam uma certa graça decorativa setecentista ao todo, Ratto os deixou onde estavam." "Estilismo antiverista", *Corriere Lombardo*, 27 de fevereiro de 1951

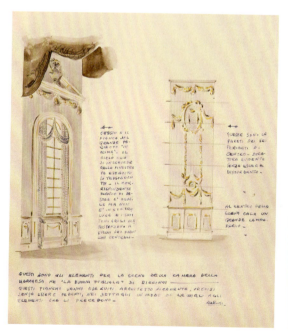

de Niccolò Piccinni
TEATRO ALLA SCALA | MILÃO, 1951

L'ELISIR D'AMORE
O elixir do amor

Música Gaetano Donizetti
Libreto Felice Romani
Regência Maestro Argeo Quadri
Direção Giorgio Strehler
Cenografia Gianni Ratto
Figurinos Ebe Colciaghi

"A intervenção do trio Giorgio Strehler, Gianni Ratto e Ebe Colciaghi foi uma bela tacada. Quando esses três acertam, acertam pra valer e parecem escancarar as janelas do teatro de ópera. [...] Strehler, Ratto e Colciaghi correram ao encontro do italianismo da música e dos versos unindo respectivamente direção, cenografia e um quadro de figurinos vivíssimos. Compreenderam como Donizetti, ao compor *Elisir*, se sentia atual e se tornava cronista de seus dias felizes. [...] Resultado: sucesso absoluto." Giulio Confalonieri, *Il Tempo di Milano*, 10 de março de 1951

de Gaetano Donizetti
TEATRO ALLA SCALA | MILÃO, 1951

GIUDITTA
Judite

Música Arthur Honegger
Libreto René Morax
Regência Maestro Issay Dobrowen
Direção Giorgio Strehler
Cenografia Gianni Ratto
Figurinos Ebe Colciaghi

Inspirada no drama bíblico, a ópera narra a história da jovem e bela Judite, que liberta o povo de Jerusalém, assediado pelo general assírio Holofernes, acampado às portas da cidade. Judite consegue penetrar no acampamento e decapitar o chefe inimigo. Ao seu retorno, é aclamada pelo povo em festa. Honegger escreveu também a ópera *Antígona*, com libreto de Jean Cocteau. Mas foi celebrado principalmente por seus oratórios e cantatas.

A caricatura de Ratto (abaixo), feita por algum técnico do teatro, satiriza o cenógrafo que, conhecido por suas construções ousadas, havia prometido para esse espetáculo algo leve. Imagens e textos, mostrando jocosamente o esforço para as mudanças de cena, revelam que as promessas não foram mantidas.

de Arthur Honegger
TEATRO ALLA SCALA | MILÃO, 1951

GIUDITTA

MARSIA

Marsia

Música Luigi Dallapiccola
Concepção Aurelio Millos
Regência Maestro Nino Sanzogno
Coreografia Aurelio Millos
Cenografia e figurinos Gianni Ratto

Único balé do importante compositor italiano de música dodecafônica Luigi Dallapiccola, o drama mitológico narra a história do sátiro Marsias, que, com sua flauta, desafia Apolo – deus da música – e sua lira. Após ser derrotado, é pendurado em uma árvore e condenado a ser esfolado vivo. Marsias é interpretado por Ugo Dell'Ara, bailarino e coreógrafo romano que se tornaria o principal coreógrafo do Teatro alla Scala naqueles anos.

de Luigi Dallapiccola
TEATRO ALLA SCALA | MILÃO, 1951

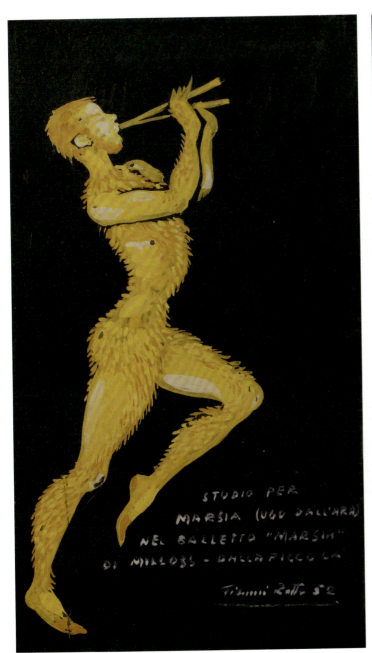

MARSIA

Ugo Dell'Ara e elenco

OBERTO, CONTE DI SAN BONIFACIO
Oberto, conde de São Bonifácio

Música Giuseppe Verdi
Libreto Antonio Piazza e Temistocle Solera
Regência Maestro Franco Capuana
Direção Mario Frigerio
Cenografia Gianni Ratto
Figurinos Ebe Colciaghi

Oberto é a primeira ópera de Giuseppe Verdi, escrita quando este tinha 26 anos. Foi apresentada pela primeira vez no Teatro alla Scala em 1839, pouco mais de cem anos antes da apresentação de 1951, que dividiu a crítica em relação ao valor dessa obra de juventude de Verdi, mas rendeu elogios unânimes aos cenários de Ratto.

"Ratto encontrou o acento justo, a concretização visual mais fraterna ao clima poético e musical de *Oberto*: mais ainda, o superou, assim como o superaram também a arte de Capuana e a arte da Setignani. As suas 'áreas abertas', com aquelas árvores à *la* Cèzanne tão falantes, tão fabulosas, tão revividas pelo eterno desejo romântico; o interior dos ambientes, onde o historicismo não é mais cultura, mas torna-se nostalgia e energia artística: os seus céus desfocados; seus planos nítidos e enérgicos, tudo infligiu às cenas de *Oberto* um espírito superior."
Giulio Confalonieri, *Corriere della Sera*, 22 de fevereiro de 1951

"Ratto ama as cores monocromáticas porque talvez, justamente, pense que hoje pintam com as cores elétricas. As tintas uniformes surgiram tanto nos bosques internos quanto nos três bosques [...] Artista de amáveis e refinadas intimidades, o Ratto mais agradável nos pareceu o das simples e graciosas estamparias de Cuniza. Aqui, sendo noite, o cinza frio e monocromático das paredes assumiu um expressivo tom lunar por efeitos das luzes." *Corriere Lombardo*, 14 de fevereiro de 1951

de Giuseppe Verdi
TEATRO ALLA SCALA | MILÃO, 1951

THE RAKE'S PROGRESS [La carriera di un libertino]

A carreira do libertino

Música Igor Stravinsky
Libreto Wystan Hugh Auden e Chester Kallman
Regência Maestro Igor Stravinsky
Direção Carl Ebert
Cenografia Gianni Ratto
Figurinos Ebe Colciaghi

A ópera teve estreia mundial no âmbito do Festival de Música Contemporânea de Veneza, no Teatro La Fenice, regida pelo próprio Stravinsky, na presença do libretista W. H. Auden. A beleza dos cenários e dos figurinos criados por Ratto para *Pulcinella* certamente motivou o importante convite do compositor russo.

The Rake's Progress é a história de um libertino que, sob a influência de uma figura diabólica, deixa o verdadeiro amor pelos prazeres mundanos e acaba seus dias em um sanatório. A ópera foi inspirada por uma série de oito gravuras de Hogarth, que Stravinsky pede a Ratto para não levar em consideração na composição dos cenários. Foi apresentada na língua original em Veneza, sob a regência de Stravinsky, e em italiano, em Milão.

de Igor Stravinsky
TEATRO ALLA SCALA | MILÃO, 1951

EL AMOR BRUJO
O amor bruxo

Direção e Coreografia
Boris Romanoff
Cenografia e figurinos
Gianni Ratto

A obra mais conhecida de Manuel de Falla (1876-1946) é baseada em lendas e cantos ciganos da Andaluzia que trazem feitiços e bruxarias. A peça inclui as célebres "Dança ritual do fogo", "Canção do fogo-fátuo" e a "Dança do terror", que Gianni Ratto ambienta entre rochas e grutas de marca expressionista. Ratto já havia trabalhado com o bailarino e coreógrafo russo Boris Romanoff em *Pulcinella*, de Stravinsky, em 1950. Convidado na temporada seguinte para realizar cenários e figurinos da *Fanciulla di Neve*, de Rimsy-Korsakov, Ratto declina o convite.

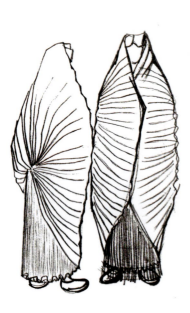

de Manuel de Falla
TEATRO DELL'OPERA | ROMA, 1952

  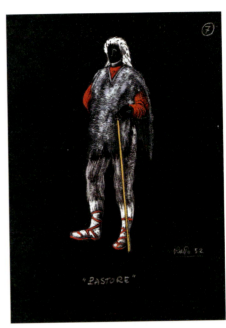

WOZZECK
Wozzeck

Música Alban Berg
Libreto Georg Büchner
Regência Maestro Dimitri Mitropoulos
Direção Herbert Graf
Cenografia Gianni Ratto
Figurinos Ebe Colciaghi

"Trabalhei sobre três planos: o construtivista, o pictórico e o das projeções frontais e retroprojeções. Cada croqui tinha sido desenhado sobre três camadas transparentes, duas de acetato e uma de papel vegetal preparado com parafina, sobre o qual uma complicada pintura a pastel era raspada estrategicamente para permitir a visão e a transparência do que estava por baixo. Para sua realização, foi encomendado da França um ciclorama recém-patenteado que permitia uma retroprojeção frontal à plateia, sem que a fonte luminosa fosse percebida na superfície totalmente sem costuras. A integração dos vários elementos do espetáculo foi total." Gianni Ratto, em *A mochila do mascate*

de Alban Berg
TEATRO ALLA SCALA | MILÃO, 1952

WOZZECK

WOZZECK

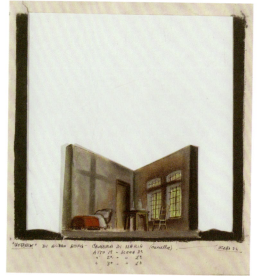

"WOZZECK" DI ALBAN BERG — STANZA DEL CAPITANO (SCENA SU CARRELLO) — ATTO 1º SC. 1ª

IL RATTO DAL SERRAGLIO

O rapto do serralho

Música Wolfgang Amadeus Mozart
Libreto Johann Gottlieb Stephanie
Regência Maestro Jonel Perlea
Direção Ettore Giannini
Cenografia Gianni Ratto
Figurinos Leonor Fini

"Como no mundo de Mozart, no mundo de Gianni Ratto 'a vida se desenrola na forma-sonata', e a predominância da simetria harmoniosa sobre a aleatoriedade do naturalismo atravessa fronteiras do repertório do século XVIII. Com entusiasmo, Ratto regula com o pincel o ritmo das óperas do *Settecento* e dá a Goldoni, Gozzi, Paisiello e Cimarosa as adoráveis tonalidades edulcoradas em cenografias renovadas; a Mozart, ele homenageia com um *Ratto dal serraglio* matizado no branco e no cinza-pérola, em cenas que enquadram os divertidos figurinos em papel de seda de Leonor Fini." Vittoria Crespi Morbio, *Ratto alla Scala*

Nerio Bernardi, Maria Callas

de Wolfgang Amadeus Mozart
TEATRO ALLA SCALA | MILÃO, 1952

Nerio Bernardi, Maria Callas

ITÁLIA | O MAGO DOS PRODÍGIOS | ÓPERA E BALÉ | 177

IL RATTO DAL SERRAGLIO

L'INCORONAZIONE DI POPPEA

A coroação de Poppea

Música Claudio Monteverdi
Libreto Gian Francesco Busenello
Regência Maestros Carlo Maria Giulini
Direção Margarita Walmann
Cenografia Gianni Ratto
Figurinos Dimitri Bauchéne

O compositor renascentista Claudio Monteverdi (1567-1643) foi o primeiro a fazer música para um texto teatral concebido com rigor cênico. Ou seja, a crítica o considera o primeiro de todos os tempos, um melodrama histórico. Ratto concebeu a cena fixa, como se usava nos tempos de Monteverdi. Dispensou o uso de cortinas, deixando à mostra a majestosa construção renascentista, com pórticos, colunas, terraços e escadas, na qual comprova a capacidade ilusionista do seu desenho virtuoso e a admiração cultivada pelos arquitetos-cenógrafos do século XVII. É impossível não pensar na experiência de dois anos antes em *Electra*, de Sófocles, no Teatro Olímpico de Vicenza.

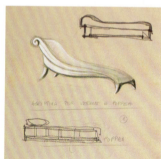

Renato Gavarini,
Clara Petrella e elenco

de Claudio Monteverdi
TEATRO ALLA SCALA | MILÃO, 1953

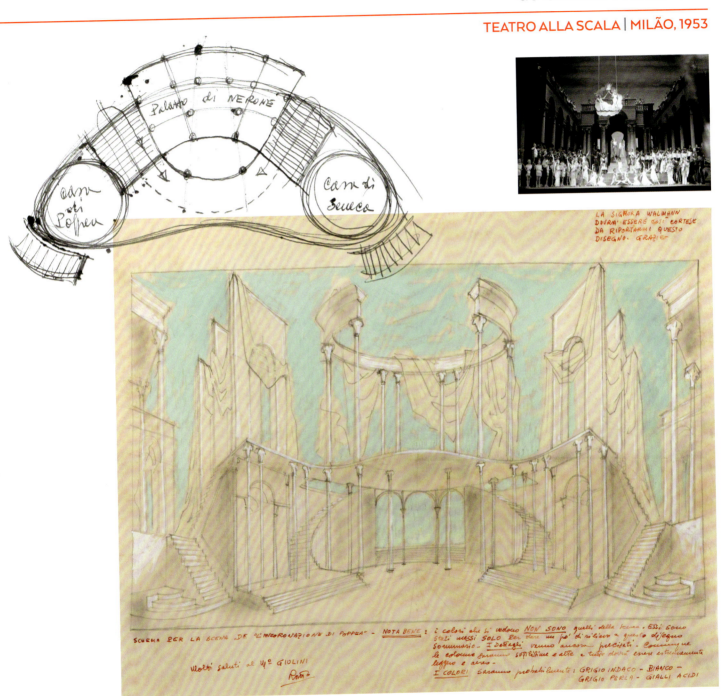

ITÁLIA | O MAGO DOS PRODÍGIOS | ÓPERA E BALÉ | 181

L'INCORONAZIONE DI POPPEA

Croqui (esq) e foto de cenário (acima)

LUCIA DI LAMMERMOOR
Lucia di Lammermoor

Música Gaetano Donizetti
Libreto Salvatore Cammarano
Regência e direção Herbert von Karajan
Cenografia Gianni Ratto
Figurinos Ebe Colciaghi

"Naqueles tempos italianos, minha conceituação cenográfica era extremamente eclética; achava fundamental passar por diferentes linguagens estilísticas, entrando em polêmica com os que pretendiam impor um estilo pessoal, numa forma de expressão unificada para qualquer tipo de autor." Gianni Ratto, em *A mochila do mascate*

Nessa ópera, Ratto se inspira nas atmosferas lúgubres do expressionismo alemão contemporâneo dos eventos trágicos do início do século XX, para ambientar o drama e a loucura da personagem encarnada por Maria Callas, dirigida, nessa montagem histórica, por Herbert von Karajan.

"Ratto compôs as cenas com poucos elementos e com poucas telas pintadas, mas se serviu amplamente de projeções para integrar esses elementos. Uma enorme lanterna mágica projetava cores, linhas, elementos de arquitetura: desse modo foi alcançado o realismo e ao mesmo tempo foi evitado o verismo e a oleografia." Teodoro Celli

184 | O TEATRO DE **GIANNI** RATTO

de Gaetano Donizetti

TEATRO ALLA SCALA | MILÃO, 1954

Giuseppe Modesti, Luisa Villa, Maria Callas, Giuseppe di Stefano, Giuseppe Zampieri, Rolando Panerai, Coro della Scala

ITÁLIA | O MAGO DOS PRODÍGIOS | ÓPERA E BALÉ | 185

Maria Callas

LUCIA DI LAMMERMOOR

Giuseppe di Stefano (no alto)
Rolando Panerai e Mario Carlin (acima)

ULTIMO QUADRO DEL TERZO ATTO DI "LUCIA DI LAMMERMOOR"

ITÁLIA

TEATRO MUSICAL E DE REVISTA

O teatro de revista era caracterizado pela exuberância dos cenários, pela sátira política e pelas vedetes. Gianni Ratto não tinha preconceito de gênero: sempre cultivou a sátira e o humor, e, paralelamente ao trabalho com os textos mais desafiadores e refinados do teatro de prosa e de ópera, realizou centenas de cenários para espetáculos de revista. Na mesma época em que concebia cenários para os espetáculos engajados do Piccolo, fazendo proezas com pouquíssimos meios, realizou os espetáculos mais caros da história da revista italiana, com cenários hollywoodianos para os míticos Wanda Osiris, Walter Chiari, Totò, Macario.

Foi responsável por espetáculos que marcaram época de Vittorio Metz e Marcello Marchesi e de Pietro Garinei e Sandro Giovannini – dupla longeva de autores do teatro musical italiano que atuou até os anos 1980. Pela temporada 1949/1950, recebeu o prêmio "Maschera D'Argento", o "oscar italiano" para o teatro musical, o rádio e a televisão.

FOTOGRAFIA DE CENA
"I FANATICI" (Os fanáticos), de Vittorio Metz e Marcello Marchesi.
Franca Rame e Duilio Provedi | Teatro Nuovo. Milão, 1952

AL GRAND HOTEL
No Grande Hotel

Direção Garinei e Giovannini
Cenografia Gianni Ratto
Figurinos Folco
Músicas Frustaci e Giuliani
Coreografia Dino Solari
Companhia Wanda Osiris

Wanda Osiris era a estrela absoluta do teatro de revista, e a dupla Garinei e Giovannini formou uma duradoura parceria que dominou a comédia musical do pós-guerra em diante. Ratto foi muito cortejado por eles, fato registrado pela correspondência saborosíssima que trocaram naqueles anos entre Milão e Roma. Para o *Grand Hotel*, Ratto realizou uma série de quadros cenográficos de grande efeito e a escada mais longa das muitas que a rainha da revista se especializou em descer em cena. A crítica fala em trinta degraus, ao topo dos quais a vedete subia de elevador, para em seguida descer de braços abertos enquanto cantava "Sentimental", sua canção mais famosa. O espetáculo, custosíssimo, parece ter sido pago com a bilheteria da primeira noite.

Wanda Osiris (acima)
Wanda Osiris e Geo Darlys (dir.)

de Pietro Garinei e Sandro Giovannini
TEATRO LÍRICO | MILÃO, 1948

QUO VADIS

Aonde vais?

Regência Maestro D'Ardena
Direção Oreste Biancoli
Cenografia Gianni Ratto
Companhia Remigio Paone

Aonde vais?, a célebre pergunta de Cristo a Pedro quando este fugia de Roma, aqui se refere à humanidade, aos eventos e histórias em circulação na Itália no período pós-Segunda Guerra. A derrota do fascismo, o fim da monarquia, a polarização política, a nova ordem mundial eram temas da vida real que invadiam a cultura, da música ao cinema, e eram tratados com verve dessacralizante pelo teatro de revista, alimentando a sátira, o pastiche e os números musicais. A cortina se abria com a chegada do "trem do mundo", uma locomotiva de verdade inventada por Ratto, da qual desciam os personagens da fábula. Com apitos, vapores e barulhos de ferragens, a locomotiva, segundo se conta, causava arrepios na plateia.

de Oreste Biancoli, Dino Falconi, Otto Vergani
TEATRO NUOVO | MILÃO, 1949

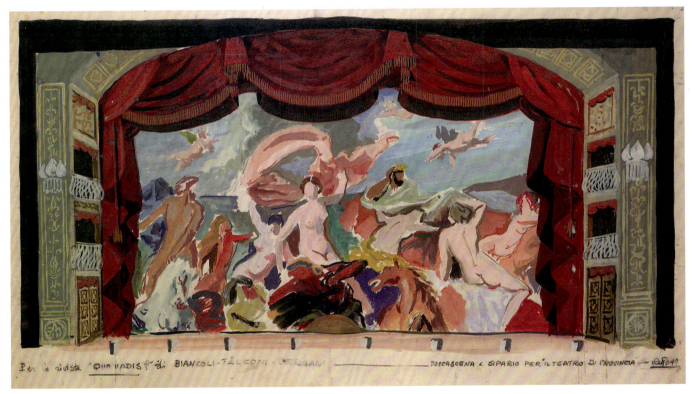

BADA CHE TI MANGIO!

Cuidado que te como!

Regência Maestro Mariano Rossi
Direção Michele Galdieri
Cenografia Gianni Ratto
Figurinos Costanzi e Torres
Coreografia Gisa Geert
Companhia Totò | Remigio Paone

Ratto realizou treze cenografias diferentes para a revista de Totò, com chafarizes em cena, elefantes, entre outras proezas, criando um dos espetáculos mais opulentos da história da revista italiana. Ratto admirava "este polichinelo moderno", como o classificou, que o fascinava desde a infância. Em suas memórias, conta uma conversa em que Totò, durante um intervalo nos ensaios, lhe confidenciou um sonho de cunho surrealista que tivera – um espetáculo com problemas cenográficos de difícil resolução que lhe ocuparam a imaginação por alguns dias.

de Michele Galdieri
TEATRO NUOVO | MILÃO, 1949

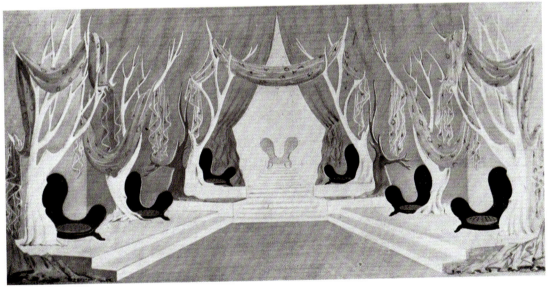

ITÁLIA | TEATRO MUSICAL E DE REVISTA | 199

CAROSELLO NAPOLETANO

Carrossel napolitano

Regência Maestro Nino Stinco
Direção Ettore Giannini
Cenografia Gianni Ratto
Figurinos Maria de Matteis
Música Raffaele Gervasio
Coreografia Ugo Dell'Ara
Companhia Remigio Paone

O espetáculo contava a história de Nápoles e seus personagens através de 42 canções célebres. Os cenários de Ratto estabeleciam múltiplos planos para a representação e foram considerados "inspiradíssimos e de rara beleza", e incluíam detalhes picantes, como "polvos que 'fazem amor' entre peixes e moluscos no fundo do mar" ao som de uma tarantela. À parte as notas de humor, o trabalho exigiu de Ratto intensa pesquisa *in loco* para reproduzir a topografia particular de Nápoles e a atmosfera da cidade à beira-mar. O grande sucesso resultou em excursões pela Europa, Brasil e América Latina. Dois anos depois, o *Carosello* foi levado ao cinema pelo próprio Ettore Giannini, estrelado por Sophia Loren e premiado com a Palma de Ouro em Cannes em 1954.

de Ettore Giannini
TEATRO DELLA PERGOLA | FLORENÇA, 1950

I FANATICI
Os fanáticos

Regência Maestro Mariano Rossi
Direção Marcello Marchesi
Cenografia Gianni Ratto
Música Gorni Kramer
Coreografia Don Arden
Figurinos Henri Fost
Companhia Remigio Paone

O espetáculo tratava de fanatismo em vários aspectos da vida. As fotos trazem Franca Rame, que pertencia a uma família de atores cuja tradição no teatro remontava ao século XVII. Rame atuava em comédias e no teatro de revista antes de casar-se com Dario Fo, com quem fundaria a própria companhia de teatro em 1958. Juntos se dedicaram à sátira e ao teatro militante de cunho político, que resultou no Prêmio Nobel de literatura para Fo em 1997.

Franca Rame

de Vittorio Metz e Marcello Marchesi
TEATRO NUOVO | MILÃO, 1952

Franca Rame e Duilio Provedi

ITÁLIA | TEATRO MUSICAL E DE REVISTA

CRONOLOGIA

"CONTINUO ACREDITANDO NUM TEATRO DESPOJADO, POBRE – ATÉ ANDRAJOSO – ONDE TUDO SEJA RITUAL, ESPONTÂNEO, NUM CONTEXTO DE SIGNOS E SÍMBOLOS. ACREDITO NA JUTA QUE, PELA LUZ DE UMA VELA, SE TRANSFORMA EM PRECIOSÍSSIMO BROCADO; ACREDITO NO GALHO DE ÁRVORE QUE É CAJADO, CETRO E SERPENTE: EM TUDO QUE MUDA PELO OLHAR MÁGICO DE UM GATO. [...]

A HUMANIDADE PRECISA DE POESIA E NÃO DE TEATRO 'COM GOSTO ARTIFICIAL DE POESIA'. A HUMANIDADE PRECISA DE MEIOS PARA ENTRAR EM CONTATO CONSIGO MESMA; PRECISA PODER GRITAR DE ANGÚSTIA SEM QUE SEUS GRITOS FIQUEM ABAFADOS POR HOLOFOTES E RUÍDOS DE ENGRENAGENS; PRECISA REENCONTRAR SEUS ESPAÇOS, SUAS LUMINOSIDADES, SUAS DECEPÇÕES; REENCONTRAR A COMPREENSÃO DE SEUS DESTINOS."

Gianni Ratto, em *A mochila do mascate*

1941

Ingressa na Escola para Oficiais em Fano, na costa adriática. Consegue cargo de escrevente, o que lhe permite desenhar à noite. Conhece Paolo Grassi, que estuda na mesma escola militar. Grassi obtém permissão para organizarem um musical satírico como espetáculo de formatura no belo teatro local, Teatro della Fortuna. Depois da guerra, fundariam juntos o Piccolo Teatro de Milão.

1942/3

Transferido com a tropa para a Grécia, permanece em Atenas durante um período, até desertar do Exército no fim de 1943 e se unir a membros clandestinos da Resistência grega reunidos nas montanhas. "Não imaginávamos naquele momento o que seriam os dois anos a seguir."

1944

6 de junho. Desembarque das tropas aliadas na Normandia, norte da França, com mais de cinco mil navios. Nova frente de guerra que determinou o início da derrota de Hitler.

Setembro. Morte do amigo fraterno Giorgio Labò, militante da Resistência italiana, torturado e assassinado pelos nazistas em Roma, nas Fossas Ardeatinas. Gianni recebe a notícia ao voltar da guerra. A correspondência com Mario prossegue até 1961.

1945

Volta à Itália no início do ano, antes do fim da guerra, atravessando o país destruído pelos bombardeios.

25 de abril. Os *partigiani*, exército italiano de resistência ao fascismo, entram em Milão e Turim, antecipando-se aos aliados. Fim da guerra. Mussolini, em fuga, é preso e fuzilado com sua amante, Claretta Petacci. Na Europa, a guerra termina em 8 de maio com a rendição do exército alemão.

Dezembro. Muda-se para Milão e estreia *Il lutto si adisce a Elettra*, de Eugene O'Neill, no Teatro Odeon, com direção de Giorgio Strehler, seu primeiro trabalho profissional como cenógrafo. O espetáculo é um sucesso e juntos realizam oito espetáculos no ano seguinte.

1946

Atua em todos os teatros históricos de Milão que estão reabrindo: Teatro Nuovo, Excelsior, Olimpia, Teatro della Pergola etc. Trabalha com vários diretores e realiza a cenografia de 26 espetáculos. Livres da censura fascista, queriam encenar textos contemporâneos e clássicos com a sensibilidade do presente.

1947

Com Giorgio Strehler e Paolo Grassi funda o Piccolo Teatro de Milão, a primeira companhia teatral pública italiana. O palco do antigo cinema é mínimo, mas os cenários de Ratto são grandiosos. O primeiro espetáculo, em maio, é *L'albergo dei poveri*, de Máximo Gorki, seguido por *I giganti della montagna*, último texto de Pirandello.

Convidado junto com o diretor Giorgio Strehler, realiza os cenários para *La traviata*, de Giuseppe Verdi, no Teatro alla Scala, templo mundial da música lírica. O trabalho é louvado e execrado, devido à ousadia e à inovação. Marca uma nova maneira de encenar ópera.

Em julho, estreia *Arlecchino, servitore di due padroni*, de Carlo Goldoni, espetáculo emblemático do Piccolo Teatro, em cartaz até hoje, completando setenta anos de êxito. Seguem-se outros seis espetáculos até dezembro, com sucesso de crítica e público.

1948

No âmbito do prestigioso Maggio Musicale Fiorentino, encena *A tempestade*, de Shakespeare, ao lado de Giorgio Strehler e da Cia. Piccolo Teatro, no Jardim de Boboli do Palazzo Pitti, em Florença, em meio às aleias e aos chafarizes renascentistas.

Riccardo II, de Shakespeare, e *Delitto e castigo*, de Gaston Blay, a partir de romance de Dostoiévski, ambos com direção de Giorgio Strehler e música de Fiorenzo Carpi.

Assassinio nella cattedrale, de T. S. Eliot, na igreja de San Francesco em San Miniato. Ratto constrói um falso vitral do tamanho do arco ogival do altar-mor.

Cenário para as revistas de maior sucesso, entre elas *Grand hotel*, com Wanda Osiris, e *Bada che ti mangio*, com Totò, que viram filme. Grande número de cenários com muita ironia e pompa hollywoodiana.

Gianni Ratto era "o cenógrafo", cortejado por todos, em todos os gêneros, em todo o país, da ópera à comédia e ao teatro de revista.

1949

L'assedio di Corinto, de Gioacchino Rossini, no Maggio Musicale de Florença.

Lulu, de Alban Berg, sobre textos de Wedekind. Festival de Música Contemporânea, Teatro La Fenice, Veneza.

É chamado pela crítica de "O Mago dos Prodígios".

1950

Cenários e figurinos para o balé *Pulcinella*, de Igor Stravinsky sobre tema de Giovanni Battista Pergolesi, no Teatro alla Scala. Regência de Nino Sanzogno. Coreografia de Boris Romanoff.

Carosello napoletano, de Ettore Giannini. Nápoles e sua história em cenas de gênero, dança e canções tradicionais. Estreia no Teatro della Pergola em Florença e viaja pela Europa e América Latina, inclusive Brasil.

1951

Figura no catálogo da cenografia italiana ao lado dos maiores pintores da época. Seu estilo é enquadrado na categoria "abstração espacial plástico-cromática" junto com Balla, Depero, Prampolini, Severini.

Convidado por Igor Stravinsky para realizar os cenários de *The Rake's Progress*. Estreia mundial no Teatro La Fenice de Veneza. Colabora regularmente com o Teatro alla Scala e realiza os cenários de seis novas montagens na temporada de ópera 1951-2, além do balé *Marsia*,

CRONOLOGIA

1916
Nasce, no dia 27 de agosto, em Milão, de família genovesa, durante a Primeira Guerra Mundial. A mãe, Maria Ratto, é pianista e compositora, formada no Conservatório Giuseppe Verdi, em Milão, com especialização no Conservatório Gioacchino Rossini, em Pesaro.
O pai, já casado, com duas filhas, não lhe dá o sobrenome.

1918
Mudam-se para Gênova.

1919
Os pais separam-se. Maria Ratto dá aulas particulares de música.

1920
Aos quatro anos de idade frequenta sessões da tarde no cinema com a mãe. Não entende a história, escrita na tela, mas acompanha a dramatização musical feita pelo piano tocado ao vivo.

1922
Benito Mussolini realiza "a marcha sobre Roma" e assume como primeiro-ministro com um programa nacionalista radical. Em 1925, passa a exercer poderes ditatoriais.

1928/9
Conhece o célebre diretor, ator e cenógrafo inglês Edward Gordon Craig, um dos grandes inovadores do teatro moderno, pai de uma aluna de canto de sua mãe.

1932
Inicia o Liceu Artístico. No mesmo ano, é aceito como aprendiz do arquiteto Mario Labò, um encontro que muda sua vida. O filho de Labò, Giorgio, torna-se seu melhor amigo, com quem compartilha fértil parceria artística, interrompida pela guerra e pelo fuzilamento de Giorgio pelos nazistas.

1934
Primeiro lugar no Concurso Universitário de Cenografia realizado no Teatro Carlo Felice, de Gênova. O tema, as *Sette Canzoni* de Gian Francesco Malipiero, trazia sete episódios musicais, cada um exigindo um cenário, que ele monta em um palco giratório. O prêmio nacional o leva a Veneza, de onde é obrigado a retornar antes do tempo "por não ter participado de um desfile em honra ao regime".

1935
O segundo lugar obtido em concurso promovido pela revista *Cinema* o faz ser admitido na disciplina de direção cinematográfica no Centro Sperimentale di Cinematografia, em Roma.

1938
Inicia o serviço militar na Sardenha. A permanência no Exército se estende até 1945, devido às restrições impostas pelas pretensões imperialistas do fascismo e pela Segunda Guerra Mundial.

1939
Em maio, a Itália fascista de Benito Mussolini estabelece um "Pacto de Aço" com a Alemanha de Hitler.

1940
A Itália entra oficialmente na Segunda Guerra Mundial do lado dos alemães.

1973

Cenários e figurinos de *Frank V*, de Friedrich Dürrenmatt, no Teatro São Pedro – São Paulo, e *Caminho de volta*, de Consuelo de Castro. Ambos com direção de Fernando Peixoto – São Paulo.

Cenários para *Dr. Fausto da Silva*, de Paulo Pontes, direção de Flávio Rangel. Teatro Glaucio Gill – Rio de Janeiro.

1974

Cenários de *Pippin*, de Roger O. Hirson e Stephen Schwartz. Musical com direção de Flávio Rangel. Teatro Adolpho Bloch – Rio de Janeiro.

1975

Direção, cenário e iluminação de *Os executivos*, de Mauro Chaves. Teatro São Pedro – São Paulo.

Cenários, figurinos e adereços para *Ricardo III*, de William Shakespeare. Direção de Antunes Filho. Teatro Municipal de Campinas.

Direção artística da Funterj (Fundação de Teatros do Rio de Janeiro).

Direção e iluminação de *Gota d'água*, de Chico Buarque e Paulo Pontes, que recusam o Prêmio Molière em protesto contra a censura de suas outras peças. Estreia no Teatro Tereza Raquel – Rio de Janeiro, segue para São Paulo em 1977, Brasília e Cidade do México em 1980.

1976

Cenário e iluminação de *Il tabarro* e *Gianni Schicchi*, de Puccini. Teatro João Caetano – Rio de Janeiro.

Cenários e figurinos de *Ponto de partida*, de Gianfrancesco Guarnieri, música de Sérgio Ricardo. Direção de Fernando Peixoto.

1977

Direção, cenário e figurinos das óperas de Carlos Gomes: *Salvador Rosa*, Theatro Municipal – São Paulo, e *Lo schiavo*, Teatro Municipal – São Paulo e Teatro Sodre – Montevidéu.

Cenários e figurinos para *Os saltimbancos*, de Chico Buarque, adaptação do original de Sergio Bardotti e Luis Bacalov. Teatro da Universidade Católica (TUCA) – São Paulo.

1978

Direção, cenário, figurinos e iluminação de *O grande amor de nossas vidas*, de Consuelo de Castro. Teatro Paiol – São Paulo.

Espaço cênico para *Murro em ponta de faca*, de Augusto Boal, com direção de Fernando Peixoto. Abordava a situação dos exilados políticos.

1979

Cenário e figurinos dos musicais *O rei de Ramos*, de Dias Gomes, com música de Chico Buarque e Francis Hime, no Teatro João Caetano – Rio de Janeiro, e *Lola Moreno*, de Bráulio Pedroso, com música de John Neschling e Geraldo Carneiro, no Teatro Ginástico – Rio de Janeiro.

Cenário para *Um rubi no umbigo*, de Ferreira Gullar. Direção de Bibi Ferreira. Teatro Casa Grande – Rio de Janeiro.

1980

Direção, cenário, figurino e luz de *Don Giovanni*, de Mozart. Theatro Municipal – Rio de Janeiro.

1982

Projeto e execução de cenário operístico para o filme *Fitzcarraldo*, de Werner Herzog – Manaus.

Cenário e figurinos de *Wozzeck*, de Alban Berg. Theatro Municipal de São Paulo.

Cenários para *Amadeus*, de Peter Schaffer. Teatro Adolpho Bloch – Rio de Janeiro.

Direção e iluminação de *Vidigal, memórias de um sargento de milícias*, de Millôr Fernandes, que assina também os figurinos. Teatro João Caetano – Rio de Janeiro.

1983

Cenários para *Vargas*, de Dias Gomes e Ferreira Gullar, e *Piaf*, de Pam Gems, com Bibi Ferreira. Ambos com direção de Flávio Rangel.

1984

Tradução, direção, cenário e iluminação de *Com a pulga atrás da orelha*, de G. Feydeau. É a quarta encenação da peça. Ratto dizia que, quando as coisas não iam bem, o melhor remédio era montar a *Pulga*, sempre um sucesso. Teatro Procópio Ferreira – São Paulo.

1986

Direção, cenário, iluminação e tradução de *Drácula*, de H. Dean e J. Balderston. Teatro Procópio Ferreira – São Paulo.

Cenário de *Cyrano de Bergerac*, de E. Rostand. Direção de Flávio Rangel. Teatro Cultura Artística – São Paulo.

1988

Direção, cenário, figurinos e luz de *O barbeiro de Sevilha*, de Rossini. Theatro Municipal – Rio de Janeiro.

1992

Cenário e iluminação de *A queda da casa de Usher*, ópera de Philip Glass baseada em conto de Edgar Allan Poe. Teatro São Luís – São Paulo. Cria o conceito de cenoplastia.

Festival de Comédia: Teatro Maison de France – Rio de Janeiro, com as peças *O velho ciumento*, de Miguel de Cervantes; *O médico volante*, de Molière (Ratto traduz o texto); *O ciúme de um pedestre*, de Martins Pena. Prêmios de melhor espetáculo, direção, cenografia, figurino, ator (Sérgio Brito) e atriz (Fernanda Montenegro).

1962

O homem, a besta e a virtude, de Pirandello, tradução, cenografia, figurinos e iluminação. Teatro Maison de France – Rio de Janeiro. Última peça do Teatro dos Sete.

1963

César e Cleópatra, de Bernard Shaw, com Cacilda Becker e Ziembinski como ator e diretor. Quinto dos seis espetáculos com Ziembinski: "Gianni faz sempre o contrário do que peço, mas é exatamente o que quero".

1964

Mirandolina, de Goldoni, reúne novamente o Teatro dos Sete. Apesar dos elogios da crítica, o grupo se dissolve.

Gianni trabalha como cenógrafo e diretor independente em montagens de teatro comercial, na direção e cenários de óperas, como também no teatro de acentuado engajamento político.

Direção e cenografia de *A dama do Maxim's*, de Georges Feydeau, com Tônia Carrero e Paulo Autran. Direção, cenário, figurinos e iluminação de *Werther*, de Massenet. Teatro Sodre – Montevidéu.

1966

Direção e cenário para *Se correr o bicho pega, se ficar o bicho come*, de Oduvaldo Vianna Filho e Ferreira Gullar. Com Cleide Yáconis, Antonio Pitanga, Marieta Severo e Hugo Carvana. Terceira peça do Grupo Opinião, que centralizava o teatro de protesto.

Cenário e figurinos para *O santo inquérito* de Dias Gomes, direção de Ziembinski, Eva Wilma no papel de Branca Dias. Primeira encenação do texto, que faz uso de episódio da Inquisição como alegoria da repressão política presente.

1967

Direção e iluminação de *Tosca*, de Puccini. Direção, cenário, figurinos e iluminação de *I pagliacci*, de Leoncavallo, e *Cavalleria rusticana*, de Mascagni. Theatro Municipal – Rio de Janeiro.

A saída, onde fica a saída?, de Antonio Carlos Fontoura, Armando Costa e Ferreira Gullar. A direção é de João das Neves. Ratto assina cenário e Iluminação. Teatro Opinião - São Paulo.

Direção de *Isso devia ser proibido*, de Bráulio Pedroso e Walmor Chagas, com Cacilda Becker.

1968

Funda o Teatro Novo, no qual reunia também dança e música, cursos e palestras. Trouxe para o Brasil o coreógrafo de vanguarda Merce Cunningham e o músico dodecafônico John Cage, entre outros.

Encomendou textos a Pablo Neruda. O projeto, realizado com Fernando Pamplona, Tatiana Memória e o financiamento do mecenas Paulo Ferraz, não completou um ano de atividades. Fechado pelos militares.

Estreia com *Ralé*, de Máximo Gorki, a mesma peça que havia estreado o Piccolo Teatro de Milão vinte anos antes (1947). Publica um caderno sobre Gorki com ensaios de Clarice Lispector, Antonio Houaiss e Otto Maria Carpeaux.

Tradução e direção de *Ubu rei*, de Alfred Jarry. A irreverente alegoria do poder tirânico é encenada com atores e bonecos. Programada para o Teatro Novo – Rio de Janeiro, a peça é realizada no Teatro Itália – São Paulo, em 1969.

Cenário para *Rhythmetron*, de Marlos Nobre, peça para dez instrumentos de percussão, por encomenda da Cia. Brasileira de Ballet do Teatro Novo. Coreografia de Arthur Mitchell.

O pequeno príncipe, de Saint-Exupéry. Direção, cenários, iluminação e figurinos.

Dura lex sed lex, no cabelo só Gumex, de Oduvaldo Vianna Filho. Direção de Gianni Ratto. Música de Dori Caymmi e Francis Hime. Teatro Mesbla – Rio de Janeiro.

1969

Beco sem saída, de Arthur Miller. Direção, cenário e iluminação de Gianni Ratto. Teatro Princesa Isabel – Rio de Janeiro.

Decepcionado com o desfecho do Teatro Novo, abandona o teatro e vai viver sozinho na praia de Maricá, RJ, então deserta.

1971

Abelardo e Heloísa, de Ronald Millar. No auge da repressão política, o drama epistolar medieval marca o retorno de Gianni ao teatro e o início da colaboração com Flávio Rangel, com quem realizaria treze espetáculos.

A década é marcada pela realização de 45 espetáculos. São anos de censura e perseguição a qualquer suspeita de subversão.

1972

Direção, cenários, figurinos e iluminação de: *A grande imprecação diante dos muros da cidade*, de Tankred Dorst, metáfora da inconformidade à ordem constituída.

Fígaro, de Beaumarchais, sátira da aristocracia decadente encenada com atores negros, invertendo a hierarquia social das raças na distribuição dos papéis.

Os espetáculos no Teatro São Pedro – São Paulo, do empresário Mauricio Segall, marcam a resistência à ditadura e foram alvo de repressão política, com a prisão e tortura do empresário.

A capital federal, de Artur Azevedo, com as partituras originais, recuperava o humor e a sátira política do teatro de revista. Teatro Anchieta/Sesc Consolação – São Paulo.

de Dallapiccola, e *El amor brujo*, de Manuel de Falla, no Teatro dell'Opera de Roma.

1952
Cenários para *Il ratto dal serraglio*, de W. Mozart, com Maria Callas, na época casada com o empresário italiano G. B. Menghini.

1953
Cenário para *Incoronazione di Poppea*, de Monteverdi, Teatro alla Scala. Temporada do Piccolo Teatro de um mês no Teatro Marigny em Paris: *Seis personagens* e *Arlecchino*.

1954
Em janeiro, estreia *Lucia di Lammermoor*, de Gaetano Donizetti, com Maria Callas, Di Stefano e Tito Gobbi, e regência e direção de Herbert von Karajan.

Vai embora da Itália no mesmo mês, no auge do sucesso. Deixa a herança de 120 espetáculos realizados em nove anos. Os desenhos estão hoje conservados nos arquivos dos principais teatros italianos, tombados como patrimônio histórico.

Transfere-se para São Paulo a convite de Maria Della Costa e Sandro Polônio, com a motivação de dirigir. O primeiro espetáculo é *O canto da cotovia*, de Jean Anouilh, com Maria Della Costa. Ratto assina a direção, cenários e iluminação.

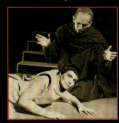

1955
A moratória, de Jorge Andrade, autor encenado pela primeira vez. Estreia de Fernanda Montenegro como protagonista. Teatro Popular de Arte – São Paulo.

Com a pulga atrás da orelha, de Feydeau, a primeira de muitas encenações da peça, que foi sempre sucesso. Teatro Popular de Arte – São Paulo.

Diálogo das carmelitas, direção, cenário e iluminação, no Teatro Copacabana – Rio de Janeiro.

1956
Dirige dois espetáculos para o TBC: *Eurídice*, de Jean Anouilh, e *Nossa vida com papai*, de Howard Lindsay, com Fernanda Montenegro e Fernando Torres.

1957
Direção e iluminação de *Pedro Mico*, de Antonio Callado, cenários de Oscar Niemeyer.

Guerra do alecrim e da manjerona, de Antonio José da Silva, o Judeu, cenário e figurino de Millôr Fernandes. E também *É de xurupito!*, teatro de revista de Walter Pinto.

1958
Cenário e figurinos de *O santo e a porca*, de Ariano Suassuna, e de *Jornada de um longo dia dentro da noite*, ambos com direção de Ziembinski. Teatro Dulcina - RJ.

Leciona na Universidade da Bahia, que na ocasião reúne também Koellreutter e Lina Bo Bardi.

Encena *As três irmãs*, de Tchekhov, e *O tesouro de Chica da Silva*, de Antonio Callado.

Em dezembro volta à Itália, onde permanece até julho de 1959. Intensa correspondência com Fernando Torres e Fernanda Montenegro, preparando o Teatro dos Sete, com a convicção: "Para que haja um teatro nacional é necessário que haja autores nacionais."

1959
É fundado o Teatro dos Sete.

O mambembe, de Artur Azevedo. Theatro Municipal - Rio de Janeiro. Recebem os prêmios: melhor espetáculo, direção, cenografia, ator e atriz.

A profissão da senhora Warren, de Bernard Shaw. Teatro Copacabana Palace – Rio de Janeiro.

A dança dos toureadores, de Jean Anouilh, direção de Augusto Boal. Teatro de Arena de São Paulo.

1960
Cristo proclamado, de Francisco Pereira da Silva. Depois do grande sucesso das duas peças anteriores, a encenação despojada com retirantes andrajosos no palco do Teatro do Copacabana Palace choca o público e é um fracasso. São chamados de esquerdistas.

Cenários para dois textos inéditos dirigidos por Ziembinski: *Sangue no domingo*, de Walter G. Durst, e *Boca de Ouro*, estreia do texto de Nelson Rodrigues no Teatro da Federação – São Paulo, e depois temporada no Teatro Cacilda Becker – São Paulo.

Descobrimento do Brasil, de Heitor Villa-Lobos, falecido no ano anterior. Quatro suítes sinfônicas sobre as quais Ratto roteiriza um bailado épico.

Com a pulga atrás da orelha, remontada com grande rapidez, salva as finanças da companhia. Fica um ano em cartaz.

1961
O beijo no asfalto, de Nelson Rodrigues, direção de Fernando Torres, cenário de Ratto. Nelson acompanha os ensaios no Teatro Ginástico - Rio de Janeiro.

1993

Direção e iluminação de *Porca miséria*, de Jandira Martini e Marcos Caruso. Teatro Bibi Ferreira – São Paulo. O espetáculo, com elenco brilhante, foi um sucesso absoluto de público. Ficou seis anos em cartaz.

1995

Trabalha como ator no filme *Sábado*, de Ugo Georgetti, no qual interpreta o cadáver de um velho nazista encontrado em um quarto de um antigo prédio.

1996

Cenário para ópera *Café*, de H. J. Koellreutter, baseada em texto de Mário de Andrade. Teatro Municipal de Santos.

Publica *A mochila do mascate*, uma autobiografia.

Direção, cenário e iluminação de *Morus e seu carrasco*, de Renato Gabrielli, música de Oliviero Pluviano. Teatro Ruth Escobar – São Paulo.

Prêmio Shell pela contribuição ao teatro brasileiro.

1998

Participa, ao lado de artistas como José Celso Martinez Corrêa, Mariana Lima e Eduardo Tolentino, do Arte contra a Barbárie, movimento cultural que produziu debates, manifestos e propostas para políticas públicas de cultura.

1999

Publica o *Antitratado de cenografia* pela Editora Senac São Paulo.

2000

Cenário e iluminação de *O acidente*, de Bosco Brasil, sob direção de Ariela Goldman, com quem colaboraria também na encenação de *Novas diretrizes em tempos de paz* (2002) e *O dia do redentor* (2003), do mesmo autor.

2002

Publica *Crônicas improváveis*, editora Códex, São Paulo.

Recebe o Prêmio Shell pelo conjunto da obra.

2004

Cenário e iluminação para *Sábado, domingo e segunda*, de Eduardo De Filippo. Teatro das Artes – São Paulo.

2005

Publica *Noturnos*, Editora Códex, São Paulo.

Morre em sua casa em São Paulo, no dia **30 de dezembro**.

FOTOGRAFIA DE CENA
"CRISTO PROCLAMADO", de Francisco Pereira da Silva
Teatro Copacabana, 1960

"EU ESTAVA FUGINDO DE TUDO QUE, JUNTAMENTE COM O ÊXITO ALCANÇADO PROFISSIONALMENTE, TINHA INFERNIZADO A MINHA VIDA. [...] EU ESTAVA FUGINDO, E FUGINDO NÃO QUERIA DEIXAR RASTROS. POUQUÍSSIMOS SABIAM QUE IRIA PARA O BRASIL, E ESSES POUQUÍSSIMOS NÃO COMPREENDIAM E NÃO ACEITAVAM ESSA DECISÃO. E ACABEI INDO EMBORA SEM ME DESPEDIR DE NINGUÉM A NÃO SER DE MINHA MÃE, QUE ME ACOMPANHOU ATÉ O NAVIO. [...] RIA PRESSENTINDO UM CHEIRO DE LIBERDADE, A IMAGEM DO MAR REVOLTO; RIA PENSANDO EM UM PAÍS QUE NÃO CONHECIA, UM TANTO ENFATIZANDO O FOLCLORE DAS NOTÍCIAS DESENCONTRADAS; [...] MAS RIA PRINCIPALMENTE PELO FATO DE QUE SABIA, E DISSO EU TINHA CERTEZA, QUE IRIA INICIAR UMA NOVA VIDA..."

Gianni Ratto, em *A mochila do mascate*

BRASIL

GIANNI NO BRASIL

Sérgio de Carvalho

Para Vaner Ratto

Gianni Ratto, mais do que um grande encenador, foi também um mobilizador do moderno teatro no Brasil. E se a tarefa não deixou o mesmo rastro visível de seus espetáculos notáveis, não foi menos importante, num país em que a vida cultural se dá entre um ciclo e outro de terra arrasada. Poucos, dentre os muitos artistas estrangeiros que trabalharam no Brasil, se integraram como ele de modo tão completo à nossa vida teatral, que chegou a ser chamado de "assimilado" por certo adido cultural italiano, observação que o irritou pela sugestão de passividade contida na fórmula. A rigor, foi ele quem deliberadamente se esforçou para interagir com o que lhe parecia uma cultura inclassificável, mantendo-se distante de qualquer intenção de "elevar" nossa cena teatral aos padrões estéticos internacionais, não apenas porque duvidava da verdade da proposta, mas também porque admirava a vivacidade das formas incertas.

Sua capacidade de influenciar movimentos inesperados de nosso teatro moderno se deve, ainda, à especificidade de um trânsito raro. Trabalhava nas funções mais especializadas e nas mais integradoras dentre as possíveis na arte do espetáculo. Foi cenógrafo, iluminador, mas também um encenador interessado na fusão das artes. Transitou entre a cena dramática e a lírica, com incursões em experimentações épico-populares. Pareceu, à certa altura, sonhar com um teatro capaz de se atirar para fora do teatro, tanto no sentido das convenções estéticas

quanto da institucionalização. Foi ainda professor em lugares variados, a ponto de sua impressionante produção cênica, quantidade hoje inimaginável, ser apenas a parte de sua enorme contribuição em torno da qual as outras ações se articulam.

Foi como mobilizador que o conheci. Na década de 1990, quando completava 80 anos, tempo em que a cena política estava fora de moda, ele era um articulador das reuniões que engendraram o "Arte contra a Barbárie", talvez o último grande movimento dos artistas de São Paulo no século XX. É impossível para mim comentar seu trabalho sem tratá--lo pelo primeiro nome: o que Gianni propunha naquelas conversas era a necessidade de que artistas de origens variadas discutissem o sentido de se fazer teatro, atividade que para ele perdia a função social diante da avalanche da cultura mercantil da década. Lembrava-nos: é preciso refazer as perguntas fundamentais. O que é teatro? Para quem? Lamentava, entre outras coisas, o desaparecimento de práticas como a vaia; e imaginava, então, uma escola para espectadores, algo que de certo modo realizou mais tarde, em 2001, quando, a convite de Celso Frateschi, coordenou um "programa de formação de público" junto à prefeitura de São Paulo. Nos encontros com jovens artistas, em sua casa, ele dizia que um palco vivo dependia de uma plateia ativa, e que os anos de ditadura destruíram no público a capacidade de pensar a relação cena-mundo, no mesmo compasso em que o teatro se fechava sobre si mesmo. Os encontros logo se transferiram para o Teatro de Arena, foram encampados por mais grupos de teatro, e em pouco tempo geraram manifestos nos jornais, debates em teatros lotados e conquistas inéditas na área de políticas públicas.

"O segredo da vida é o encontro das gerações." Essa é a dedicatória que antecede o autógrafo à minha edição de *A mochila do mascate*, seu livro de memórias. A frase não era retórica para quem, nos últimos anos, se converteu num antirretórico radical: era uma sugestão de conduta historicizante que procuro seguir, aprendida entre o artesanato e a grande arte, feita por alguém que buscava a simplicidade através da depuração do complexo.

Daquele livro lindo e incomum, de lembranças não lineares de um "mascate", extraio um episódio que me parece revelador do vínculo de Gianni com o Brasil. Em 1963, ele conheceu o cenógrafo tcheco Joseph Svoboda, mestre no uso da caixa preta, por quem tinha grande admiração. À época, era diretor no Theatro Municipal do Rio de Janeiro e não deixou escapar a oferta de uma colaboração com Svoboda, de passagem por aqui para participação na Bienal de São Paulo. Convida-o a cenografar *L'italiana in Algeri*, prevista na programação, melodrama cômico de Rossini que não chegou a se realizar. O encontro serviu para que Gianni verificasse que o plano matematizado concebido por Svoboda, que parecia de início contrariar a alegria cênica ondulante pedida pela música, na verdade a intensificava. Propõe ao tcheco, então, uma viagem de automóvel às cidades históricas de Minas Gerais. Em meio ao passeio, espanta-se com a indiferença de Svoboda diante das obras-primas do barroco mineiro. Como era possível que um artista tão extraordinário não se impressionasse com a estatuária e arquitetura das Gerais, demonstrando interesse somente pela natureza? De que modo a capacidade de produção estética contraditória não se traduzia em interação com um mundo realmente diferente? Refletindo sobre a passagem, em suas memórias, Gianni anota: "Aí me lembrei que também eu, recém-chegado ao Brasil, olhava com um interesse muito limitado para a arte daqui, especialmente para o Aleijadinho e todo o barroco de seu tempo, e que somente mais tarde, depois de um período de adaptação, consegui perceber valores não percebidos"[1]. Svoboda ainda partilhava o senso comum do viajante europeu culto que compara o barroco europeu ao brasileiro como se fossem análogos, o que conduzia ao juízo fácil de que o estilo grandiloquente

da metrópole aqui se diluiu num hibridismo menor. "Uma postura evidentemente altiva e um tanto reacionária", dirá Gianni de si próprio, "que mais tarde ficou cancelada pela descoberta do que antes não tinha sabido ver."[2]

Àquela altura ele estava havia 9 anos no Brasil, num momento de reavaliação de seu ofício, quando hesitava entre participar ou não de modo mais ativo dos processos culturais e políticos de um país à beira do golpe. Já compreendia a peculiaridade de nossas manifestações estéticas, que exigem uma nova produtividade do olhar. A memória da escravidão está nas imagens tortas das figuras do Aleijadinho e sua beleza mortuária dá testemunho da violência da dominação. Entretanto, é preciso saber ver. Quando Gianni chegou a essa percepção sobre o constitutivamente estranho de nossa produção, ele transitava entre os operários e os patrões do nosso meio teatral. Por essa proximidade dos ofícios manuais, já conhecia o quanto nossas formas de arte aludem a algo além delas, e talvez por isso tenha sempre preferido, até o fim da vida, considerar-se um artesão do teatro.

Sua chegada ao Rio de Janeiro no ano de 1954, a convite de Maria Della Costa e Sandro Polônio, se deu, no entanto, num momento de esperança de avanço histórico nessas relações que ainda tornam nossa produção cultural um adorno sem lugar social. Eram os anos em que um certo imaginário de integração nacional animou o teatro do país, estimulando o surgimento de uma geração de artistas. O casal que o convidava para trabalhar aqui realizava uma experiência incomum com seu Teatro Popular de Arte, pequena companhia formada em 1948 no Rio de Janeiro e que combinava o impulso da renovação trazido pelo teatro estudantil (herdeiro da militância de Paschoal Carlos Magno) com a procura de uma consciência técnica moderna, dada pela escolha de textos excelentes (chegaram a adaptar o *Wozzeck*, de Büchner). Vinham de trabalhos

---

1. Gianni Ratto, *A mochila do mascate*, op. cit., p. 172.
2. *Ibidem*.

com encenadores estrangeiros, como o polonês Ziembinski e o italiano Ruggero Jacobbi, também intelectual brilhante. E a companhia trazia no nome o ideal, mais tarde teorizado por Jacobbi, de conjugar atitude clássica sofisticada e realizações artísticas populares, algo que estava fora do campo de interesses de nossa elite cultural. Não há dúvida de que o autoproclamado ecletismo de Gianni contém a mesma matriz antiburguesa, a mesma vontade de conjugar consistência interna e interesse público, ainda que só a qualidade da conexão entre prática de arte e vida social evite que tais ideais se convertam em ideologia de tons aristocráticos.

Em sua chegada em 1954, Gianni se depara com outro tempo do Teatro Popular de Arte, em breve rebatizado de Companhia Maria Della Costa, após o deslocamento para São Paulo e a inauguração de um edifício teatral próprio. A fundação recente do TBC, Teatro Brasileiro de Comédia, com seu corpo de encenadores italianos e procura de repertório menos convencional, já havia reorganizado o debate sobre a modernização da cena brasileira. Ainda que o nome futuro da Companhia Maria Della Costa sugerisse uma regressão ao velho esquema da empresa controlada pela atriz-proprietária, o repertório de inauguração da casa deixava claro que o possível culto ao estrelismo teria de se haver com um conjunto de artistas preparados. Para Gianni, *O canto da cotovia*, de Jean Anouilh (1910-1987), com Maria Della Costa no papel de Joana D'Arc, era também um espetáculo de batismo: o cenógrafo italiano assumia-se encenador. Imagens e depoimentos sobre *O canto da cotovia* sugerem que sua força visual era enorme, dada pela mutabilidade do espaço, composto por áreas em desnível, em diálogo com os figurinos da parceira Luciana Petrucelli, muito presente nesses trabalhos. Escadas e janelas eram alteradas pela iluminação e se transmudavam em casebre, tribunal ou catedral. Gianni concebeu cada detalhe do espetáculo, que se movia em torno da beleza desamparada da protagonista.

Não há dúvida de que o espetáculo mais importante da companhia seria *A moratória*, encenação de 1955 do texto de Jorge Andrade (1922-1984). Feito na sequência de uma comédia ligeira de Feydeau, dentro do princípio "tebecista" de alternância entre uma peça antiga de apelo comercial e uma de qualidade estética moderna, *A moratória* foi sugerida por Décio de Almeida Prado a partir do interesse de Gianni em conhecer novos autores. Em certo sentido, começa ali a moderna dramaturgia brasileira como projeto geracional. O espetáculo teve, a rigor, muito mais importância do que a celebrada encenação de *Vestido de noiva*, de 1943, saudada por critérios formais. Tanto a peça como a cena indicavam um novo modelo na relação entre teatro e matéria social brasileira. O drama dos indivíduos deixava de ser um ideal postiço, e a cidade já podia refletir sobre o passado rural. A cena simples de Gianni procurava enfatizar essa tensão entre épocas, sem estilizações ou naturalizações excessivas, mas valendo-se de ambas as possibilidades representacionais. Para isso, contava com uma equipe e uma atriz fora do comum, Fernanda Montenegro, a quem Maria Della Costa cedeu o papel principal, num gesto que dá testemunho de sua postura ética.

Gianni ainda faria outros trabalhos com o grupo. Dirige *A ilha dos papagaios*, de Sergio Tofano, e faz a cenografia de *Mirandolina*, de Goldoni, com direção de Jacobbi, ambos de 1955. Eram os anos em que a procura de uma nova cena impunha a experimentação com novos modos de trabalho, momento em que o pequeno Teatro de Arena, formado por egressos da Escola de Arte Dramática (onde em 1956 Gianni dirige mais de um espetáculo com alunos), se politizava a ponto de converter-se em referência para uma teatralidade nacional-popular.

Nos primeiros anos no Brasil, Gianni atende aos chamados de trabalho que lhe são feitos, reconhecido como profissional de excelência técnica. Desse ângulo, tomará contato com o personalismo local já praticado pela comunidade ítalo-paulista. Sua breve passagem pelo TBC de Franco Zampari, em 1957, aonde fora levado e posto em banho-maria, num típico contrato de neutralização da concorrência, é exemplo disso. Colabora ali em duas montagens, uma delas um divertimento insignificante, *Minha vida com papai*, peça de Howard Lindsay e Russel Crouse, sucesso na Broadway no fim dos anos 1930, e outra, feita meses antes, *Eurídice*, de Anouilh, que Gianni considerava um de seus melhores trabalhos cenográficos, apesar da pouca repercussão. Sua tentativa de instauração de um departamento de teatro do Museu de Arte de São Paulo (MASP), de Bardi, tinha vínculos com o mesmo circuito de relações pessoais.

Abre, em paralelo, uma frente de colaborações no Rio de Janeiro, onde produz cenografias e dirige espetáculos da Companhia Nacional de Comédia, empresa estatal ligada ao Serviço Nacional de Teatro. Por onde passa, segue empenhado em elevar o padrão técnico das equipes, o que o obriga a ações formativas. Interessa-se cada vez mais pela representação brasileira como se vê no mais arrojado projeto do período, a montagem de *Guerras do alecrim e da manjerona*, texto oitocentista do "judeu" Antonio José, escrito originalmente para ópera de bonecos e encenado por Gianni com vestes contemporâneas, em estilo de comédia popular brasileira. A mesma tendência o leva, no ano seguinte, 1958, a colaborar com Ziembinski nos cenários e figurinos de *O santo e a porca*, peça de Suassuna inspirada no tema do avarento de Plauto e Molière.

No entanto, o trabalho da representação brasileira exigia uma reflexão que superasse as questões temáticas ou formais. Era preciso criar novos ambientes de trabalho para além dos nossos arremedos de instituições teatrais. Gianni, atento à dificuldade de relações de alteridade em nossos meios culturais, idealizou, então, o projeto de uma cooperativa de encenadores. Um grupo de cinco artistas reunidos deveria trabalhar de modo colaborativo. Quando um dos integrantes assumisse a direção, os outros atuariam em funções variadas, assistência, cenografia, figurinos, contrarregra. A resposta do primeiro consultado, João Bethencourt, com quem Gianni trabalhava no Teatro Nacional de Comédia, foi direta: "E eu, quanto ganharia com isso?" Não só surge na frase a regulação escancarada do dinheiro, impressionante para qualquer estrangeiro que chega ao Brasil, mas também a aversão ao trabalho subalterno. Sem perspectiva de uma relação ética entre indivíduos, construída politicamente, resta o individualismo cru: "O sentido da coletividade não se alia a conceituações brasileiras, e, no caso do teatro, cede lugar a um individualismo feroz, hipócrita e medíocre. Não há uma preocupação de cidadania nem na comunidade em geral, nem no teatro em particular"[3].

Em 1958, Gianni aceita o convite para um trabalho de docência artística em Salvador, Bahia, junto a um dos mais interessantes projetos de escola de teatro da história do país, dirigido por Martim Gonçalves, também cenógrafo. Passa ali um ano. O contato com essa "gigantesca Ouro Preto na beira do mar", com seu barroquismo de outro tipo, dado pela presença africana em outro ciclo histórico, manifesta-se nos espetáculos feitos com alunos. Encena *As três irmãs*, de Tchekhov (montagem do "mais brasileiro dos escritores europeus" pela qual Gianni tinha carinho) e *O tesouro de Chica da Silva*, de Antonio Callado, autor que produziu uma dramaturgia de temática histórica. O anedotário dos conflitos entre Gianni e Martim Gonçalves (acusaram-se mutuamente de autoritarismo!) oculta o fato de que ambos partilhavam daquele mesmo ideal de uma arte experimental-clássico-popular que constitui a linha crítica paralela da modernização teatral no Brasil, esquecida pela historiografia mais identificada com o aburguesamento do consumo cultural.

Sem forçar coerências impensadas, é possível dizer que a fundação do Teatro dos Sete, no Rio de Janeiro, um dos mais importantes projetos feitos por Gianni, ia

---

3. *Ibidem*, p. 194.

além da continuidade do contato iniciado em *A moratória*, quando dirigiu aquele grupo composto por Fernanda Montenegro, Sérgio Britto e Fernando Torres, entre outros. Depois do Piccolo Teatro de Milão, pela primeira vez Gianni participava de um projeto concebido coletivamente, em que não mais o ator protagonista nem o empresário conduziriam o trabalho, e sim propostas de encenação voltadas à formação de uma cultura teatral. Como indica o número do nome, a ideia era uma variante do Théâtre des Cinq francês, modelo sugerido aos diretores. Sendo o mais experiente, Gianni acabaria por assumir uma posição forte no grupo. Eram, porém, artistas que conceituavam o que faziam e tinham interesse na arte da atuação, e que não por acaso se tornaram referências de sua geração. O equivocado retorno à Itália ocorrido meses antes e a experiência da Bahia tiveram implicações autocríticas para Gianni e algo disso se verá no trabalho dos Sete. A escolha da peça inaugural, em 1959, a comédia musical de Artur Azevedo *O mambembe*, escrita em 1904, foi sugerida por Fernanda Montenegro, mas sua conversão numa reflexão sobre o teatro brasileiro se deve à forma da encenação. Na história ingênua da companhia itinerante novecentista, apresentada com detalhismo pictórico luminoso, num espetáculo que envolvia mais de oitenta pessoas, entre atores e técnicos, o trabalho teatral antigo é confrontado com o atual, e o divertimento popular expõe seu lado de análise da arte no mundo da mercadoria.

Com o Teatro dos Sete, Gianni ameaça inscrever-se de modo mais agudo nos interesses sociais de seu tempo. Mas a estreia de *O mambembe* ocorrera no Theatro Municipal do Rio de Janeiro. Em agosto de 1960, a companhia trabalha na peça *O Cristo proclamado*, de Francisco Pereira da Silva. O tema da manipulação eleitoral dos retirantes nordestinos é encenado a partir de cuidadosa pesquisa de campo no sertão, o que leva Gianni a decidir-se por uma cenografia despojada. Um fundo de pano de estopa é colorido pela luz e recebe projeções. Iniciava-se para ele

um movimento de essencialização da cena. A ausência torna-se tão importante no teatro quanto a presença, dirá ele mais tarde, quando perde o interesse na cenografia como ambientação previamente concebida. *O Cristo proclamado* surge, entretanto, no momento em que as Ligas Camponesas se organizavam no Nordeste. O tema da peça, para além da crítica ao populismo, alude à luta de classes real. A estreia no mais elitista dos palcos cariocas, o teatro do hotel Copacabana Palace, em montagem despojada de tema agudo, conduz à reação previsível, e o belo espetáculo fracassa, sendo retirado de cartaz após vinte dias.

Na ocasião, Gianni não entendeu a importância da linha de trabalho que ali se apresentava. Em *A mochila do mascate*, manifesta esse "remorso" por não ter compreendido um de seus melhores espetáculos e lamenta não ter sido "mais coerente e duro comigo mesmo em relação ao meu futuro"[4]. Sem condições de dirigir-se a outros públicos, viverá os anos intensos que antecederam o golpe de 1964 numa espécie de reclusão num "puro profissionalismo", fase das menos criativas de sua vida profissional, de acordo com suas palavras. Segue colaborando com a ópera no Municipal do Rio, organiza um bom espetáculo com o Teatro dos Sete, o *Festival de comédia*, a partir de peças de Cervantes, Molière e Martins Pena (dizia na ocasião estar interessado numa unidade comum a várias teatralidades latinas), sempre com encenações de grande qualidade e sem maiores riscos de confronto entre palco e plateia, como as tantas que fez para o teatro lírico. Sua última direção com o Teatro dos Sete será *Mirandolina*, de 1964, um ano antes da extinção do grupo.

Os vinte anos de ditadura surgem nas memórias de Gianni "envolvidos numa névoa". Sentia-se, como estrangeiro, impossibilitado de "tomar atitudes políticas". Proclamava reiteradamente seu apartidarismo, o que se confundia com um temor do fascismo que conheceu de

---

4. *Ibidem*, p. 216.

perto, agora em versão brasileira. A partir de 1965, porém, intensifica sua colaboração com alguns dos melhores artistas de esquerda da época, aqueles que procuraram ir às ruas antes de 1964. Vianinha e João das Neves eram dois desses militantes dos CPCs, centros populares de cultura, que retornavam ao teatro profissional após a interdição de toda arte política que tivesse contato com movimentos sociais. Restritos a atuar em pequenos teatros, encontraram, entretanto, o sucesso de crítica e público com o show *Opinião*, que batizará o grupo. Em 1966, Gianni é convidado a dirigir o espetáculo *Se correr o bicho pega, se ficar o bicho come*, a mais coletiva das criações do Opinião e que ao mesmo tempo o estrutura como empresa. Gianni atribui ao próprio desânimo criativo a falta de "uma maior dimensão participante", que poderia ter dado à cena o "tom de desespero" e de "mordacidade crítica" de que ela precisava, para além de sua comicidade farsesca. Contudo, a repercussão do espetáculo é grande e o reaproxima de um teatro brasileiro crítico. Retoma, assim, seu contato com autores brasileiros. Isso se vê no trabalho seguinte, no mesmo ano (*O santo inquérito*), feito com Dias Gomes, autor com quem dialogava desde *O pagador de promessas* – peça que, como relata Gomes em sua biografia, contou com a colaboração de Gianni em sua fase de escrita.

Àquela altura, uma geração da moderna dramaturgia brasileira se aproximava de uma questão-limite: de que maneira seria possível conjugar a radicalização estético--política solicitada pela realidade com a sobrevivência comercial? Em 1967, a companhia estatal do Teatro Nacional de Comédia fechava as portas, significativamente com um texto de Jorge Andrade, *Rasto atrás*, com direção de Gianni. Não seria mais em ambientes governamentais que a voz do tempo teria lugar. Em paralelo, Gianni acompanha a crise do Opinião em torno do processo de *A saída, onde fica a saída*, peça de quadros antimilitaristas com a qual colabora em cenários e iluminação. O grupo passa a ser alvo da própria esquerda, como se vê nas críticas à peça seguinte, *Meia volta*

vou ver, acusada de propor "compensações subjetivas" para a burguesia progressista, desolada por 64.

Naquele ano-limite, 1968, Gianni é convidado para a direção cênica de uma nova companhia de dança. A proposição de Regina Ferraz, primeira bailarina do Municipal do Rio, vinha com o aval econômico de seu marido, Paulo Ferraz, empresário ligado aos estaleiros Mauá. Gianni propõe ao casal reformar um teatro velho, o República, e nele constituir um espaço de intercâmbios artísticos. O projeto, sem par na nossa história teatral, se amplia a ponto de o local se configurar como um teatro de ideais públicos, em que ações formativas de longo prazo seriam combinadas a atividades de arte livres, protegidas do vaivém do mercado. Planejam espetáculos de música e dança, estabelecem um corpo estável para encenações de obras clássicas e experimentais, cursos de história da arte, festivais de teatro de bonecos e de canção popular, publicações de alto nível, como testemunha a única edição em memória de Gorki, com colaboradores como Otto Maria Carpeaux e Clarice Lispector. A integração das formas e a inscrição social orientariam as escolhas estéticas e formativas. O espetáculo inaugural do Teatro Novo foi *Ralé*, do citado Máximo Gorki, o mesmo texto escolhido vinte anos antes para a abertura do Piccolo Teatro de Milão, com Grassi e Strehler. A encenação, com elenco jovem, teve temporada inaugural lotada. O simbolismo da escolha de um drama social russo se potencializava com a demonstração de condições produtivas de excelência: a junção entre temática social e público jovem, que podia ir ao teatro com os ingressos a preços populares, e a própria força agregadora da empreitada não passaram despercebidas às autoridades num momento em que o país estava próximo ao Ato Institucional n° 5. A apresentação de *O pequeno príncipe* pela companhia de dança do Teatro Novo não foi inócua o suficiente para diminuir o impacto da abertura da casa. Durante os ensaios de *Ubu rei*, de Jarry, imaginado por Gianni como alegoria do "grotesco da ditadura e o trágico de suas consequências"[5], o teatro foi invadido por militares e os alunos foram revistados. Horas depois, seu fechamento foi decretado por "instâncias superiores" e comunicado pelo empresário das docas.

Pouco antes, Gianni se articulara com Vianinha e Paulo Pontes, recém-saídos do Opinião, em torno de um projeto que estava naqueles mesmos dias à beira de estrear, o Teatro do Autor Brasileiro, companhia de sócios com interesses em dramaturgia. Pouco após a invasão do Teatro Novo, estreia *Dura lex sed lex, no cabelo só Gumex*, revista política de Vianinha, musicada por Francis Hime, Dori Caymmi e Sidnei Waissman, em torno da descida da Virgem (substituída pela princesa Isabel) à Terra para resolver os problemas da América Latina. A encenação de Gianni valorizava um texto inteligente, o que não impediu seu fracasso comercial e a partilha das dívidas.

As interrupções do Teatro Novo e do Teatro do Autor Brasileiro evidenciavam que teatro à altura do tempo não teria mais lugar no nosso frágil sistema das artes, sentimento confirmado pelo insucesso do *Ubu* em sua versão paulista, feita com bonecos e atores mascarados (em colaboração com Ilo Krugli) em 1969.

Em meados de 1970, Gianni se retira da vida teatral. Isola-se numa praia por mais de um ano e só retorna aos palcos após insistência de Flávio Rangel, para os cenários de *Abelardo e Heloísa*, em fins de 1971. Em São Paulo, os principais grupos, Arena e Oficina, agonizavam. O teatro político se dispersava em ações de resistência nas periferias. Uma exceção surpreendente nesse panorama de desagregação foi a constituição de uma companhia estável no Teatro São Pedro, organizada por Maurício Segall com a colaboração de Fernando Torres. Gianni encontra ali um ambiente de companheirismo possível. Na temporada de 1972, num dos piores momentos da repressão, ele dirige na sala principal do teatro *O casamento de Fígaro*, de Beaumarchais, sátira à nobreza francesa, enquanto na sala menor Fernando Peixoto dirige *Frei Caneca*, na versão de Carlos Queiroz Telles, ambas com temática revolucionária por trás da aparência clássica. O trabalho colaborativo enseja montagens mais experimentais e críticas. Numa delas, feita com atores do Grupo Núcleo, oriundos do Arena, Gianni experimenta uma mudança no modo de trabalho. Durante os ensaios de *A grande imprecação diante dos muros da cidade*, de Tankred Dorst, pela primeira vez, ele faz com que a concepção do espaço cênico (costumeiramente imaginada antes, em esboços e croquis) surja como decorrência dos ensaios, o que o conduz à imagem de uma jaula feita de cordas com a qual os atores se relacionam.

O São Pedro foi das mais importantes ações teatrais do país naquela década de exílios e paralisia imposta. Correspondia ao final de um movimento ainda capaz de produzir peças como *Ponto de partida*, de Guarnieri, de 1976, e *Murro em ponta de faca*, de Boal, de 1978. Ambas foram dirigidas por Fernando Peixoto e não por acaso discutiam a impossibilidade atual do teatro. Gianni imaginou para elas espaços cênicos menos figurativos, que sugerem, no primeiro caso, planos não assentados, e no segundo, um lugar de passagem. Antes dessas colaborações, em 1975, ele dirigiu aquele que seria o último grande espetáculo musical do ciclo nacional-popular do teatro brasileiro, *Gota d'água*. A montagem entrou para a história como uma obra-prima de nossa dramaturgia, mas também soava como um epitáfio. Reunia todos os tempos do teatro: com Bibi Ferreira subia ao palco o mundo dos velhos atores-empresários e suas companhias comerciais; com a dramaturgia de Paulo Pontes, a partir de ideia de Vianinha, o legado do nosso teatro dramático social; com as canções incríveis de Chico Buarque, a arte de esquerda que ainda tinha condições de se desenvolver na indústria cultural, antes de sua completa incorporação. O resultado complexo, que Gianni tinha a sabedoria de não superestimar, produziu uma lírica social de sentido trágico, mistura de réquiem, de museu das esperanças nacional-

---

5. *Ibidem*, p. 132.

-desenvolvimentistas e de celebração da cultura de esquerda aceitável no mercado das artes, após a lição tirada da proibição de *Calabar*, do mesmo Chico Buarque, de sentido mais grotesco e por isso impedida de estrear.

Gianni, imagino, já não tinha então muitas ilusões sobre as chances do teatro no Brasil como construção social. Sua relação com a encenação de *Gota d'água* expressa algo disso: deixa a cenografia a cargo de Walter Bacci, muito menos experiente que ele, a quem anuncia seu interesse no palco vazio. Foi criticado na época por se limitar, como encenador, "a colocar em cena o texto", recusando-se a qualquer exibição de autoria espetacular. No íntimo, passa a procurar, como projeto estético que marcará seus anos finais, uma consistência interna capaz de sacrificar a competência técnica em favor da dimensão poética mais sutil. Sabe que a técnica seguirá necessária, até para a própria supressão, mas buscará o "ato realmente criativo" mesmo que "falho sintaticamente"[6]. É esse o sentido de sua frase "a cenografia morreu": o teatro como campo de ausências, onde a luz constrói as profundidades, num espaço aberto à mutação dada pela vivência dramatúrgica.

Paradoxalmente, quanto mais sua consciência estética se aprofunda, mais se vê obrigado a colaborar em espetáculos convencionais, garantia de sobrevivência na década de 1980. Diante da internacionalização pseudovanguardista da nova cena teatral, ele se tornará de novo um sem-lugar, novamente artesão estrangeiro a serviço do bom teatro dramático e lírico de então. Tinha tranquilidade em relação a isso. Disse-me certa vez: "Nunca desci do plano da dignidade". As gerações mais novas o associavam a algumas montagens com ares de teatrão, dentre elas uma comédia de costumes de enorme sucesso, *Porca miséria*, de 1993, de vitalidade cênica, escrita por Jandira Martini e Marcos Caruso e centrada no talento de Myriam Muniz. Trabalho competente, mas que pouco revelava da história extraordinária de seu diretor. Mesmo colaborações mais arrojadas e eventuais, como a cenografia da ópera *Café*, de Mário de Andrade, dirigida por Fernando Peixoto em Santos, já não tinham eco social. Uma de suas últimas direções, *Morus e seu carrasco*, em 1996, foi feita com ex-alunos da Escola de Arte Dramática, com quem trabalhara anos antes. A simplicidade da cena seria impecável se o jovem elenco soubesse o que estava em jogo. Um crítico da época reclamou da "cenografia por demais despojada". Talvez Gianni tenha sentido o comentário como elogio: procurava de fato a eliminação do supérfluo na tensão entre luz e espaço. Mas aquele texto limitava seu propósito, assim como uma cultura neoliberal que dificultava as conexões. Na contramão do "efeitismo" pós-moderno, Gianni se permitia, àquela altura da vida, experimentar um teatro "andrajoso" e "trabalhar numa larga faixa de insegurança", como deliberação interna, e pagando as contas da escolha. Era, em contrapartida, capaz de orientar artistas jovens como Ariela Goldmann e Bosco Brasil, com quem colaborou em *O acidente*, *Novas diretrizes em tempos de paz* e *O dia do redentor*. Escrevia. Deixou livros que são bonitos porque luminosos, quando tudo sugeria que se dissipavam as névoas da ditadura. "Mas onde estão as neves do passado?", diz o verso famoso de François Villon na "Balada das damas de tempos idos", poema que Gianni gostava de citar porque seu teatro não existiria sem suas amadas companheiras.

E se o presente, quando o conheci, lhe parecia algo melancólico, não o era por falta de entusiasmo com o ofício, porque só enxergava na atividade a chance de uma aparição imprevista da beleza, algo que, no caso do Brasil, dependia de saber ver entre tempos históricos. O teatro, para Gianni, estava nesse trânsito vital. E por isso, vez ou outra, interessava-lhe difundir o segredo do "encontro das gerações".

---

6. *Ibidem*, p. 72.

BRASIL

PERSONAGENS EM BUSCA DE UM AUTOR

PRIMEIRA FASE: 1954-63

O drama mais famoso de Pirandello, recordado no título, tematiza o teatro dentro do teatro, com atores que ora abraçam, ora recusam seus personagens. A primeira década de Ratto no Brasil é o encontro mágico entre o cenógrafo que queria dirigir e os atores que desejavam alguém com sua experiência e sua visão universal do teatro.

Gianni Ratto desejava a responsabilidade de espetáculos inteiros para si. Desde sempre seu método de trabalho previa a análise do texto teatral e a concepção de cada aspecto do espetáculo junto com o diretor. Esse pensamento é visível nos seus croquis de cenário e figurino. Aprisionado pela fama de "cenógrafo", Ratto viu no convite de Maria Della Costa e Sandro Polônio a oportunidade de abraçar o espetáculo como um todo.

FOTOGRAFIA DE CENÁRIO
"A MORATÓRIA", de Jorge Andrade

O CANTO DA COTOVIA

Direção, cenografia e iluminação
Gianni Ratto
Figurinos Luciana Petrucelli

Peça de estreia de Ratto no Brasil, o drama heroico de Joanna D'Arc, encenado com Maria Della Costa no papel-título, obteve grande êxito de público e crítica, que elogiou não só "a perfeita unidade do espetáculo" como também "a extraordinária beleza plástica, um dos mais belos espetáculos que São Paulo já viu, não se excetuando os das melhores companhias estrangeiras" (*O Estado de S. Paulo*). Recebeu os prêmios de melhor espetáculo, direção, cenografia e melhor atriz.

de Jean Anouilh
TEATRO POPULAR DE ARTE (TEATRO MARIA DELLA COSTA) | SÃO PAULO, 1954

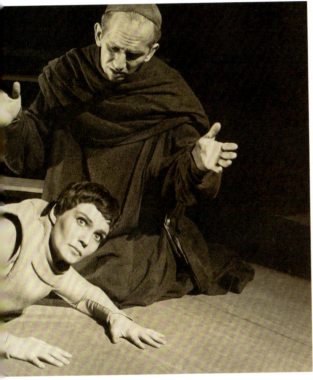

Maria della Costa

BRASIL | PERSONAGENS EM BUSCA DE UM AUTOR

FOTO DE MAQUETE
REPRODUÇÃO DO ORIGINAL
J. C. Serroni e Aprendizes

COM A PULGA ATRÁS DA ORELHA

Direção, cenografia e iluminação
Gianni Ratto
Assistente de direção
Fernando Torres
Tradução Miroel Silveira
Figurinos Luciana Petrucelli
Companhia Maria della Costa

Ratto montou a irresistível comédia de Feydau três vezes. A primeira, com Maria Della Costa (1955), sucedia um espetáculo denso como o *Canto da cotovia*. Cinco anos depois, foi a vez de Fernanda Montenegro e o Teatro dos Sete: "Depois do fracasso de 'O Cristo proclamado', ensaiamos e montamos a todo vapor uma comédia de Feydeau para nos refazermos do prejuízo. A comédia ficou mais de um ano em cartaz". Ratto costumava dizer que, quando as coisas iam mal, montava-se *Com a pulga atrás da orelha*, que era sempre um sucesso. Trata-se de uma comédia de erros, filha da *commedia dell'arte*. Ele ainda voltaria ao texto com Eliane Giardini, em São Paulo, em 1984.

Sergio Brito, Fabio Sabag, Edmundo Lopes, Amadio Silva e Elisio Albuquerque, entre outros.
Mulher na escada: Wanda Cosmo | Mulher ao fundo: Fernanda Montenegro | Final da cena: Maria Della Costa e Carlos Zara

de Georges Feydeau
TEATRO POPULAR DE ARTE | SÃO PAULO, 1955

BRASIL | PERSONAGENS EM BUSCA DE UM AUTOR

COM A PULGA ATRÁS DA ORELHA

BRASIL | PERSONAGENS EM BUSCA DE UM AUTOR | 231

DIÁLOGO DAS CARMELITAS

Direção Flaminio Bollini
Figurinos Carlos Bastos
Cenografia Gianni Ratto

Na França revolucionária, durante o "Terror", dezesseis irmãs carmelitas são condenadas à morte e executadas em praça pública, sob a acusação de fanatismo. O autor francês tinha se autoexilado no Brasil entre 1938 e 1945. O texto foi escrito em 1948, pouco antes de sua morte. Foi encenado por ocasião do Congresso Eucarístico Internacional realizado no Rio de Janeiro em 1955, ocasião que motivou grandes obras públicas, como parte do Aterro do Flamengo e o Monumento aos Pracinhas. Curiosamente, em 1952, antes de vir para o Brasil, Ratto havia sido convidado por seu amigo Orazio Costa para realizar a cenografia de uma montagem da peça em San Miniato, sendo obrigado a recusar na ocasião por excesso de compromissos. Em 1956, o texto de Bernanos seria transformado em ópera por François Poulenc.

de Georges Bernanos
TEATRO COPACABANA | RIO DE JANEIRO, 1955

veglia funebre

casa La Force

ghigliottina

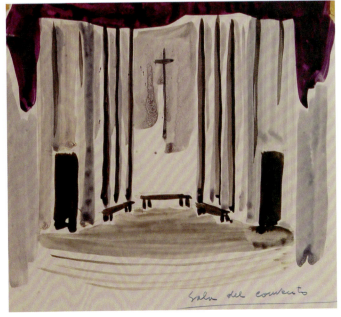
sala del convento

MIRANDOLINA

Direção Ruggero Jacobbi
Cenografia Gianni Ratto
Figurinos Luciana Petrucelli
Assistente de direção Fernando Torres
Companhia Maria Della Costa

A peça de Goldoni foi encenada por Ratto em 1955, com Maria Della Costa no papel-título. Ratto voltou a propô-la em 1964, com Fernanda Montenegro. Apesar do grande êxito da montagem, tendo sido aclamada pela crítica como "o espetáculo do ano", esse seria o último do Teatro dos Sete, que, em seguida, considerou concluída a experiência e decidiu se dissolver.

"Trabalhamos sete anos juntos na busca de uma perfeição que redundou num círculo vicioso, mas também na conclusão de um importante ciclo experimental." Gianni Ratto, em *A mochila do mascate*

de Carlo Goldoni

TEATRO POPULAR DE ARTE (TEATRO MARIA DELLA COSTA) | SÃO PAULO, 1955

Fernanda Montenegro, Ítalo Rossi e Sebastião Vasconcelos na montagem de 1964

BRASIL | PERSONAGENS EM BUSCA DE UM AUTOR

A MORATÓRIA

Direção, cenografia e iluminação
Gianni Ratto
Figurinos Luciana Petrucelli
Companhia Maria Della Costa

Primeiro texto brasileiro encenado por Ratto, foi também a estreia do autor Jorge Andrade no teatro e de Fernanda Montenegro como atriz protagonista, atuação pela qual foi premiada: "quando a conheci, já era potencialmente uma grande atriz" – escreve Gianni. Foi calorosamente recebida pela crítica: "criação da atmosfera, naturalidade do diálogo, evidência das personagens foram postos em luz claríssima, lógica e humana, pela direção de Gianni Ratto, modelar em sua dolorosa fidelidade ao texto". *Folha da Noite – São Paulo*

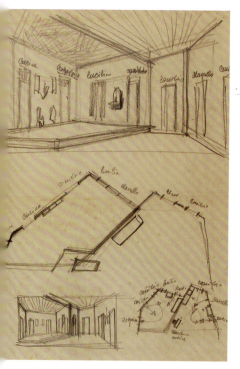

de Jorge Andrade
TEATRO POPULAR DE ARTE (TEATRO MARIA DELLA COSTA) | SÃO PAULO, 1955

Milton Morais, Monah Delacy e Elísio de Albuquerque

Fernanda, Sérgio Britto, Milton Morais, Elísio de Albuquerque e Monah Delacy

BRASIL | PERSONAGENS EM BUSCA DE UM AUTOR

É DE XURUPITO!

Direção Walter Pinto
Cenografia e iluminação
Gianni Ratto

Gíria da época que designa alguém ou alguma coisa excepcional. A revista obteve grande sucesso e, da estreia no Rio, seguiu em temporada para São Paulo. Como já havia feito na Itália, no Brasil Ratto não se furtou a realizar belos e opulentos cenários para o teatro de revista.

de Luís Iglesias, Max Nunes, Walter Pinto

TEATRO RECREIO | RIO DE JANEIRO | TEATRO PARAMOUNT | SÃO PAULO, 1957

BRASIL | PERSONAGENS EM BUSCA DE UM AUTOR

O SANTO E A PORCA

Direção Zbigniew Ziembinski
Cenografia e figurinos Gianni Ratto

Estreia da Companhia Cacilda Becker – até então primeira atriz do TBC –, que escolhe o texto de Ariano Suassuna para o evento, o polonês Ziembinski como diretor artístico, e convida Ratto para realizar os cenários e figurinos. Cleide Yáconis, sua irmã, fica com o papel principal.

de Ariano Suassuna
TEATRO DULCINA | RIO DE JANEIRO, 1958

Ziembinski, Cleide Yáconis, Walmor Chagas, Fred Kleemann, Celme Silva

AS TRÊS IRMÃS

Direção, cenografia e iluminação
Gianni Ratto
Figurinos Luciana Petrucelli

Em 1956, Ratto foi convidado a integrar o corpo docente da recém-inaugurada Escola de Teatro da Universidade da Bahia. A encenação de *Três irmãs* foi parte do Projeto Tchekhov, um trabalho coletivo de toda a escola. Os professores das diferentes matérias estudavam a peça com os alunos: as características do autor, a história do teatro na Rússia daquela época, a moda e a criação dos figurinos. Todos os elementos nos quais se baseava "a construção" da peça. O resultado de todo esse intenso trabalho artístico foi provavelmente responsável pela grande aceitação da peça pelos espectadores baianos.

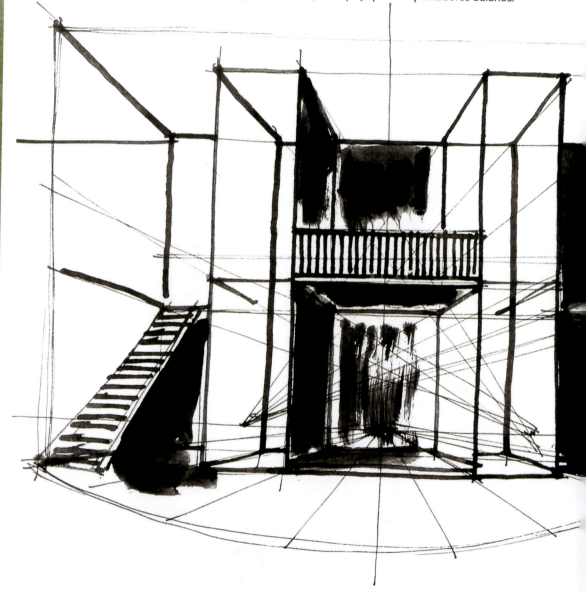

de Anton Tchekhov

TEATRO DA UNIVERSIDADE DA BAHIA | SALVADOR, 1958

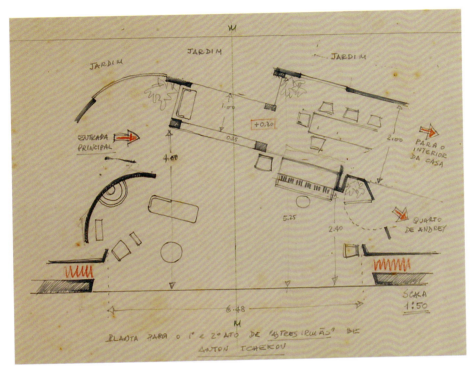

Sonia Robatto, Nilda Spencer e
Domitila Amaral

Sonia Robatto e Carlos Petrovich

Nevolanda Amorim

BRASIL | PERSONAGENS EM BUSCA DE UM AUTOR | 243

O MAMBEMBE

Direção, cenografia e iluminação
Gianni Ratto
Figurinos Napoleão Muniz Freire
Música Assis Pacheco
e Antonio Lopes
Companhia Teatro dos Sete

Primeiro espetáculo do Teatro dos Sete, companhia formada por Gianni Ratto, Fernanda Montenegro, Fernando Torres, Sérgio Britto e Ítalo Rossi. Para Ratto, a concepção da peça e dos cenários foi resultado de intensa perambulação pelos bairros antigos do Rio, seus casarões e costumes, além de minuciosa pesquisa sobre música e danças do folclore brasileiro. Foi um grande sucesso e recebeu os prêmios de melhor espetáculo, direção, cenografia, ator e atriz.

"Gianni Ratto mais uma vez provou que, dentro da mais fiel observância das intenções do autor, o diretor pode e deve ser um intérprete imaginativo e criador de um texto. Mas foi sem dúvida porque Gianni Ratto soube imprimir a O mambembe a vida cênica que lhe sonhara Artur Azevedo que a alegria comunitária foi maior no teatro com que o autor tanto sonhou."
Barbara Heliodora, "Suplemento Dominical", *Jornal do Brasil*, 21 de novembro de 1959

de Artur Azevedo

THEATRO MUNICIPAL DO RIO DE JANEIRO | TEATRO COPACABANA | RIO DE JANEIRO, 1959

O MAMBEMBE

BRASIL | PERSONAGENS EM BUSCA DE UM AUTOR | 247

O MAMBEMBE

BRASIL | PERSONAGENS EM BUSCA DE UM AUTOR | 249

A PROFISSÃO DA SRA. WARREN

Direção, cenografia e iluminação
Gianni Ratto
Figurinos Luciana Petrucelli
Companhia Teatro dos Sete

Na época, assim como as prostitutas, as atrizes deviam se apresentar à polícia quando viajavam.

"Tendo iniciado com *O mambembe* (um espetáculo que chamava simpaticamente a atenção para as dificuldades de sobrevivência de uma companhia teatral), o segundo espetáculo, *A profissão da sra. Warren*, encarava uma problemática social na qual a integridade de uma jovem levava a óbvias conclusões morais em relação à sociedade, e, de forma mais exasperada e violenta, repropunha o tema da exploração e do conformismo. *O Cristo proclamado* seria o fecho coerente de uma trilogia." Gianni Ratto em *A mochila do mascate*

Fernanda Montenegro e Napoleão Muniz Freire (acima)
Fernanda Montenegro e Sérgio Britto (ao lado)

de Bernard Shaw
TEATRO COPACABANA | RIO DE JANEIRO, 1960

BRASIL | PERSONAGENS EM BUSCA DE UM AUTOR | 251

O CRISTO PROCLAMADO

Direção, cenografia e iluminação
Gianni Ratto
Figurinos Bellá Paes Leme
Companhia Teatro dos Sete

A encenação despojada e sem cenários no teatro sediado no Copacabana Palace chocou o público, que rejeitou o espetáculo, resultando no maior fracasso do Teatro dos Sete. O texto tinha exigido de Ratto meses de pesquisas e viagem pelo Nordeste ao lado do autor.

"Para mim, que perseguia a ideia de uma programação cada vez mais contundente em suas temáticas, o texto de Chico – cujo tema básico era a exploração covarde da ingenuidade dos retirantes nordestinos por candidatos às eleições – coincidia com a visão de uma programação progressiva de textos que deveriam formar parte de um discurso dramático claramente político embora isento de postura partidária." Gianni Ratto, em *A mochila do mascate*

Fernanda Montenegro, Sérgio Britto e Ítalo Rossi (acima)

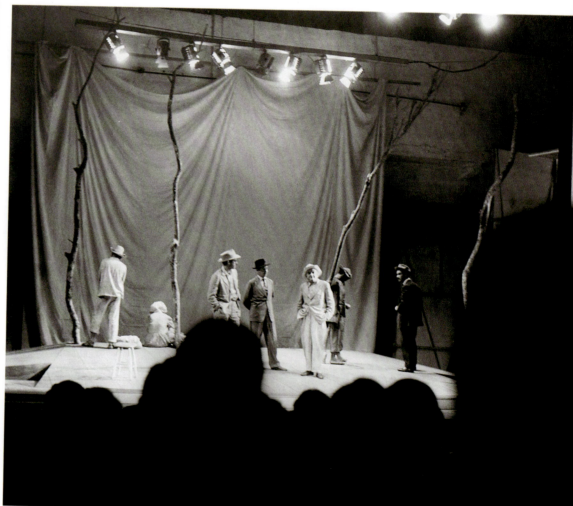

de Francisco Pereira da Silva
TEATRO COPACABANA | RIO DE JANEIRO, 1960

Susy Arruda, Zilka Salaberry e José Damasceno, entre outros (fotos acima)

Sérgio Britto e elenco

Susy Arruda, José Damasceno entre outros

BRASIL | PERSONAGENS EM BUSCA DE UM AUTOR | 253

O BEIJO NO ASFALTO

Direção Fernando Torres
Cenografia Gianni Ratto
Companhia Teatro dos Sete

Ratto tinha convicção de que o teatro nacional se faz com autores nacionais. Fernanda Montenegro insistiu durante dois anos no pedido de uma peça a Nelson Rodrigues, que, finalmente, lhes entrega o texto e acompanha os ensaios pessoalmente. Aqui o diretor do espetáculo é Fernando Torres, até então assistente de direção de Ratto.

O belo croqui que resta mostra uma cena que estabelecia vários planos para a atuação e o uso de colagens feitas com jornais em sintonia com o drama.

Sérgio Britto, Fernanda Montenegro, Ítalo Rossi

de Nelson Rodrigues
TEATRO GINÁSTICO | RIO DE JANEIRO, 1961

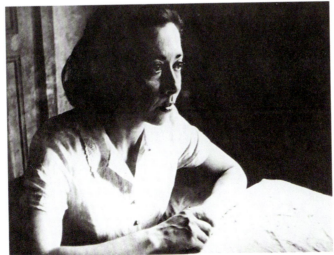

Fernanda Montenegro

BRASIL | PERSONAGENS EM BUSCA DE UM AUTOR | 255

APAGUE O MEU SPOTLIGHT

de Jocy de Oliveira　　　THEATRO MUNICIPAL DO RIO DE JANEIRO, 1961

Direção, cenografia e iluminação Gianni Ratto
Figurinos Bellá Paes Leme
Música Luciano Berio
Máscaras Dirceu Nery
Companhia Teatro dos Sete

O "drama eletrônico" de Jocy de Oliveira e Luciano Berio foi apresentado no Festival de Música de Vanguarda, em um superlotado Theatro Municipal do Rio de Janeiro. Segundo declaração de Berio aos jornais locais, o "drama eletrônico" *Apague meu spotlight* celebrava a desejada união da música de vanguarda com o teatro de vanguarda. O sucesso se repetiu em São Paulo, apresentado em paralelo à Bienal de Arte. Em cena, Fernanda Montenegro e Sérgio Britto, que podemos ouvir em um fragmento de áudio que escapou da destruição dos arquivos da rádio MEC durante a ditadura.

"O admirável Gianni Ratto conseguiu tirar os mais surpreendentes efeitos visuais do jogo de intrigas. O coquetel de fantasmas, as nuvens invadindo o palco, o passeio entre as cordas, tantas soluções técnicas a demonstrar as novas possibilidades de um novo teatro."
Helena Silveira, 8 de setembro de 1961

Fernanda Montenegro (ao lado)

OBA!

de Carlos Machado

TEATRO MAISON DE FRANCE | RIO DE JANEIRO, 1962

Direção e concepção
Carlos Machado
Música Vicente Paiva
Cenografia Gianni Ratto

Carlos Machado era um grande realizador de shows e promotor das casas noturnas que fizeram história no Rio de Janeiro desde o final dos anos 1940. Trabalhou com todas as vedetes mais célebres – como Carmem Verônica, Rose Rondelli, Anilza Leoni – em shows considerados de bom gosto, bem-cuidados, mais chiques do que o teatro de revista – este mais popularesco. Os dois esboços de Ratto ao lado correspondem a essa fama. O espetáculo foi encenado em teatros de prestígio no Rio e em São Paulo.

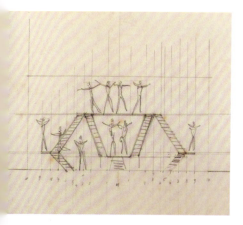

CÉSAR E CLEÓPATRA

Direção Ziembinski
Cenografia e figurinos Gianni Ratto
Música Damiano Cozzalla

Além dos cenários e figurinos, Ratto desenhou todos os adereços do vestuário e das cenas. Era uma grande produção, mas foi dos únicos insucessos da atriz Cacilda Becker. Gianni realizou sete espetáculos com Ziembinski, que sobre ele dizia: "É curioso, Gianni faz sempre o contrário do que lhe peço, mas é exatamente o que eu quero".

Cacilda Becker

de Bernard Shaw
TEATRO CACILDA BECKER | SÃO PAULO, 1963

BRASIL | PERSONAGENS EM BUSCA DE UM AUTOR | 261

Cacilda Becker e elenco

BRASIL

ANOS 1960 E 70

BIBI FERREIRA COMO JOANA EM "GOTA D'ÁGUA"
A primeira montagem do musical de Chico Buarque e Paulo Pontes,
dirigida por Ratto, com cenários e figurinos de Walter Bacci

WERTHER

Direção, cenografia e iluminação
Gianni Ratto
Livreto E. Blau, P. Millet e G. Hartman, baseado no romance de J. W. Goethe
Música Jules Massenet
Regência Maestro Nino Stinco

"Meu amigo Nino Stinco, regente de grande experiência, com quem eu já havia trabalhado no complicado mas bem-sucedido *Carosello napoletano*, foi responsável pelo convite."
Gianni Ratto, em *A mochila do mascate*

O golpe militar de 1964 ocorre durante a permanência de Ratto no Uruguai.

de J. W. Goethe

TEATRO SODRE | MONTEVIDÉU, 1964

PETER GRIMES

Direção, cenografia e iluminação
Gianni Ratto
Música Benjamin Britten
Libreto Montagu Slater
Regência Maestro Henrique Morelembaum
Figurinos Maria José Neri

Considerada a obra-prima da ópera inglesa do pós-guerra, a primeira ópera escrita por Britten, em 1945, narra a história trágica de um pescador hostilizado às últimas consequências pela comunidade em que vive. É frequentemente interpretada como alegoria da condição homossexual, pelo fato de a trama ter sido composta por Britten e seu companheiro, o tenor Peter Pears. O libreto é em inglês, pois "um dos meus propósitos", escreve o compositor, "era fazer soar a língua inglesa com brilho, liberdade e vitalidade, o que tem sido raro desde a morte de Purcell".

de Benjamin Britten
THEATRO MUNICIPAL DO RIO DE JANEIRO, 1967

OS 20 ANOS DE DITADURA

ESTÃO, PARA MIM, ENVOLTOS EM UMA NÉVOA QUE NÃO CONSIGO RAREFAZER. IMPOSSIBILITADO, POR SER ESTRANGEIRO, DE TOMAR ATITUDES POLÍTICAS, TENTEI, TODAVIA, PARTICIPAR – POR MEIO DO TEATRO, ASSINANDO MANIFESTOS, PARTICIPANDO DE PROTESTOS – DE ATITUDES QUE BENEFICIASSEM A LIBERDADE DE PENSAMENTO. COLABOREI COM A MONTAGEM DE ESPETÁCULOS, DIRIGINDO OU CENOGRAFANDO, COMO *SE CORRER O BICHO PEGA, SE FICAR O BICHO COME, A SAÍDA, ONDE ESTÁ A SAÍDA?, DURA LEX, SED LEX,* DO GRUPO OPINIÃO, DIRIGIDO POR VIANINHA, PAULO PONTES, FERREIRA GULLAR; ESTRUTURANDO O TEATRO NOVO, INAUGURANDO-O COM A MONTAGEM DE *RALÉ* DE M. GORKI, REALIZANDO O *UBU REI* DE JARRY E FINALMENTE A *GOTA D'ÁGUA* DE PAULO PONTES E CHICO BUARQUE DE HOLLANDA. DEFRONTEI-ME VÁRIAS VEZES COM A CENSURA POLICIAL, SENDO AMEAÇADO DE PRISÃO E REPRESÁLIAS, SALVO PELO FATO DE SER ITALIANO. PENSO QUE MUITO MAIS DO QUE SAIR DO PAÍS, FICAR AQUI TRABALHANDO E ATUANDO, CONSTANTEMENTE AMEAÇADOS (MAURÍCIO SEGALL, PARA LEMBRAR UM ENTRE TANTOS, FOI PRESO VÁRIAS VEZES E BARBARAMENTE TORTURADO), SIGNIFICOU POSTURA DE CORAGEM E HOMBRIDADE INDISCUTÍVEL. A NEBLINA ENGOLIU O TRISTE PERÍODO DA DITADURA E DELA O QUE SOBROU FOI O DESASTRE ECONÔMICO DO QUAL O PAÍS TENTA SAIR E A MEMÓRIA DOS QUE FORAM IMPLACÁVEL E CRUELMENTE DESTRUÍDOS; MAS É UMA MEMÓRIA PARCIAL, UMA MEMÓRIA EVITADA, POIS PODERIA FERIR SUSCETIBILIDADES DE TANTOS QUE AÍ ESTÃO; MEMÓRIA PARCIAL, POIS A MAIORIA NÃO QUER LEMBRAR E OS JOVENS NEM SABEM QUE ELA ACONTECEU.

GIANNI RATTO em *A mochila do mascate*

A ditadura interrompeu um período fértil de experiências criativas e condicionou a produção cultural. Ratto dirigiu espetáculos de Vianinha e Ferreira Gullar no Teatro Opinião e pôs de pé o ambicioso projeto do Teatro Novo, brutalmente fechado pela ditadura militar.

No lento processo de redemocratização do Brasil, a censura dos meios de comunicação e das manifestações artísticas tardou a cessar. Ratto dirigiu *Gota d'água* de Chico Buarque e Paulo Pontes e tantos textos que se posicionaram diante da realidade brasileira, tanto por meio da sátira e da alegoria quanto da comédia em todas as declinações: Augusto Boal, Dias Gomes, Ferreira Gullar, Consuelo de Castro, João Bethencourt, Millôr Fernandes, Bráulio Pedroso e muitos outros.

Marta Overbeck, Othon Bastos, Yara Amaral, Renato Borghi, Ada Chaselion

Antonio Pitanga e elenco

Berta Loran, Italo Rossi, Gracindo Junior

MURRO EM PONTA DE FACA
de Augusto Boal
com
Bethy Caruso, Dina Sfat, Martha Overbeck, Otávio Augusto, Othon Bastos, Renato Borghi, espaço cênico: Gianni Ratto
música: Chico Buarque de Hollanda
direção: Paulo José

17-03-71

GRUPO OPINIÃO

SE CORRER O BICHO PEGA
SE FICAR O BICHO COME

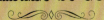

TEATRO DO AUTOR BRASILEIRO
apresenta

**ITALO ROSSI
PAULO SILVINO
BERTA LORAN**

em

**DURA LEX SED LEX
NO CABELO SÓ GUMEX**

Revista de
ODUVALDO VIANNA FILHO

Direção
GIANNI RATTO

Música de
Dori Caymmi, Francis Hime e Sidney Waismann

TEATRO NÔVO

O Teatro Nôvo é assim estruturado:

DIRETORIA:

Diretor Geral .... PAULO FERRAZ
Diretor Artístico ...... GIANNI RATTO
Diretor Técnico .... FERNANDO PAMPLONA
Coordenadora .... TATIANA MEMÓRIA
Diretor Administrativo . AGOSTINHO CONDURÚ

Diretores, elenco e funcionarios do Teatro Novo

O Teatro Novo nasceu em 1968 como companhia de teatro e balé que incluía a formação profissional na sua atividade produtiva. O projeto inédito, longamente acalentado por Ratto, financiado e dirigido por Paulo Ferraz, previa, além dos cursos, intercâmbios internacionais e edições de qualidade. Antes de completar um ano de existência, foi fechado pelos militares que irromperam durante um ensaio de *Ubu rei*, de Alfred Jarry, sátira cáustica do poder autoritário. A companhia teatral havia estreado com a encenação de *Ralé*, de Máximo Gorki, acompanhada por uma publicação que reunia textos de Clarice Lispector, Otto Maria Carpeaux, Antônio Houaiss, José Lino Grünewald e do próprio Ratto. A companhia de balé, dirigida pelo bailarino americano Arthur Mitchell, encenou a peça *Rhythmetron*, para 38 instrumentos de percussão, composta especialmente para o grupo e regida por Marlos Nobre, e também *O pequeno príncipe*. Na documentação que resta, vemos a realização de mesa-redonda e debate com Merce Cunningham, John Cage e David Tudor sobre "o trabalho e as novas realizações no campo da música e da dança moderna" no dia 5 de agosto, e um convite a Neruda para escrever um texto teatral, outro a Millôr Fernandes. A encenação de *Ubu rei*, traduzida pelo próprio Ratto, com máscaras de Pedro e Ilo Krugli e música de Cecília Conde, pronto para estrear, conseguiria fazê-lo somente no fim do ano seguinte no Teatro Itália, em São Paulo.

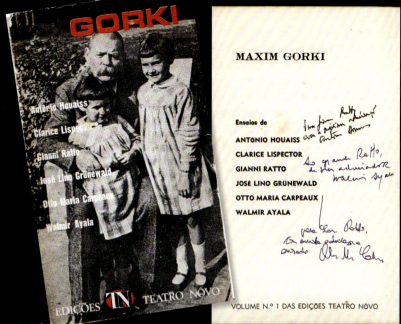

QUASE NINGUÉM TOMOU CONHECIMENTO DO QUE FOI, NEM COMO NASCEU, NEM DE COMO FOI ASSASSINADO O TEATRO NOVO. ELE TINHA SIDO A CONCRETIZAÇÃO DE UM PROJETO POR MIM ACALENTADO HÁ MUITO TEMPO E QUE, MILAGROSA E RACIONALMENTE, EU TINHA CONSEGUIDO REALIZAR.

Gianni Ratto
em A mochila do mascate

A GRANDE IMPRECAÇÃO DIANTE DOS

Direção, cenografia, figurinos e iluminação Gianni Ratto
Coreografia Rafael Rodrigues

Nos anos mais duros da censura e da repressão política no Brasil, a história da indignação de uma mulher diante da prisão do marido funcionava como metáfora da resistência e inconformidade à ordem constituída. Nesse período, depois da mudança de rumo do Teatro Oficina, os espetáculos do Teatro São Pedro assumiram a liderança do protesto cultural à ditadura. O cenário de Ratto era "um conjunto poligonal de leques", feitos de cordas que deixavam os atores subirem e se movimentarem nelas.

Beatriz Segall (acima)
Beatriz Segall, Carlos Augusto Strasser, Sérgio Mamberti, Seme Lufti (ao lado)

MUROS DA CIDADE

de Tankred Dorst
TEATRO SÃO PEDRO | SÃO PAULO, 1972

Carlos Augusto Strasser (acima)
Sérgio Mamberti, Carlos Augusto Strasser,
Seme Lufti (ao lado)

PIPPIN

Direção Flávio Rangel
Cenografia Gianni Ratto
Coreografia Bob Fosse
Figurinos Kalma Murtinho

A história do jovem príncipe em busca de um significado profundo para a própria existência foi encenada com elenco extraordinário, integrado pelo jovem Marco Nanini, Marília Pêra, Tetê Medina e tantos outros. A história se passa no reino do imperador Carlos Magno, que os cenários materializam com abóbadas e vitrais. O musical inaugurou o teatro projetado por Oscar Niemeyer.

de Roger O. Hirson e Stephen Schwartz
TEATRO ADOLFO BLOCH | RIO DE JANEIRO, 1974

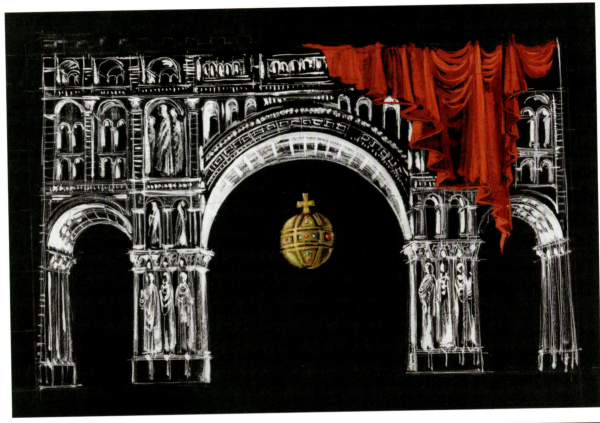

BRASIL | ANOS 1960 e 70

RICARDO III

Direção Antunes Filho
Cenografia, figurinos e adereços Gianni Ratto
Música Conrado Silva

A montagem contava com uma infinidade de dispositivos cênicos flexíveis e artifícios cenográficos. Entre outros recursos, Ratto usava silhuetas recortadas, repetidas como em certos jogos infantis, para representar a movimentação de grandes exércitos sobre o palco.

de William Shakespeare
TEATRO MUNICIPAL DE CAMPINAS | SÃO PAULO, 1975

RICARDO III

OS SALTIMBANCOS

Direção Silney Siqueira
Cenografia e Figurinos Gianni Ratto
Adaptação Chico Buarque

A aventura dos bichos que, explorados por seus donos e ameaçados de morte, resolvem fugir e tentar a sorte como músicos, tinha uma leitura alegórica claramente política. Entre as canções, havia a que dizia "todos juntos somos fortes" e celebrava a união dos bichos contra os patrões opressores.

de Sergio Bardotti e Luís Bacalov

TEATRO DA UNIVERSIDADE CATÓLICA - TUCA | SÃO PAULO, 1977

LOLA MORENO

Direção Antonio Pedro
Cenografia e figurinos Gianni Ratto
Música John Neschling
Letras Geraldo Carneiro

O musical, estrelado por Lucélia Santos e Ney Latorraca, tinha por tema a vida de uma cantora na época de ouro do rádio. A paródia se inspirava na estrutura do teatro de revista, assim como os figurinos e cenários que contextualizavam a peça no ambiente do rádio dos anos 1940 no Rio. No centro do palco havia uma escadaria, que a atriz descia vestida com roupa e turbante no estilo de Carmen Miranda.

de Bráulio Pedroso
TEATRO GINÁSTICO | RIO DE JANEIRO, 1979

BRASIL | ANOS 1960 e 70 | 285

LO SCHIAVO

Música Carlos Gomes
Libreto A. Taunay e R. Paravicini
Regência Maestro David Machado
Direção, cenários, figurinos e iluminação Gianni Ratto

O libreto é baseado na história de forte veia abolicionista escrita pelo Visconde de Taunay para Carlos Gomes. Para se adequar ao gosto da época pelo exótico, a trama é transportada para a revolta indígena do século XVI, a Confederação dos Tamoios. Ópera muito elogiada por sua música melodiosa e refinamento orquestral.

de Antonio Carlos Gomes
TEATRO LEOPOLDINA | PORTO ALEGRE, 1979

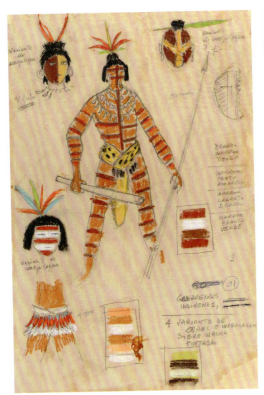

LO SCHIAVO

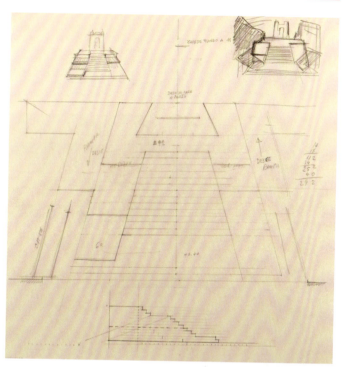

BRASIL

ANOS 1980 E 90

"PIAF", de Pam Gems

WOZZECK

Regência Maestro Isaac Karabtchevsky
Direção Fernando Peixoto
Cenografia e figurinos Gianni Ratto

Os croquis em carvão, técnica usada com maestria por Ratto, mostram a ordem da movimentação das cenas e a cidadezinha onde se passa o drama inacabado de Georg Brückner, musicado por Alban Berg em 1922. Os desenhos se referem à primeira montagem de uma obra de Berg no Brasil. Ratto já havia encenado a ópera em 1952 no Teatro alla Scala de Milão.

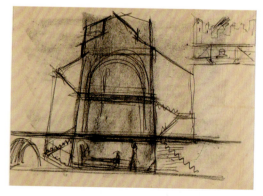

de Alban Berg
TEATRO MUNICIPAL | SÃO PAULO, 1982

BRASIL | ANOS 1980 e 90 | 293

A FLAUTA MÁGICA

Direção, cenografia, figurinos e iluminação Gianni Ratto
Música Wolfgang Amadeus Mozart
Libreto Emanuel Schikaneder e Carl Ludwig Giesecke
Regência Maestro Giorgy Fischer

"[...] quando projeto um cenário, estou sozinho comigo mesmo. Trabalho numa busca que o lápis ou o cartão traduz e transcreve no papel: sozinho, elaboro as ideias, estruturando valores arquitetônicos e plásticos, imaginando a luz, conversando com o espaço." Gianni Ratto, em *A mochila do mascate*

Os jornais não deixaram de observar que Ratto dirigia a ópera tendo diante de si a partitura – no lugar do mais habitual libreto –, pela qual se guiava. Sobre os cenários, ele declarou: "Não queria que desviassem a atenção da música. A música já diz tudo – ou quase tudo".

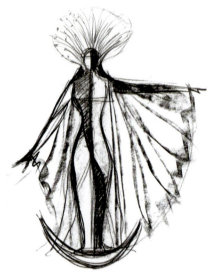

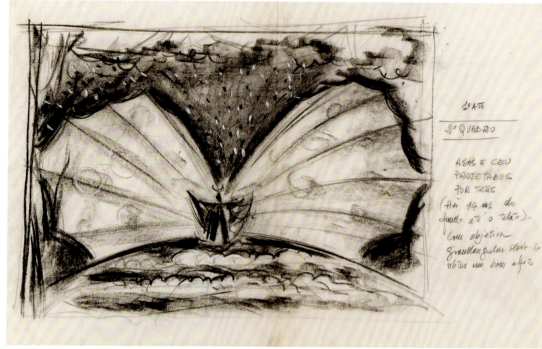

de Wolfgang Amadeus Mozart
THEATRO MUNICIPAL DO RIO DE JANEIRO, 1982

A FLAUTA MÁGICA

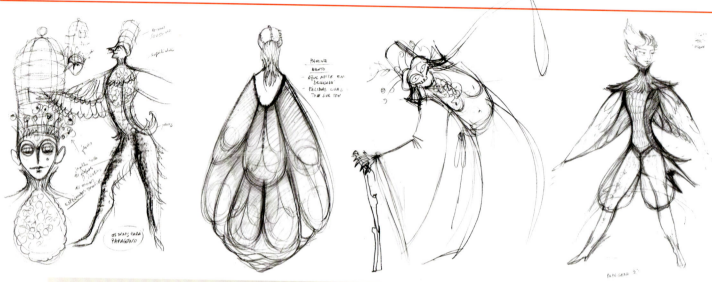

PIAF

Direção e Iluminação Flávio Rangel
Cenografia Gianni Ratto
Figurinos Kalma Murtinho

A peça marcou a história dos musicais no Brasil e ficou em cartaz por quatro anos seguidos. Ratto tinha dirigido Bibi Ferreira no sucesso *Gota d'água*. Desta vez, a direção cabe a seu parceiro Flávio Rangel. O cenário, em forma elíptica, era composto por uma plataforma central que tinha em toda a sua volta praticáveis dispostos em diversos planos descendentes na direção do proscênio, que eram destinados a diferentes situações da dramática biografia.

Bibi Ferreira e elenco
(acima, ao lado e pág. ao lado)

de Pam Gems

TEATRO GINÁSTICO | RIO DE JANEIRO, 1983

PIAF

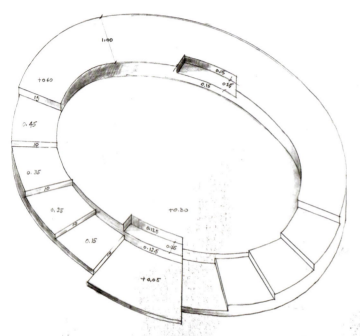

Axonometria (vista do alto) do cenário para "PIAFF-BIBI" — Teatro Copacabana

Flávio Rangel e Bibi Ferreira

CYRANO DE BERGERAC

Direção e Iluminação Flávio Rangel
Cenografia Gianni Ratto
Figurinos Kalma Murtinho
Coreografia Flávio Rangel
Coreografia Clarisse Abujamra
Direção musical Murilo Alvarenga

"Dois dias depois eu iria para Lisboa, iniciar os ensaios da ópera *Cenerentola*, de Rossini. [...] Flávio Rangel foi embora tendo arrancado de mim a promessa de que no dia seguinte eu lhe forneceria os rabiscos e ideias do projeto. [...] havia a exigência de entregar o palco livre todas as manhãs para os ensaios da orquestra sinfônica.

Na manhã seguinte, o projeto já rondava em minha cabeça e até o meio-dia o esquema e os rabiscos estavam prontos. [...] Além das plantas baixas, fiz também uma maquete em cartolina. Entreguei o material para os executores, me despedi do Flávio e voei para Lisboa."

Gianni Ratto, em *A mochila do mascate*

Bruna Lombardi, Antonio Fagundes e elenco

de Edmond Rostand
TEATRO CULTURA ARTÍSTICA | SÃO PAULO, 1986

Bruna Lombardi e elenco

CYRANO DE BERGERAC

QUANDO A CORTINA DA TABERNA ESTÁ ABAIXADA TEM SER COLOCADA A PAREDE DO BALCÃO e sua lateral.
Descem depois as árvores e o fundo com a lua –

Antonio Fagundes

CYRANO DE BERGERAC

O GUARANI

Direção, cenografia e iluminação
Gianni Ratto
Música Carlos Gomes
Libreto Antonio Scabrini e Carlo D'Ormerille
Regência Maestro Roberto Duarte
Coreografia Sylvio Dufreger
Figurinos Acervo da Funarj

Baseado no livro homônimo de José de Alencar, o espetáculo foi o primeiro sucesso de uma obra musical brasileira no exterior. Estreou no Teatro alla Scala de Milão em 1870. A série de esquemas geométricos das possibilidades de distribuição espacial, dos diferentes planos e alternativas para a circulação dos personagens em cena, é um exemplo expressivo da abordagem de Ratto, a "conversa com o espaço" que realizava ao iniciar o projeto de um cenário, à qual se refere na autobiografia.

de Carlos Gomes
THEATRO MUNICIPAL DO RIO DE JANEIRO, 1986

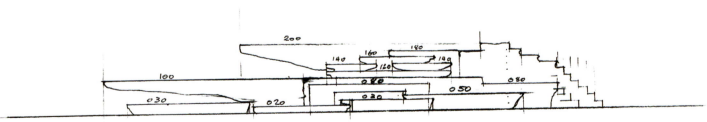

O BARBEIRO DE SEVILHA

Música Gioacchino Rossini
Regência Maestro Romano Gandolfi
Direção, cenografia, figurinos e iluminação Gianni Ratto

Os esboços geométricos nos mostram a abordagem inicial de Ratto do espaço cênico. Os croquis detalhados para a construção da cena permitiram a reconstrução em maquete para a exposição comemorativa dos 100 anos de Gianni Ratto, em 2017.

de Gioacchino Rossini
THEATRO MUNICIPAL DO RIO DE JANEIRO, 1988

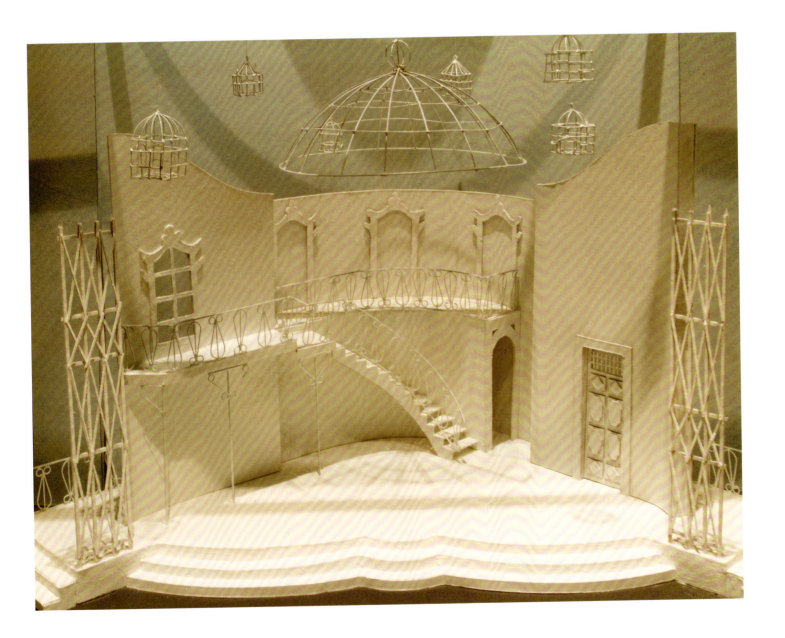

BRASIL | ANOS 1980 e 90 | 311

O BARBEIRO DE SEVILHA

LETTI E LOTTE (QUAFF)

Direção José Renato
Cenários, figurinos e iluminação Gianni Ratto

A comédia de Peter Shaffer é uma sátira sobre os horrores da arquitetura e da urbanística moderna que reúne três mulheres intelectuais de meia-idade. Discutem as mudanças em curso, da tradição ao brutalismo. O cenário é ambientado na mansão Tudor, trazendo vitrais com leões rampantes à nudez da cena final, numa destruição progressiva.

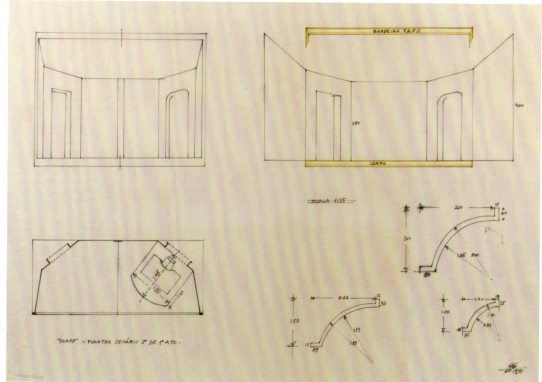
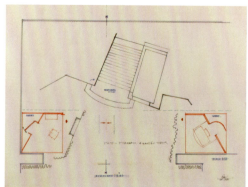
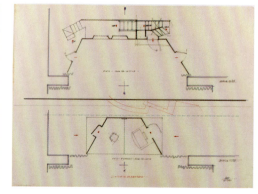

de Peter Shaffer
TEATRO BRASILEIRO DE COMÉDIA | SÃO PAULO, 1990

Maria Ferreira e Gabriela Rabelo

LETTICE E LOTTE (QUAFF)

DON GIOVANNI

Música Wolfgang Amadeus Mozart
Libreto Lorenzo de Ponte
Regência Maestro David Machado
Direção, cenografia, figurinos e iluminação Gianni Ratto
Coreografia Dennis Gray

Os cenários são quase todos noturnos, acentuando o aspecto dramático e não jocoso da ópera, ambientada em um teatro palaciano da Espanha de Tirso de Molina. Declarou Ratto em entrevista:

"Nada me gratificou tanto como a montagem que realizei pela terceira vez, no Rio de Janeiro, do *Don Giovanni* mozartiano. Meus cenários tinham sido destruídos por um incêndio impiedoso, mas, devo reconhecer, providencial, porque me obrigou a refletir mais profundamente sobre a relação entre o que se vê e o que se escuta. O teatro não tinha recursos para realizar o projeto anterior..."

Na ocasião mencionada, Ratto realizou o espetáculo somente com a luz, poucos elementos indispensáveis à ação e um ciclorama no fundo do palco.

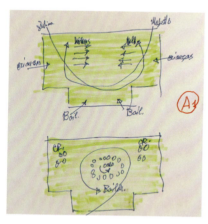 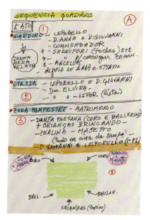  

de Wolfgang Amadeus Mozart
THEATRO MUNICIPAL DO RIO DE JANEIRO, 1991

A QUEDA DA CASA DE USHER

Direção Harry Silverstein
Cenografia e iluminação Gianni Ratto
Música Philip Glass
Libreto Arthur Yorinks (baseado no conto de Edgar Allan Poe)
Regência Maestro Thomas Toscano
Figurinos Carmela Gross

"Gianni Ratto conseguiu a proeza de construir uma casa grande no pequeno palco do teatro – mais apropriado para concertos –, desenvolvendo a cena em vários planos horizontais. Com a ajuda das luzes, criou efeitos lúgubres necessários a valorizar a ópera de Glass. Os figurinos de Carmela Gross se ajustavam perfeitamente ao trabalho do cenógrafo." **Norberto Modena**

"Consideradas as condições espaciais nas quais as personagens Glass-Poe[1] deverão agir, a palavra cenografia não é muito conveniente, menos, decerto, que cenoplastia[2], que sugere planos, volumes e níveis em oposição ao decorativo e às adjetivações que os conceitos cenográficos tradicionais sugerem e solicitam. Colocamos no palco, portanto, no espaço aproveitável, estruturas envolvidas num clima nebuloso; na tentativa não de visualizar uma história, mas de encontrar um clima adequado à obra no seu todo." **Gianni Ratto**

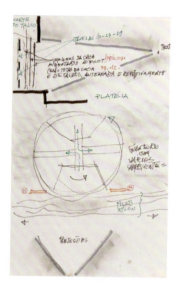
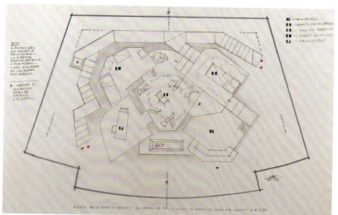
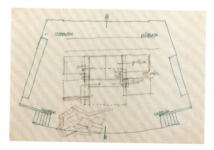
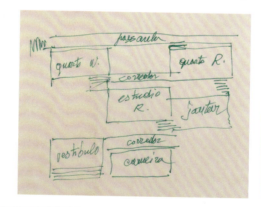

1. Ratto refere-se a Philip Glass, autor da música, e Edgar Allan Poe, autor do conto homônimo que inspira o título da obra.
2. Texto e termo cunhado na ocasião em que estava preparando a ópera *A queda da casa de Usher*.

de Philip Glass
TEATRO SALA SÃO LUÍS | SÃO PAULO, 1992

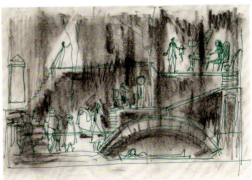

BRASIL | ANOS 1980 e 90

CAFÉ

Direção Fernando Peixoto
Cenografia Gianni Ratto
Música Hans Joachim Koellreutter
Regência Maestro Luís Gustavo Petri
Figurinos Maria do Carmo Brandini

Ratto constata que a ópera de Mário de Andrade pediria vários cenários, mas, para facilitar a circulação dos 130 artistas previstos em cena, opta por um cenário único. Segundo suas declarações aos jornais na época, "em um espetáculo de teatro a relação de espaço é definida em cima do ator, na ópera o cenógrafo precisa trabalhar a partir de todo o elenco". De todo modo, o cenário, ainda que único, previa algumas transformações e nele havia uma parede "que deslizava e permitia a introdução de um cenário menor".

de Mário de Andrade
TEATRO MUNICIPAL DE SANTOS | SÃO PAULO, 1996

IDEALIZAÇÃO
Instituto Gianni Ratto

CURADORIA
Elisa Byington e Antonia Ratto

COORDENAÇÃO GERAL
Antonia Ratto e Claudia Pinheiro

PRODUÇÃO EXECUTIVA
Dois Um Produções

TEXTOS E COORDENAÇÃO DE PESQUISA
Elisa Byington

PROJETO EXPOSITIVO
Lidia Kosovski e Claudia Pinheiro

CONSULTORIA E DIREÇÃO ACERVO GIANNI RATTO
Vaner Ratto

IDENTIDADE VISUAL E PROJETO GRÁFICO
Antonia Ratto

FOTOS
Gerson Tung

EXPOSIÇÃO

GIANNI
RATTO
100 ANOS

SESC CONSOLAÇÃO | MARÇO DE 2017

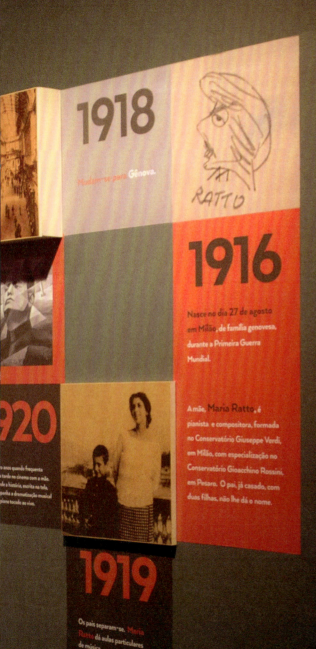

Continuo acreditando num teatro despojado, pobre – até andrajoso – onde tudo seja ritual, espontâneo, num contexto de signos e símbolos. Acredito na juta que, pela luz de uma vela, se transforma em preciosíssimo brocado; acredito no galho de árvore que é cajado, cetro e serpente em tudo que muda pelo olhar mágico de um gato. A humanidade precisa de poesia e não de teatro com 'gosto artificial de poesia". A humanidade precisa de meios para entrar em contato consigo mesma; precisa poder gritar de angústia, de desejo, de ódio e de prazer, sem que seus gritos fiquem abafados por holofotes e ruídos de engrenagens; precisa reen- contrar seus espaços, suas luminosidades, suas de- cepções; reencontrar a compreensão de seus destinos.

Gianni Ratto

DO ATOR NÃO SE ESCAPA: SOZINHO OU MÚLTIPLO, ELE É O TEATRO.

A ARTE SEMPRE PERCEBEU E REGISTROU O DRAMA DO HOMEM, MÍSTICO, MÍTICO, POLÍTICO OU COTIDIANO QUE FOSSE.

REFERÊNCIAS BIBLIOGRÁFICAS

AA. VV.: *La Opera - Enciclopedia del arte lírico*. Trad. Juan Novella Damiano. Madrid: Aguilar, 1979.

AA. VV.: *Maria Callas alla Scala*. Milano: Teatro alla Scala, 1997.

APCA: 50 anos de arte brasileira. São Paulo: Imprensa Oficial do Estado, 2006.

BERNARDI, Marziano. *Tempi e aspetti della scenografia*. Torino: RAI, 1954.

BIENALE di Venezia/XIV Festival Internacionale della musica contemporanea. *The rake's progress*. Editoriale Opes, 1951.

BORAGINA, Pietro. *Il mago dei prodigi*. Torino: Nino Aragno, 2015.

BRANDÃO, Tania. "As modernas companhias de atores". Em: *O teatro através da história*. Rio de Janeiro: Centro Cultural Banco do Brasil, 1994. v. 2.

_____. *A máquina de repetir e a fábrica de estrelas: Teatro dos Sete*. Rio de Janeiro: Faperj, 2002.

_____. *Uma empresa e seus segredos: Cia. Maria Della Costa*. São Paulo: Perspectiva, 2009.

BRUNETTA, G. P.. *La Città del cinema. I cento anni del cinema Italiano*. Milano: Ed. Skira, 1996.

D'AMICO, Silvio. *Palcoscenico del dopoguerra*. Edizioni Radio Italiana, 1952.

DALLE rovine del 1943 la Scalla rinasce con Antonio Guiringhelli. Milano: Museo Teatro alla Scala, 1994.

FRETTE, Guido. *Scenografia teatrale*. Milano: G.G. Gorligh, s/d.

GARCIA, Clóvis. *Os caminhos do teatro paulista*. São Paulo: Prêmio Editorial, 2006.

GREGORI, Maria Grazia (cur.). *Il Piccolo Teatro di Milano - cinquant'anni di cultura e spettacolo*. Milano: Leonardo Arte, 1997.

GUADAGNOLO, Pasquale (cur.). *Giorgio Strehler alla Scala*. Milano: Edizioni Teatro alla Scala, 1998.

HAINAUX, Hené. *Le Décor de théâtre dans le monde*. Paris, Bruxelles: Meddens, 1956.

_____. *Stage design throughout the world*. New York: Theatre Arts Books, 1964.

ISTITUTO del dramma italiano. *Almanacco dello spettacolo italiano*. Roma: Edizioni dell'Ateneo, 1956.

LIMA, Mariângela Alves de (org.). *Imagens do teatro paulista*. São Paulo: Centro Cultural São Paulo; Imprensa Oficial Paulista, 1985.

LISTA, Giovanni. *Le scene moderne*. Arles: Artes Sud, 1997.

MAGALDI, Sábato; VARGAS, Maria Tereza. *Cem anos de teatro em São Paulo*. São Paulo: Senac, 2000.

MONTI, Rafaele (cur.). *Visualità del Maggio*. Roma: De Luca, 1979.

MORBIO, Vittoria Crespi. *Strehler e i suoi scenografi*. Parma: Grafiche Step, 2019.

_____. *Ratto alla Scala*. Milano: Umberto Allemandi & C., 2004.

PRADO, Luís André do. *Cacilda Becker: fúria santa*. São Paulo: Geração Editorial, 2002.

PRAMPOLINI, Enrico, "Lineamenti di Scenografia Italiana", em: *Il Loggione*, 15 jan. 1951.

RATTO, Gianni. *A mochila do mascate*. Rio de Janeiro: Bem-te-vi, 2017.

_____. *Hipocritando*. Rio de Janeiro: Bem-te-vi, 2004.

_____. *Antitratado de cenografia. Variações sobre o mesmo tema*. São Paulo: Senac, 1999.

SAN Miniato - la festa del teatro. San Miniato: Istituto del dramma popolare, 1971.

SERRONI, J. C.. *Cenografia brasileira*. São Paulo: Edições Sesc, 2013.

SIQUEIRA, José Rubens. *Viver de teatro*. São Paulo: Nova Alexandria, 1995.

STREHLER, Giorgio. *Per un teatro umano*. Milano: Feltrinelli, 1974.

TABORELLI, Giorgio (dir.). *Lo Spazio, il luogo, l'ambito*. Cinisello Balsamo (Milano): Silvana, 1983.

TINTORI, Giampiero. *La Scaladir*. Milano: Nuove Edizioni, 1966.

SOBRE OS AUTORES

ELISA BYINGTON é brasileira e italiana, pós-doutora em História da Arte, crítica e curadora independente. Transferiu-se para a Itália após a graduação em Sociologia na PUC-RJ, diplomou-se *cum laude* em História da Arte na Universidade de Roma - La Sapienza.

Publicou os livros *Galleria Borghese* (2000); *Palazzo Pamphilj a Piazza Navona* (2001); *O projeto do Renascimento* (2009); *Giorgio Vasari, a invenção do artista moderno* (2011); e também os catálogos *Antônio Dias, Arquivo Íntimo,* (2013); *Elisa Bracher, Luctus Lutum* (2015); *Elisa Bracher, Encarnadas* (2018); *Rafael e a definição da beleza - Da Divina Proporção à Graça,* no prelo.

Publicou ensaios sobre artistas e temas da arte contemporânea em livros e revistas especializadas, como também sobre a arte do Renascimento e do Barroco italiano. Como curadora independente, realizou duas exposições comemorativas de 500 anos: de Giorgio Vasari, "A invenção do artista moderno", no Rio de Janeiro, e de Rafael de Urbino: "Rafael e a definição da beleza - da Divina Proporção à Graça", bem como a de artistas contemporâneos no Brasil e na Itália.

ANTONIA RATTO é *designer* e artista visual. É mestre em Web Design e Novas Mídias pela Academy of Art de São Francisco. Desde 2007 vem criando identidades visuais, capas de disco e *design* de interfaces digitais. Criou o projeto gráfico para as exposições "Gianni Ratto - 100 Anos" (2017) e "Rafael e a Definição da Beleza" (2019). Nas artes visuais, desenvolve um trabalho em diferentes mídias.

Realiza várias ações pela manutenção e divulgação do acervo de Gianni Ratto. Roteirizou e produziu o documentário de longa-metragem *A Mochila do Mascate - Gianni Ratto,* dirigido por Gabriela Greeb (2005); realizou as exposições "Gianni Ratto - Artesão do Teatro" na galeria da Caixa Econômica Federal SP (2007) e "Gianni Ratto - 100 Anos" no Sesc Consolação SP (2017).

VITTORIA CRESPI MORBIO é historiadora de cenografia de ópera e especialista na relação entre artes figurativas e teatro musical. Completou seu mestrado na Università Cattolica di Milano sob a orientação de Miklós Boskovits. Foi curadora de diversas exposições: Museo Teatrale alla Scala, Palazzo Reale e Palazzo Marino em Milão, Festival de Spoleto, Trienal de Milão, Fundação Ragghianti em Lucca, Palazzo Martinengo em Brescia, Prada Epicenter em Tóquio, Museu Van Gogh em Amsterdã, Dahesh Museum of Art em Nova York.

Sua vasta produção de ensaios inclui monografias a respeito de Pier Luigi Pizzi (1999), Franca Squarciapino (2000), Ezio Frigerio (2001), Marcello Dudovich (2004), Leopoldo Metlicovitz (2005) e André Beaurepaire (2008). Escreveu, ainda, treze livros para a coleção "Sette Dicembre": *Franco Zeffirelli alla Scala* (2006), *Wagner alla Scala* (2007), *Caramba: Mago del costume* (2008), *Femmes Fatales at the Opera* (2009), *La Scala di Napoleone. Spettacoli a Milano 1796-1814* (2010), *Palanti. Belle Époque in teatro 1904-1916* (2012), *Alessandro Sanquirico. Teatro, Feste, Trionfi 1777-1849* (2013), *Lila De Nobili. Theatre, Dance, Cinema* (2014), *Titina Rota. Teatro Cinema Pittura* (2015), *Luca Ronconi. Gli anni della Scala* (2016), *Coltellacci. Teatro Cinema Pittura* (2017), *Strehler e i suoi scenografi* (2018), *Visconti. Cinema, Theatre, Opera* (2020).

SÉRGIO DE CARVALHO é dramaturgo, encenador e pesquisador de teatro, diretor do grupo artístico Companhia do Latão. É professor na Universidade de São Paulo, onde atua no Departamento de Artes Cênicas desde 2005, na área de dramaturgia. É atualmente pesquisador do Programa Ano Sabático do Instituto de Estudos Avançados (IEA) da USP, com pesquisa sobre teatralidades no século XVI. Tem mestrado em Artes Cênicas (1995), doutorado em Literatura Brasileira (2003) e livre-docência em Dramaturgia (2017) pela USP. Foi professor de Teoria do Teatro na Unicamp entre 1996 e 2005. Tem graduação em jornalismo e colaborou com diversos veículos de comunicação, sendo cronista do jornal *O Estado de S. Paulo*. Fez conferências em países como Argentina, México, Portugal, Espanha, Grécia e Alemanha. Foi premiado como encenador pela União dos Escritores e Artistas de Cuba pela montagem de *O círculo de giz caucasiano*, de Brecht, em 2008. Entre seus muitos espetáculos estão *O nome do sujeito* (1998), *A comédia do trabalho* (2000), *Ópera dos vivos* (2010) e *Lugar nenhum* (2018). Editou as revistas *Vintém* e *Traulito*. Entre seus livros, destacam-se *Introdução ao teatro dialético* (Expressão Popular, 2009), *Companhia do Latão: 7 peças* (Cosac Naify, 2008), *Ópera dos vivos* (Outras Expressões, 2014) e *O pão e a pedra* (Temporal, 2019). Foi diretor do Teatro da Universidade de São Paulo (TUSP) e vice-diretor do Centro Universitário Maria Antonia.

CRÉDITOS DAS IMAGENS

PÁGINA	CRÉDITO	ACERVO
5	Fotógrafo não identificado	Gianni Ratto
8	Foto Gerson Tung	Gianni Ratto
10	Foto Gerson Tung	Gianni Ratto
12-13	Foto Gerson Tung	Gianni Ratto
14	Foto Gerson Tung	Gianni Ratto
18-19	Foto Gerson Tung	Gianni Ratto
20	Foto Gerson Tung	Gianni Ratto
22	Foto Erio Piccagliani	Arquivo histórico Teatro alla Scala de Milão
23	Croqui Gianni Ratto	Gianni Ratto
24	Croqui Gianni Ratto	Gianni Ratto
25	Croqui Gianni Ratto	Gianni Ratto
26	Fotógrafo não identificado	Gianni Ratto
27	Fotógrafo não identificado	Gianni Ratto
28	Fotógrafo não identificado	Publifoto - Milano
28	Fotógrafo não identificado	Teatro della Fortuna, Fano
29	Foto Erio Piccagliani	Arquivo histórico Teatro alla Scala de Milão
30	Frame do filme *Roma, cidade aberta*, de Roberto Rosselini	
31	Fotógrafo não identificado	Press foto - Roma
32	Foto Ernesto Mandowsky	Gianni Ratto
33	Fotógrafo não identificado	Jocy de Oliveira
34	Croqui Gianni Ratto	Gianni Ratto
35	Frame do filme *Fitzcarraldo*, de Werner Herzog	
36-37	Foto Gerson Tung	Gianni Ratto
38-39	Foto Erio Piccagliani	Arquivo histórico Teatro alla Scala de Milão
46-47	Croqui Gianni Ratto	Arquivo histórico Teatro alla Scala de Milão
52-53	Foto Erio Piccagliani	Arquivo histórico Teatro alla Scala de Milão
54-55	Foto Claudio Emmer	Arquivo Piccolo Teatro de Milão
56	Carta-convite	Gianni Ratto
56	Cartaz	Gianni Ratto
57	Foto Claudio Emmer	Gianni Ratto
58-59	Croquis Gianni Ratto	Gianni Ratto
60-61	Croquis Gianni Ratto	Gianni Ratto
62	Cartaz	Gianni Ratto
62-63	Croquis Gianni Ratto	Gianni Ratto
64	Cartaz	Gianni Ratto
64-65	Croquis Gianni Ratto	Gianni Ratto
66-67	Fotógrafo não identificado	Arquivo Piccolo Teatro de Milão
68	Cartaz	Gianni Ratto
68	Fotos Claudio Emmer	Arquivo Piccolo Teatro de Milão
69	Planta baixa Gianni Ratto	Gianni Ratto

PÁGINA	CRÉDITO	ACERVO
70	Croquis Gianni Ratto	Gianni Ratto
70	Foto Claudio Emmer	Arquivo Piccolo Teatro de Milão
71	Croqui Gianni Ratto	Arquivo Piccolo Teatro de Milão
72	Cartaz	Gianni Ratto
72	Fotógrafo não identificado	Arquivo Piccolo Teatro de Milão
73	Croqui Gianni Ratto	Arquivo Piccolo Teatro de Milão
74	Foto Giuseppe Signorelli	Arquivo Piccolo Teatro de Milão
74	Cartazes	Arquivo Piccolo Teatro de Milão
75	Foto Luiggi Ciminaghi	Arquivo Piccolo Teatro de Milão
76	Fotógrafo não identificado (2 fotos)	Arquivo Piccolo Teatro de Milão
76-77	Croqui Gianni Ratto	Arquivo Piccolo Teatro de Milão
78	Fotógrafo não identificado (2 fotos)	Arquivo Piccolo Teatro de Milão
78-79	Croqui Gianni Ratto	Arquivo Piccolo Teatro de Milão
80	Croqui Gianni Ratto	Gianni Ratto
80	Estudos Gianni Ratto	Arquivo Piccolo Teatro de Milão
80-81	Fotógrafo não identificado	Arquivo Piccolo Teatro de Milão
81	Foto Claudio Emmer	Gianni Ratto
81	Estudo Gianni Ratto	Arquivo Piccolo Teatro de Milão
81	Croqui Gianni Ratto	Gianni Ratto
82-83	Croquis Gianni Ratto	Gianni Ratto
84	Cartaz	Gianni Ratto
84	Estudo Gianni Ratto	Arquivo Piccolo Teatro de Milão
84	Fotógrafo não identificado (2 fotos)	Gianni Ratto
85	Croquis Gianni Ratto	Gianni Ratto
86	Croqui e estudo Gianni Ratto	Arquivo Piccolo Teatro de Milão
86	Fotos Claudio Emmer (2 fotos)	Arquivo Piccolo Teatro de Milão
87	Croqui Gianni Ratto	Gianni Ratto
88	Planta baixa Gianni Ratto	Arquivo Piccolo Teatro de Milão
88	Foto Giuseppe Signorelli	Arquivo Piccolo Teatro de Milão
88-89	Foto Luigi Ciminaghi	Arquivo Piccolo Teatro de Milão
89	Croqui Gianni Ratto	Gianni Ratto
90	Planta baixa de Gianni Ratto	Gianni Ratto
91	Estudos Gianni Ratto	Arquivo Piccolo Teatro de Milão
92	Foto Claudio Emmer (acima)	Arquivo Piccolo Teatro de Milão
92	Fotos G. Marchitelli (2 fotos abaixo)	Gianni Ratto
93	Croqui Gianni Ratto	Arquivo Piccolo Teatro de Milão
94	Croquis Gianni Ratto	Arquivo Piccolo Teatro de Milão
95	Foto Giuseppe Signorelli	Arquivo Piccolo Teatro de Milão
96	Foto Interfoto	Arquivo Piccolo Teatro de Milão
96-97	Croquis Gianni Ratto	Arquivo Piccolo Teatro de Milão
98	Croqui Gianni Ratto	Arquivo Piccolo Teatro de Milão
98	Foto Archivio Cameraphoto Epoche	Arquivo Piccolo Teatro de Milão
99	Croqui Gianni Ratto	Gianni Ratto
100-101	Croquis Gianni Ratto	Arquivo Piccolo Teatro de Milão
102	Fotógrafo não identificado (2 fotos)	Arquivo Piccolo Teatro de Milão
103	Croqui Gianni Ratto	

PÁGINA	CRÉDITO	ACERVO
104	Cartaz	Gianni Ratto
104-105	Croquis Gianni Ratto	Arquivo Piccolo Teatro de Milão
104-105	Foto Florence Homolka	Arquivo Piccolo Teatro de Milão
106-107	Estudos e planta baixa Gianni Ratto	Gianni Ratto
107	Fotógrafo não identificado	Arquivo Piccolo Teatro de Milão
108	Foto Cronache Italiane	Arquivo Piccolo Teatro de Milão
108-109	Croquis Gianni Ratto	Gianni Ratto
110	Croquis e planta baixa Gianni Ratto	Gianni Ratto
111	Fotógrafo não identificado	Gianni Ratto
111	Croquis Gianni Ratto	Arquivo Piccolo Teatro de Milão
112	Estudos Gianni Ratto	Gianni Ratto
112	Croqui Gianni Ratto	Gianni Ratto
113	Estudo Gianni Ratto	Gianni Ratto
114-115	Fotógrafo não identificado (3 fotos)	Arquivo Piccolo Teatro de Milão
114-115	Croquis Gianni Ratto	Arquivo Piccolo Teatro de Milão
116-117	Fotógrafo não identificado	Arquivo Maggio Fiorentino
118	Cartaz	Gianni Ratto
118-119	Croquis e planta baixa Gianni Ratto	Gianni Ratto
120	Foto de cenário pintada	Arquivo Maggio Fiorentino
120	Fotos Locchi (3 fotos)	Arquivo Piccolo Teatro de Milão
120-121	Croqui Gianni Ratto	Arquivo Maggio Fiorentino
122	Cartaz	Gianni Ratto
122	Planta baixa Gianni Ratto	Gianni Ratto
123	Fotos Locchi (2 fotos)	Arquivo Piccolo Teatro de Milão
123	Croqui Gianni Ratto	Arquivo Piccolo Teatro de Milão
124	Fotógrafo não identificado	Arquivo Piccolo Teatro de Milão
124	Croqui Gianni Ratto	Gianni Ratto
125	Foto Interfoto	Arquivo Piccolo Teatro de Milão
125	Estudos Gianni Ratto	Gianni Ratto
126	Estudo Gianni Ratto	Gianni Ratto
126-127	Croquis Gianni Ratto	Arquivo Piccolo Teatro de Milão
128	Cartaz	Arquivo Piccolo Teatro de Milão
128-129	Estudos Gianni Ratto	Gianni Ratto
129	Fotos Ferruzzi (3 fotos)	Arquivo Piccolo Teatro de Milão
130	Capa programa	Gianni Ratto
130-131	Estudos Gianni Ratto	Gianni Ratto
132-133	Foto Erio Piccagliani	Arquivo Histórico Teatro Alla Scala de Milão
134	Estudo Gianni Ratto	Gianni Ratto
134	Páginas de revista	Gianni Ratto
135	Croqui Gianni Ratto	Arquivo Histórico Teatro alla Scala de Milão
136-137	Croquis Gianni Ratto	Arquivo Histórico Teatro alla Scala de Milão
138-139	Croquis Gianni Ratto	Arquivo Histórico Teatro alla Scala de Milão
140-141	Croquis Gianni Ratto	Arquivo Histórico Teatro alla Scala de Milão
142-143	Croquis Gianni Ratto	Arquivo Histórico Teatro alla Scala de Milão
144	Capa disco trilha sonora da ópera	Arquivo Histórico Teatro alla Scala de Milão
144-145	Croquis Gianni Ratto	Arquivo Histórico Teatro alla Scala de Milão

PÁGINA	CRÉDITO	ACERVO
145	Fotos Erio Piccagliani	Arquivo Histórico Teatro alla Scala de Milão
146-147	Croquis Gianni Ratto	Arquivo Histórico Teatro Alla Scala de Milão
148-149	Croqui Gianni Ratto	Arquivo Histórico Teatro Alla Scala de Milão
150	Fotógrafo não identificado	Acervo não identificado
150-151	Croquis Gianni Ratto	Arquivo Histórico Teatro Alla Scala de Milão
152-153	Croquis Gianni Ratto	Arquivo Histórico Teatro Alla Scala de Milão
154-155	Croquis Gianni Ratto	Arquivo Histórico Teatro Alla Scala de Milão
155	Foto Mario Camuzzi	Arquivo Histórico Teatro Alla Scala de Milão
156	Cartaz	Arquivo Histórico Teatro Alla Scala de Milão
156	Caricatura autor desconhecido	Gianni Ratto
157	Croqui Gianni Ratto	Arquivo Histórico Teatro Alla Scala de Milão
158	Estudo Gianni Ratto	Gianni Ratto
158	Foto Erio Piccagliani	Arquivo Histórico Teatro Alla Scala de Milão
158-159	Croqui Gianni Ratto	Arquivo Histórico Teatro Alla Scala de Milão
160	Croqui Gianni Ratto	Arquivo Histórico Teatro Alla Scala de Milão
161	Croquis Gianni Ratto	Arquivo Histórico Teatro Alla Scala de Milão
162	Croqui Gianni Ratto	Arquivo Histórico Teatro Alla Scala de Milão
162-163	Fotos Erio Piccagliani (2 fotos)	Arquivo Histórico Teatro Alla Scala de Milão
164-165	Croquis Gianni Ratto	Arquivo Histórico Teatro Alla Scala de Milão
166-167	Croquis Gianni Ratto	Arquivo Histórico Teatro Alla Scala de Milão
168	Estudos Gianni Ratto	Gianni Ratto
168	Fotógrafo não identificado	Fondazione Teatro dell'Opera di Roma-Archivio Storico
169	Croqui Gianni Ratto	Fondazione Teatro dell'Opera di Roma- Archivio Storico
170-171	Croquis Gianni Ratto	Arquivo Histórico Teatro Alla Scala de Milão
172	Croquis Gianni Ratto	Arquivo Histórico Teatro Alla Scala de Milão
173	Croqui Gianni Ratto	Arquivo Histórico Teatro Alla Scala de Milão
174	Croquis Gianni Ratto	Arquivo Histórico Teatro Alla Scala de Milão
175	Croqui Gianni Ratto	Arquivo Histórico Teatro Alla Scala de Milão
176	Fotos Erio Piccagliani (2 fotos)	Arquivo Histórico Teatro Alla Scala de Milão
176-177	Croqui Gianni Ratto	Arquivo Histórico Teatro Alla Scala de Milão
177	Croqui Gianni Ratto	Arquivo Histórico Teatro Alla Scala de Milão
177	Fotos Erio Piccagliani (2 fotos)	Arquivo Histórico Teatro Alla Scala de Milão
178	Croqui Gianni Ratto	Arquivo Histórico Teatro Alla Scala de Milão
178	Foto Erio Piccagliani	Arquivo Histórico Teatro Alla Scala de Milão
178-179	Croqui Gianni Ratto	Arquivo Histórico Teatro Alla Scala de Milão
180	Estudos Gianni Ratto	Gianni Ratto
180	Foto Erio Piccagliani	Arquivo Histórico Teatro Alla Scala de Milão
181	Estudos Gianni Ratto	Gianni Ratto
181	Foto Erio Piccagliani	Arquivo histórico Teatro alla Scala de Milão
182	Estudo Gianni Ratto	Gianni Ratto
182	Foto Erio Piccagliani	Arquivo Histórico Teatro Alla Scala de Milão
182-183	Croqui Gianni Ratto	Arquivo Histórico Teatro Alla Scala de Milão
184	Croquis Gianni Ratto	Gianni Ratto
185	Croqui Gianni Ratto	Gianni Ratto
185	Foto Erio Piccagliani	Arquivo Histórico Teatro Alla Scala de Milão
186-187	Fotos Erio Piccagliani (2 fotos)	Arquivo Histórico Teatro Alla Scala de Milão

PÁGINA	CRÉDITO	ACERVO
188	Fotos Erio Piccagliani (2 fotos)	Arquivo Histórico Teatro Alla Scala de Milão
188	Croqui Gianni Ratto	Arquivo Histórico Teatro alla Scala de Milão
189	Croqui Gianni Ratto	Arquivo Histórico Teatro alla Scala de Milão
190-191	Fotógrafo não identificado	Archivio Franca Rame
192	Cartaz e página de programa	Gianni Ratto
193	Croqui Gianni Ratto	Gianni Ratto
193	Página de Programa	Gianni Ratto
194-195	Croquis Gianni Ratto	Gianni Ratto
196-197	Croqui Gianni Ratto	Gianni Ratto
198	Cartaz	Gianni Ratto
198	Croqui Gianni Ratto	Gianni Ratto
199	Páginas de programa	Gianni Ratto
200	Capa de programa	Gianni Ratto
200-201	Croquis Gianni Ratto	Gianni Ratto
202-203	Croqui Gianni Ratto	Gianni Ratto
204	Fotógrafo não identificado	Archivio Franca Rame
204-205	Croquis Gianni Ratto	Gianni Ratto
205	Fotógrafo não identificado	Gianni Ratto
207 [Cronologia]	Fotógrafo não identificado	Gianni Ratto
208 [Cronologia]	Fotógrafo não identificado	Gianni Ratto
208 [Cronologia]	Croqui Gordon Craig para "Hamlet"	Pessoal
208 [Cronologia]	Gerardo Dottori	Pessoal
208 [Cronologia]	Placa funeral	Público
208 [Cronologia]	Foto Claudio Emmer	Arquivo Piccolo Teatro de Milão
208 [Cronologia]	Foto Signorelli	Arquivo Piccolo Teatro de Milão
208 [Cronologia]	Croqui Gianni Ratto	Arquivo Maggio Fiorentino
208 [Cronologia]	Página de programa	Gianni Ratto
208 [Cronologia]	Croqui Gianni Ratto	Arquivo Histórico Teatro alla Scala de Milão
209 [Cronologia]	Croqui Gianni Ratto	Arquivo Histórico Teatro alla Scala de Milão
209 [Cronologia]	Foto Erio Piccagliani	Arquivo Histórico Teatro alla Scala de Milão
209 [Cronologia]	Croqui Gianni Ratto	Gianni Ratto
209 [Cronologia]	Croqui Gianni Ratto	Gianni Ratto
209 [Cronologia]	Fotógrafo não identificado	Gianni Ratto
209 [Cronologia]	Fotógrafo não identificado	Gianni Ratto
209 [Cronologia]	Capa de programa	Gianni Ratto
209 [Cronologia]	Fotógrafo não identificado	Gianni Ratto
209 [Cronologia]	Fotógrafo não identificado	Gianni Ratto
209 [Cronologia]	Fotógrafo não identificado	Fernanda Montenegro
209 [Cronologia]	Croqui Gianni Ratto	Gianni Ratto
209 [Cronologia]	Capa de programa	Gianni Ratto
209 [Cronologia]	Fotógrafo não identificado	Gianni Ratto
209 [Cronologia]	Capa de revista	Gianni Ratto
209 [Cronologia]	Croqui Gianni Ratto	Gianni Ratto
210 [Cronologia]	Fotógrafo não identificado	Gianni Ratto
210 [Cronologia]	Fotógrafo não identificado	Gianni Ratto
210 [Cronologia]	Croqui Gianni Ratto	Gianni Ratto

PÁGINA	CRÉDITO	ACERVO
210 [Cronologia]	Fotógrafo não identificado	Gianni Ratto
210 [Cronologia]	Fotógrafo não identificado	Gianni Ratto
210 [Cronologia]	Fotógrafo não identificado	Gianni Ratto
210 [Cronologia]	Fotógrafo não identificado	Gianni Ratto
210 [Cronologia]	Fotógrafo não identificado	Gianni Ratto
210 [Cronologia]	Foto Lenise Pinheiro	
211	Foto Olga Vlahou	Gianni Ratto
212-213	Fotógrafo não identificado	Gianni Ratto
222-223	Foto Romeu Bataglia	Gianni Ratto
224	Planta baixa Gianni Ratto	Gianni Ratto
224	Croqui Gianni Ratto	Gianni Ratto
224-225	Fotógrafo não identificado	Cedoc/ Funarte
225	Fotógrafo não identificado	Gianni Ratto
225	Fotógrafo não identificado	Gianni Ratto
225	Foto Romeu Bataglia	Cedoc/ Funarte
226-227	Foto Gerson Tung	Gianni Ratto
228	Fotógrafo não identificado	Cedoc/Funarte
229	Foto Romeu Bataglia	Cedoc/Funarte
229	Croqui Gianni Ratto	Gianni Ratto
230	Fotógrafo não identificado (2 fotos)	Cedoc/Funarte
230-231	Croqui Gianni Ratto	Gianni Ratto
232	Estudos Gianni Ratto	Gianni Ratto
233	Croquis Gianni Ratto	Gianni Ratto
234-235	Croquis Gianni Ratto	Gianni Ratto
235	Fotógrafo não identificado	Gianni Ratto
236-237	Croquis Gianni Ratto	Gianni Ratto
237	Foto Romeu Bataglia	Gianni Ratto
237	Fotógrafo não identificado	Gianni Ratto
237	Foto Romeu Bataglia	Gianni Ratto
238	Fotógrafo não identificado (2 fotos)	Gianni Ratto
238-239	Croquis Gianni Ratto	Gianni Ratto
240	Cartaz	Gianni Ratto
240	Croquis Gianni Ratto	Gianni Ratto
241	Fotógrafo não identificado	Gianni Ratto
242	Cartaz	Gianni Ratto
242-243	Croqui Gianni Ratto	Gianni Ratto
243	Planta baixa Gianni Ratto	Gianni Ratto
243	Fotógrafo não identificado (3 fotos)	Teatro Universidade da Bahia
244	Cartaz	Gianni Ratto
244	Fotógrafo não identificado	Gianni Ratto
245	Croqui Gianni Ratto	Gianni Ratto
246	Fotógrafo não identificado	Gianni Ratto
246-247	Croquis Gianni Ratto	Gianni Ratto
248	Croqui Gianni Ratto	Gianni Ratto
248	Estudo Gianni Ratto	Gianni Ratto
248-249	Croqui Gianni Ratto	Gianni Ratto

PÁGINA	CRÉDITO	ACERVO
250	Fotógrafo não identificado (2 fotos)	Cedoc/ Funarte
250	Croqui Gianni Ratto	Gianni Ratto
251	Croqui Gianni Ratto	Gianni Ratto
252	Fotógrafo não identificado	Gianni Ratto
252	Fotógrafo não identificado	Gianni Ratto
253	Fotógrafo não identificado (4 fotos)	Gianni Ratto
254	Fotógrafo não identificado	Fernanda Montenegro
254-255	Estudo Gianni Ratto	Gianni Ratto
255	Fotógrafo não identificado	Fernanda Montenegro
255	Croqui Gianni Ratto	Gianni Ratto
256-257	Fotógrafo não identificado (2 fotos)	Jocy de Oliveira
258	Estudo Gianni Ratto	Gianni Ratto
258	Anúncio em programa de espetáculo	Gianni Ratto
259	Croquis Gianni Ratto	Gianni Ratto
260	Fotógrafo não identificado	Gianni Ratto
260-261	Croquis Gianni Ratto	Gianni Ratto
262-263	Fotógrafo não identificado (2 fotos)	Cedoc/ Funarte
264-265	Fotógrafo não identificado	Gianni Ratto
266-267	Croquis Gianni Ratto	Gianni Ratto
268	Estudo Gianni Ratto	Gianni Ratto
268-269	Croquis Gianni Ratto	Gianni Ratto
270-271	Croqui Gianni Ratto	Gianni Ratto
271	Foto Ney Robson	Gianni Ratto
271	Fotógrafo não identificado	Gianni Ratto
271	Fotógrafo não identificado	Gianni Ratto
271	Cartazes	Gianni Ratto
272	Pág. revista Manchete/Foto Richard Sasso	Editora Manchete
273	Carta-convite	Gianni Ratto
273	Capa e página de revista	Gianni Ratto
273	Recortes Folha da Tarde, 5 de julho de 1969	Gianni Ratto
274-275	Fotos Carlos Alberto A. Ebert (4 fotos)	Gianni Ratto
275	Croquis Gianni Ratto	Gianni Ratto
276	Cartaz	Gianni Ratto
276-277	Croquis Gianni Ratto	Gianni Ratto
278	Cartaz	Gianni Ratto
278-279	Foto Sérgio Sade	Sergio Sade
279	Estudos Gianni Ratto	Gianni Ratto
280	Croquis Gianni Ratto	Gianni Ratto
280-281	Foto de Sérgio Sade	Sergio Sade
282-283	Croquis Gianni Ratto	Gianni Ratto
284-285	Croquis Gianni Ratto	Lucélia Santos
286	Croqui Gianni Ratto	Gianni Ratto
286	Fotógrafo não identificado (2 fotos)	Gianni Ratto
287	Croqui Gianni Ratto	Gianni Ratto
287	Fotógrafo não identificado (2 fotos)	Gianni Ratto
288	Planta baixa Gianni Ratto	Gianni Ratto

PÁGINA	CRÉDITO	ACERVO
288	Fotos Milton Cea (2 fotos)	Gianni Ratto
288-289	Teatro da Orquestra Sinfônica de Porto Alegre	Gianni Ratto
290-291	Fotógrafo não identificado	Gianni Ratto
292-293	Estudos Gianni Ratto	Gianni Ratto
294	Estudos Gianni Ratto	Gianni Ratto
295	Croqui Gianni Ratto	Gianni Ratto
296-297	Croquis Gianni Ratto	Gianni Ratto
298-299	Fotógrafo não identificado (2 fotos)	Bibi Ferreira
299	Fotógrafo não identificado	Gianni Ratto
300	Estudo Gianni Ratto	Gianni Ratto
300-301	Fotógrafo não identificado	Gianni Ratto
302	João Caldas	Gianni Ratto
302	Fotógrafo não identificado	Gianni Ratto
303	Fotógrafo não identificado	Gianni Ratto
303	Croqui Gianni Ratto	Gianni Ratto
304	Trecho de bilhete Gianni Ratto	Gianni Ratto
304	João Caldas	Gianni Ratto
304-305	Croquis Gianni Ratto	Gianni Ratto
306	João Caldas	Gianni Ratto
306-307	Croquis Gianni Ratto	Gianni Ratto
308-309	Estudos Gianni Ratto	Gianni Ratto
310	Cartaz	Gianni Ratto
310	Croquis Gianni Ratto	Gianni Ratto
311	Maquete J. C. Serroni / Foto Gerson Tung	Gianni Ratto
312	Croquis Gianni Ratto	Gianni Ratto
312-313	Maquete J. C. Serroni / Foto Gerson Tung	Gianni Ratto
314	Cartaz	Gianni Ratto
314	Estudos Gianni Ratto	Gianni Ratto
315	Fotos Luciana Bueno (3 fotos)	Gianni Ratto
316	Fotos Luciana Bueno (3 fotos)	Gianni Ratto
316-317	Croqui Gianni Ratto	Gianni Ratto
318	Estudos Gianni Ratto	Gianni Ratto
318-319	Croquis Gianni Ratto	Gianni Ratto
320-321	Plantas baixas e estudos Gianni Ratto	Gianni Ratto
322	Estudo Gianni Ratto	Gianni Ratto
322-323	Fotos Maria Luisa Beccheroni	Gianni Ratto
326-335	Fotos Gerson Tung	Gianni Ratto

As Edições Sesc São Paulo salientam que todos os esforços foram feitos para localizar os detentores de direitos das imagens aqui reproduzidas, mas nem sempre isso foi possível. Corrigiremos os créditos na próxima edição caso os proprietários se manifestem.

ENGLISH VERSION

THEATER AS VECTOR

DANILO SANTOS DE MIRANDA | *director of Sesc São Paulo*

Brazilian art history is written by Brazilians of different kinds, including many who were not born in Brazil. Calling them "Brazilians" is justified both by the desire of the actual artists to be so considered and by the impact of their presence in the country. Hailing from different parts of the world, now younger, now older, they brought with them their cultural baggage and contributed to the increasing complexity of the Brazilian art scene.

Within such dynamics, prevailing trends are observed in certain artistic fields. That helps explain the markedly Italian influence under which Brazilian theater developed, especially in São Paulo and Rio de Janeiro. As of the end of the World War II, professionals of the various theatrical crafts left Italy and contributed decisively to the modernity of performing arts in Brazil.

Gianni Ratto played a key role in this sense. In interrupting his successful career as a set designer in Italy and embarking on an uncertain venture to the New World, he helped redefine the quality of Brazilian theater. This fact, whose historical importance proved to be decisive, evokes the notion of transit as a clue to better understand the peculiarities of this artist.

The idea of transit relates not only to geographical movement, but mainly to the restlessness that drove Ratto's career. Its most visible expression is the multiplicity of crafts he engaged in, starting from his consistent experience in set design; his move to Brazil triggered a kind of overflowing, an expansion that pointed towards a comprehensive conception of theater. To set design were added other functions pertaining to stage direction, lighting, costume design, and performance, in addition to incursions in the fields of management and education. It goes without saying that this exploration of multiple kinds of knowledge went hand in hand with the refusal of the schematic divide between theory and practice.

At the same time, the mobility of the Genoese director was also felt in his attention to different expressions of the performing arts, linked to the traditional and the modern, to the experimental and the popular, as well as to the production of different regions – which even led him to contribute to the appreciation of Brazilian dramaturgy in a historical context in which staging plays by Brazilian authors was not the rule.

His restless and unfettered nature manifested itself in nonconformity, leading Ratto to question, through his interventions in the cultural environment, the actual role played by theater in contemporary issues. The transit metaphor takes on a political connotation, transformed into a driving force that exceeds the limits of the stage.

When bodies, ideas and feelings are in motion, the possibilities for encounters increase. There were many in the life and work of the artist who saw himself as a kind of peddler – a character who, to continue being true to his nature, does not allow himself to stop. There is praise in this for fluidity, an essential characteristic of culture.

In moments marked by dilemmas and contradictions, the cultural field is especially called on. Traversed by the most diverse vectors, it is where the agency of social imaginaries is revealed, materializing worldviews and modifying reality. The publication of a book dedicated to the trajectory of Gianni Ratto is in line with this perspective and allows us to glimpse the complex interfaces between theater and the world from the second half of the 20th century.

Wary of permanency, Ratto impregnated the territories he traversed with dynamism. It seems promising to view the complexity of the world from the perspective of that inspiration, as it challenges us to capture life in full flight yet without immobilizing it. Following the undertakings of an artist dedicated to disrespecting pigeonholes allows us to escape the contemporary trend towards fragmentation. Something about that attitude tells us that this is what the intersections between culture and education are about, beyond any kind of instrumentalism that would betray either of them.

DEDICATION

ANTONIA RATTO

My father was a man whose life was entwined with theater. His open studio in the living room lit up the other quarters of the house and built up in me, as a child, the image of a father that was both human and mythological. When I was born, he was 60 years old and his previous life story was way beyond my imagination. I gradually learned details of his career and would wonder where, amid so many remarkable events, might fit in the man who was then my father. I grew up with people asking me what it was like to have such an old father. I was never aware of his old age, or rather, my father was never old. Not even his grizzled hair and beard had any bearing in that sense; on the contrary, they conferred on him the charm of a vast but wholly vital experience. In his seventies, he would complain of being no longer agile enough to leap between stage and auditorium during rehearsals. His legs bothered him. During World War II, when living in Greece after having deserted Mussolini's army, he suffered nerve damage from the cold. He was treated by a peasant woman with pepper compresses, which saved his leg but did not prevent his body from bearing the marks of a period that would also deeply scar his spirit. For a man of anarchist and humanist convictions, having his life interrupted by eight years of compulsory military service, four years of which at war, would take a toll.

During the war period, he had corresponded with a group of artists that aimed to reconstruct Italian art following the years of destruction. Shortly after the end of the conflict, he played a leading role in important art projects in Milan: in nine incredibly intense years, he helped stage about 120 theatrical productions, establishing himself among the greatest European set designers. However, his director's outlook and his partnership with Giorgio Strehler, his long-lasting partner in building a conceptual view of each performance as a cohesive whole, made him feel somewhat restricted in the mere role of set designer. In 1954, he received Maria Della Costa's invitation to plunge in the unknown and exotic country of Brazil and debut as a director. His libertarian instinct led him to embark, without hesitation, on that adventure, full of uncertainties, that allowed him the freedom to, perhaps for the first time, write his life story in his own words, rather than those imposed by History and, later, professional status.

In 1954, the year my father debuted as a director with *The Lark*, a historical theater production that indelibly marked his arrival in Brazil, my mother was one year old. I would be born only 23 years later, when his Brazilian life was maturing. He had already created and broken up the Teatro dos Sete company, and staged historical plays with Grupo Opinião, contesting the military regime. He had given up on theater after his great dream, Teatro Novo [New Theater], was brutally interrupted by the military, returning to theater at the invitation of Flávio Rangel, his great friend and artistic partner. My father also had, among many other things, directed the first staging of *Gota d'água* [*The Last Straw*], by Chico Buarque and Paulo Pontes, with Bibi Ferreira's unforgettable performance in the main role.

I was born in 1977, precisely when *Gota d'água* opened in São Paulo, after a successful run in Rio de Janeiro. It was Flávio Rangel who introduced my parents to each other. My mother was his young assistant and my father was Rangel's set designer in the musical *Pippin*. The 38-year age gap between them generated all sorts of reactions among friends and family, but the relationship proved solid, a partnership for life that survived the end of love. Soon after that, my brother Bernardo was born, and my father, who did not want any more children (he already had an Italian son, Andrea, with his first wife) because he thought he was too old, engaged wholeheartedly in that new chapter of his life at an age when many are considering retirement.

Retirement was a word that did not exist in my father's vocabulary. He worked until the age of 87 and only stopped due to an increasing debilitating bladder cancer. That was when my father finally became old. Only in the last two years of his life I saw him tired, his advanced age taking its toll. I was fortunate enough to conceive and produce a documentary film, *A mochila do mascate* [*The Peddler's Backpack*], which not only was about my father, but also featured him, just before his health finally failed. I invited him to retrace his life story, traveling with me and a film crew, directed by the filmmaker and dear partner

Gabriela Greeb, to the Italian cities where he had lived and worked and then returning to Brazil, reproducing his exact life course. He did not hesitate to accept the invitation, perhaps only to satisfy the desire of a daughter seeking to understand the immensity of this man whose story was also hers, so close but also so far from her Brazilian reality in the 21st century. Apart from the two years he spent in Italy following his first Brazilian period, when he decided to settle definitely in Brazil, he had never returned to the places where he had worked. He not only had not looked up any old friends or colleagues as, after a while, even lost contact with his mother, baffling the Italians with this break. Therefore, each meeting documented in the film conveys the emotional revival of a past that, albeit remote on the one hand, on the other remained impressively alive, not only for him, but also for the people who received him. His illness emerged and developed precisely in the two years following the shooting, as we sought funding for post-production and proceeded to conclude the film, whilst enjoying his endorsement and criticism. The film premiered at the São Paulo Film Festival in the last year of his life, in a session at which he was present and received a post-screening ovation. He died two months later.

His body was cremated on December 31, 2005, New Year's Eve, and the cortège to the crematorium resembled more a carnival parade than a funeral event. Relatives and the few friends who were in São Paulo drove in line to the final goodbye, in a metropolis free of its usual heavy traffic and amid exploding fireworks announcing the New Year. He had scarcely left us and was already playing pranks, creating the plot and set of his own farewell.

Shortly afterwards, Vaner Ratto (his companion in the last seventeen years) and I organized a small exhibition, "Gianni Ratto – Artesão do Teatro" [Gianni Ratto – Theater Craftsman], curated by Glaucia Amaral, at the former Caixa Econômica Federal gallery on Avenida Paulista. During this process, we were able to organize many of the sketches and designs for plays that were haphazardly stored in boxes and bags on the top shelf of a cupboard. That was the moment we realized the need to organize the material adequately to preserve my father's personal artistic memory, which is also an important part of the history of Brazilian and Italian theater. So we founded a small institute at home, *Instituto Gianni Ratto*, and won the Petrobras "Memória das Artes" [Memory of the Arts] grant. The funding allowed us to set up a team, led by the museologist Malu Villas Bôas, which over the course of a year cataloged, cleaned and properly stored hundreds of sketches, drawings, designs, photos, publications, manuscripts, etc. Today this collection is open to the public and can be visited by appointment, having Vaner as its indefatigable steward.

The organized collection allowed us to envision other projects to perpetuate this important memory, and in January 2017, the year in which my father's centenary would be underway (he was born in 1916), our dream of holding a more comprehensive exhibition aimed

ENGLISH VERSION | 351

at reviving his theatrical career came true, with the vital partnership of Sesc São Paulo. I shared the curatorship of the exhibit "Gianni Ratto: 100 Anos" [Gianni Ratto: 100 Years] with a dear friend, the art historian Elisa Byington, who, having lived more than twenty years in Italy and being a specialist in Renaissance art, significantly complemented my more personal view. With an in-depth historian approach, she led the exhibit's underlying research, raising questions we had not previously considered, such as the role of the "Il Diogene" group of intellectuals in the formation of the future Piccolo Teatro team. She also investigated reference points that contextualize his life story within a broader background of Italian events, such as a documentary by Visconti about the infamous Ardeatine Caves massacre perpetrated by the Nazis in Rome, on the occasion of the assassination of Giorgio Labò, my father's best friend and son of his first master, the Genoese architect Mario Labò. Although not a specialist in the history of theater, Elisa is well aware of the cultural roots of a man like my father, whose wide-ranging skills, from the intimacy with music acquired with his mother, a pianist and composer, to architecture, carpentry and painting, made him a true "renaissance man" in the 20th century.

This book stems from the same research carried out for the exhibition, not only at the Gianni Ratto Institute, but also in partnership with the collections of the various Italian theaters that still preserve the historical works he staged in them: Piccolo Teatro of Milan, Teatro alla Scala of Milan, Maggio Fiorentino and Teatro dell'Opera of Rome. In Brazil, contributions came from the collections of Funarte and Centro Cultural São Paulo, besides the personal collections of artists such as Fernanda Montenegro and Lucélia Santos. With this book, we aim not only to document the exhibition itself, but to go beyond it, including performances that did not "fit" in the exhibit's physical space, delving deeper into my father's trajectory in both countries through essays by Elisa Byington (historical-biographical background), Vittoria Crespi Morbio (critical essay on the Italian period) and Sérgio de Carvalho (critical essay on the Brazilian period). It also features, whenever possible, a few work processes, illustrating an investigative and in-depth method of arriving at a final design, which was characteristic of his way of working.

This book does not have the ambition of cataloging the entirety of my father's work, since the material of many important shows has been lost, especially in Brazil. The selection of productions featured here aims to organize an outlook of his work, emphasizing the iconography of set designs and a few costume designs, striking a balance between indispensable shows and others that might be less historically important, but are nevertheless valuable for illustrating his methods of conceiving and developing set designs. Also added were entries that try to give readers a brief idea of the concept of each staging, drawing on what is available and more explanatory in each case: the citation of a criticism, sometimes an opinion of his about a play or even an excerpt narrating some curiosity or specificity of the work in question.

Therefore we conclude the celebrations of his centenary, crowning an ongoing effort started with the production of the documentary: to record the memory of a remarkable trajectory for the history of both Italian and Brazilian theater, preventing its oblivion. Once again, Sesc is by our side, believing in the importance of this document. My father left behind five books, all written in Portuguese, a language that he mastered and appropriated, despite the strong and ineradicable Italian accent. Books about him have been written in Italy and his work is cited in so many others in both countries, but this is the first time that a publication offers an overview of an oeuvre spanning six decades and two continents, either innovating and revolutionizing, as in the opera productions of the traditional La Scala in Milan, where Strehler and he were applauded by some and detested by others, or merely translating and honoring the original desire of the play's author. As a true "man of theater", my father devoted himself equally to works in the wide spectrum of theatrical genres, from opera to drama, from classic texts of high complexity to works of entertainment or light comedies. He always considered himself, first and foremost, a craftsman, a man whose everyday life was marked by the daily task of serving the only god who guided him in his steps: theater.

GIANNI RATTO 100 YEARS: AN INTRODUCTION
ELISA BYINGTON

"I devoured theater and was devoured by it."
(Gianni Ratto)

Gianni Ratto was a set designer, director, lighting designer and costume designer whose work made a lasting mark on the renewal of post-war Italian theater and on the development of modern Brazilian theater following his arrival in 1954. He left Italy at the height of his success, having collaborated in 110 productions in less than nine years. In Italy, he was called "Mighty Magician" for his synthetic intelligence and plastic ability to materialize a variety of worlds on any stage. The greatest evidence of such genius came from the tiny Piccolo Teatro of Milan, which he founded with Giorgio Strehler and Paolo Grassi in 1947. Together, they gave birth to a model company acclaimed throughout Europe that, following decades of censorship imposed by fascism and war, proposed innovative productions of great classics and unpublished contemporary plays.

The originality, the virtuosity of his perspective drawing and the daring to occasionally reduce the set to the simple two-dimensions of paper also innovated operas and ballets. With his creations for the grand stage of the Teatro alla Scala in Milan, a world temple of opera, he enchanted large audiences and the main protagonists of the musical culture at the time, having worked with Igor Stravinsky, Herbert Graf, Maria Callas and Herbert von Karajan.

Despite such recognition among the higher cultural milieu, Gianni Ratto nurtured no genre prejudice and never stopped working with satire and humor. Parallel to his work with the more refined and challenging texts of opera and drama, he created dozens of set designs for vaudeville. While conceiving sets for politically engaged plays at Piccolo Teatro, doing wonders with scant resources, he was also working in the most expensive shows in the history of Italian vaudeville, designing Hollywood-like sets for the mythical Wanda Osiris, the queen of vaudeville at the time, whom he had descend the most majestic staircase of the many he created on stage in his career. He worked with the great Walter Chiari and in the colossal *Bada che ti mangio*, with the inimitable Totò. To the surprise of his colleagues from other stages, in the 1949/50 season, while shining in La Scala with the set designs for *Lulu*, by Alban Berg, and operas by Malipiero and Donizetti, Ratto won the Maschera D'Argento award, the Italian "Oscar" of musical theater for his accomplishments in that genre, such as the vaudeville show *Quo Vadis* and the musical *Carosello Napoletano* (which was made into a movie starring Sophia Loren). In Italy, he may have become too successful as a set designer. Such fame had shackled him to that craft and he yearned for a broader role: directing and conceiving a play as a whole. He was offered such an opportunity by Sandro Polônio and Maria Della Costa, who invited him to be the director of their theater in São Paulo. He would choose the play and direct it. Tempted by the prospect, Ratto did not think twice about abandoning success and fame to venture out in that unknown country, with a different language, in a different continent.

> I was fleeing from everything that, alongside professional success, had made my life hell. I was fleeing and fleeing, I didn't want to leave traces. Very few people knew I was going to Brazil and those few didn't understand or accept my decision. I ended up leaving without saying goodbye to anyone but my mother, who accompanied me to the port. . . . I laughed as I sensed a whiff of freedom, the image of the rough sea; I laughed thinking of a country I didn't know, somewhat emphasizing the folklore of the conflicting news; . . . but I laughed mainly because I knew, and of this I was sure, that I would start a new life . . .[1]

Reading the newspapers at the time, there is no doubt that Ratto abandons the Italian scene at the height of his success. They give evidence of the critics' enthusiasm, the consensus regarding his inventiveness and good taste, the celebrity and the recognition of an original style, which constituted the profile of an artistic personality consolidated over few years.

In late 1950, on the exhibition "Italian Set Design," Enrico Prampolini publishes a historical analysis and an analytical classification of current trends.[2] Prampolini was a famous painter, sculptor and set designer, professor of set design at the Brera Academy in Milan. The four trends he identified were: "veristic naturalism," "pictorial neorealism," "plastic neorealism" and "plastic-chromatic spatial abstraction," the category in which he includes the young Gianni Ratto and reserved for himself and the greatest painters of the time such as Balla, Severini and Depero, evidence that by then Ratto had already assured his place in the pantheon of visual arts. Capable of formidable productivity in all genres and working from north to south of the country, when Gianni Ratto left Italy he was considered "the set designer," as attests Lele Luzzati,[3] or "the most original, influential and sought-after Italian set and costume designer of the immediate post-war period," as writes the producer and director Maner Lualdi.[4]

In a scene of a documentary about his life,[5] when he visits the archive of the Teatro alla Scala Museum, Ratto is surprised to see his sketches of fifty years earlier: "I admit they are better than I remembered. I thought they were more or less. But they are quite good," he says, as he shows them to his daughter Antonia, the true reason of his presence there. With sincere interest and no trace of vanity, he seems to look ahead, to inquire into the horizon, to wonder about the worth of that work in the present. He pauses briefly to read the comments on the watercolor sketches for the 1947 production of *La Traviata*, with which he had scandalized critics, and the explanation of the sketches for Alban Berg's *Wozzeck*, drawings intended to be built, painted and projected, creating interesting three-dimensionality in the sets of the staging directed by Herbert Graf in 1952.

This re-encounter with the work of his youth is no doubt emotionally charged. But Ratto, averse to nostalgia, does not give in to personal recollections. He praises the historian Vittoria Crespi Morbio,[6] the curator in charge of the scenographic archive, who handles the original material and quotes from memory the twenty productions he worked on at Teatro alla Scala: *"lei sa tutto!"* ("she knows

---

1. Gianni Ratto, *A mochila do mascate*, Rio de Janeiro: Bem-te-vi, 2017, p. 202.

2. Enrico Prampolini, "Lineamenti di Scenografia Italiana", in: *Il Loggione*, 15 jan. 1951. The article refers to the luxurious catalog of the exhibition *Italian Set Design*, with an introduction and the classification of trends proposed by Prampolini.

3. Emanuele Luzzati in a statement in the documentary film *A mochila do mascate*.

4. Maner Lualdi, "Incontro con Gianni Ratto che è diventato brasiliano", *Corrieri della Sera*, Milan, Mar. 9, 1965.

5. *A mochila do mascate*, a documentary film directed by Gabriela Greeb and written and produced by Antonia Ratto, 2005. The scene in question was filmed in 2003.

6. Author of the essay on Gianni Ratto's Italian period in this book, "The Enlightenment of an adventurous Man", at page 364.

ENGLISH VERSION | 353

everything!"), he exclaims, surprised. "But they are historical!" replies the scholar, referring to works she could not afford to ignore.

The attitude of marked sobriety, hardly used to reminiscing about the past, sparingly employing adjectives to describe himself and his deeds, makes it all the more surprising that, fortunately for us, Ratto has kept such a significant volume of work material: studies, sketches, drawings, plus letters, posters, programs, newspaper reviews, some of which crossed the ocean with him and accompanied him in so many changes – of country, city, marriage.

The solution to this apparent contradiction may be found in *A mochila do mascate* [The Peddler's Backpack], the title of his alluring memoirs, which, in the modest metaphor used for his recollections, offers the key to the life and work of the itinerant artist with which he identifies, in the manner of a peddler who accumulates in his baggage a host of things of no immediate use, but which might serve at any moment to develop a new dramatic context among the many that characterize life in the theater.

The wealthy preserved material, made up of hundreds of original documents and drawings – which he kept in irreverent plastic bags – is now gathered and cataloged in the archive of Instituto Gianni Ratto,[7] whose support was essential for the retrospective exhibition held at Sesc Consolação in 2017 and the existence of this book. This material is important to understand his career in Italy, but also, and mainly, to document his work in Brazil. It comprises records of the meticulous attention dedicated to the staging of performances, whose study might have involved the most different literary, musical, historical and iconographical sources. As another set designer would say, "Getting things done in theater is a miracle. The only way to make it happen is to prepare it."[8]

Having devoted himself to all genres in such a prolific way, Ratto at one point confesses to being "overloaded with departments," which include

> … palatial halls, impoverished rooms, oriental gardens, church naves, ghost ships, haunted rooms where crime lurks through cracks and crevices in the walls; roadside inns, luxury hotels, Italian squares, London alleys, American suburbs, southern mansions, bourgeois interiors, harbor quays, railroad junctions, African deserts, Russian villages, 5th century BC and 5th century AD, Middle Ages, Renaissance, Elizabethan, Baroque, French Revolution, Second Empire, Dadaism, isms, isms, isms, wars, revolutions, theories, reviews, vaudeville and shows, operas and operettas, magic and tricks, trapdoors, singers, conductors, authors and directors … phew![9]

To this vast and omnivorous horizon corresponds Ratto's personal library, comprising widely consulted books featuring all kinds of knowledge with no hierarchy, from philosophy to the history of porcelain, from fashion to armor, in search of any detail that may breathe life into and materialize on the stage, at each time, a different dramatic world. "I really doubt whether any other profession requires such vast 'encyclopedic' knowledge as that which a set designer should have."[10]

The material preserved at the institute largely documents the preparatory stages of the work: drawings and notes that allow us to observe the creative process, the research involved, the path being outlined from the first ideas to its progressive definition, the study of the elements required at the limit of the different possibilities of the scenic space, whether structural or ornamental elements. That is the case, for example, of the drawing with the first ideas for Shakespeare's *The Tempest*, staged outdoors in the gardens of Palazzo Pitti in Florence in 1948. After a first drawing in gouache, which reproduced the fountain and its surroundings (the venue chosen to stage the play) – a pictorial record rather than a photograph or postcard – come the first sketches on black paper, in which the patches of different colors, made with gouache and pastel, establish the first schematic division of the space in asymmetrical surfaces, circumscribed by white chalk, thus defining the various sectors of the staging he would detail later: "When I design a set, I am alone with myself. . . . I work in search of an idea that pencil or charcoal will translate and transcribe on paper. Alone, I elaborate ideas, structuring architectural and plastic values, imagining light, talking to the space."[11]

The book compiles a significant part of Ratto's scenographic creation, sketches of set designs that have been staged and studies that show the creative process leading to that outcome. The precious final sketches, those which in Italy would remain in the theater for the construction of the set, are well preserved in the priceless collections of Piccolo Teatro di Milano, Teatro alla Scala, Maggio Musicale Fiorentino and Teatro dell'Opera di Roma. Fortunately, their publication was authorized, along with beautiful photos of scenes, without which we would not know the result on stage of that plastic thought preserved on paper.

Regarding Brazilian theater, thanks to Fernanda Montenegro and Fernando Torres we have the final sketches for Artur Azevedo's *O mambembe* [The Troupe], a series of watercolors with characteristic environments – the stage of the itinerant theater group and perspectives of the old downtown area of Rio. The staging, which aimed to update a 19th-century play, marked the debut of Teatro dos

---

7. The catalogue material is available to be consulted, under the responsibility of Vaner Ratto.

8. From Boris Aronson's speech when he won the 1976 Tony Award, the sixth and last of his career.

9. Gianni Ratto, *A mochila do mascate*, op. cit., p. 31.

10. *Ibidem*.

11. *Ibidem*, p. 211.

Sete in 1959, setting a new production benchmark for Brazilian theater. After preserving them for decades on the walls of their home, the couple donated the set of watercolors to the Funarte collection, along with the sketch of the set design for the first staging of *Beijo no asfalto* [Kiss on the Asphalt] in 1961, directed by Fernando Torres.

This book is divided into two sections, Brazil and Italy. The division is not only geographical and chronological, but also aims to reflect the professional and artistic break represented by the departure from the Old World and the beginning of a distinct phase of Gianni Ratto's life and work in Brazil. The chronology of the work in Italy can be divided by theatrical genres. In Brazil, in turn, the extended time and the variety of his experiences as director and set designer require the introduction of the historical backgrounds underpinning their production. To some extent, this is a catalog of the exhibition "Gianni Ratto: 100 years." We aimed to expand the scope of the exhibition, adding information to the plays' text entries, as well as including essays by two performing arts historians: Vittoria Crespi Morbio[12] critically analyses significant Italian stagings and the evolution of his style in dialogue with Giorgio Strehler, while Sérgio de Carvalho focuses on Ratto's long Brazilian career. Written in first person, Carvalho's text historically reflects on Ratto's work, contextualizing his role in modern Brazilian theater, serving also as a personal testimony sustained by friendship and affection.

BIOGRAPHICAL NOTES

Gianni Ratto was born in Milan in 1916, during World War I, and his youth was marked by the violence of World War II, which conditioned the rhythm of his development. The rise of fascism and the militarization of social life imposed on him a long period of military service, from 1938 to 1945. He experienced the insanity of "racial laws" and the violence of war resulting from Mussolini's imperial pretensions and his alliance with Hitler.

His mother, a classical music pianist and composer trained in the most important Italian conservatories,[13] very early influenced his musical sensitivity and his relationship with the arts in general. In her company, at the age of four he was already attending concert halls and silent movie sessions, still unable to read, following the film plots from his mother's explanations and, above all, the dramatic and suggestive chords of the live piano music. Echoes of this singular upbringing emerge in his reflections and contribute to his understanding of dramaturgy: "When someone rings the bell, who is it? A delivery man, a robber, a girlfriend, a mailman, an idea, a proposal, life and death? Such emotional moments can be likened to rhythms, pauses, tempo, to the music score of an orchestral composition."[14]

Gianni was just over ten years old when he met Edward Gordon Craig, a celebrated English actor, director and set designer, among the great innovators of modern theater, who lived on the outskirts of Genoa. Craig's daughter took music lessons with his mother and through her Ratto started having contact with the master, who advocated a theory of theater as a unified art form, an early influence of his vocation: "Craig's world transformed my latent passion for the theater into a delirium... in which nothing was clear, but everything was wonderful..."[15]

At the time, he also studied music – piano, violin, cello – and took part in choirs, as can be read between the lines of his statements, in which excessive discretion often leave us wondering about the facts. In his childhood, the concerts attended in his mother's company were especially beloved programs: the rituals of instrument tuning and orchestra introduction, the music and "the shifts in sound intensity, the transition from a pianissimo to a crescendo, culminating in a blast of trumpets, tympani, horns and bassoons. The dancing movements would excite my body..."[16] Ratto describes the emotional involvement that would transport him to another dimension and the melodic lines that would accompany him to bed, where he only managed to fall asleep when the orchestra "invaded me with its full sonority."[17]

Regarding the importance of music in his training, at a certain point in his memoirs Gianni recalls how much he learned by attending the orchestra's rehearsals at Teatro alla Scala, "observing the accurate work of the development of musical language,"[18] sometimes having to hide as the conductors not always admitted people in the room. He especially mentions the occasions in which he watched the rehearsals of Arturo Toscanini – who had returned to Italy with the end of fascism – and the effectiveness of the maestro's remarks, capable of instantly improving the ensemble's performance. In these pages, Ratto attributes his model and method of stage direction to conducting.

Indeed, his columnar lists of scenes, characters, requirements, functions and individual movements during the performance sometimes resemble a conductor's musical score, which includes the voices of all instruments and their different moments of entry. His reflections on performing arts often contain images borrowed from musical analysis: "Can the value of a pause be measured on the musical score of sensibility?"

We may presume that such intimacy with music, which was experienced as an underlying language, was significantly relished in the many operas he directed since his earliest years in Brazil. He reports that it was not usual for prestigious Brazilian directors to turn their attention to lyric theater, considered a secondary activity. Nevertheless, Ratto hailed from an environment in which the director's work in the

---

12. Author of the monograph *Ratto alla Scala*, Milano: Umberto Allemandi & C., 2004.

13. Maria Ratto graduated in piano from the Verdi Conservatory in Milan and earned a specialist degree in composition from the Rossini Conservatory in Pesaro.

14. Gianni Ratto, *Hipocritando*. Rio de Janeiro: Bem-te-vi, 2004, p. 30.

15. Gianni Ratto, *A mochila do mascate, op. cit.* p. 20.

16. *Ibidem.*

17. *Ibidem*, pp. 81-3.

18. *Ibidem*, p. 281.

staging of operas enjoyed great prestige and responsibility. In directing this specific kind of performance, he considered it important to guide himself by the score rather than the libretto. "It's the music that commands," he would say. Perhaps few people noted this skill and the extent to which his solid background allowed him to move confidently between the great classics of Italian bel canto and all kinds of 20th-century experiments, from Alban Berg's and Luigi Dallapiccola's atonal music to Luciano Berio's electronic music theater or even Philip Glass's minimalist opera.

Gianni Ratto's childhood and background were conditioned by the world wars, but also by the atmosphere of artistic vanguards that fueled aesthetic debates. The revolutionary fervor and aesthetic-cultural scope of the declarations of Futurism went far beyond the tragic events of World War I. The iconoclastic poetics contained in the *Futurist Manifesto* written by Tommaso Marinetti (1909) spawned developments in all fields of art and inspired other avant-garde movements at the time. The influence of his ideas, Ratto's endless reelaboration of Marinetti's futuristic concepts into new languages – the plastic solidity of 1920's mechanical art and '30's aeropainting – even during fascism, was present in Ratto's training at the Artistic Lyceum in Milan since 1932. The young student's admiration for the protagonists of the vanguard that preached "audacity and rebellion" becomes evident in the discussions with his mother, mentioned in his memoirs. The controversial conversations revealed his admiration for Luigi Russolo, a futurist painter and composer, author of the manifesto that advocated music which, besides the usual harmonic scale, also incorporated noise.[19] Russolo created the famous *intonarumori* (noise makers) – boxes that used sounds of daily life reproduced at different intensities – a precursor of electroacoustic music, with radically written scores that allowed for explosions and whispers.

In his last book, *Hipocritando* [Hypocriting], especially directed towards actors, Ratto aims to define theater as a contemporary music score, made with the sounds of the world: "Not only notes, but also marked by cries, silences, beats and tempos, orgasms and catharses, real, virtual and dreamlike images . . ."[20] This image seems to contain the echo of Luigi Russolo's futurist inspiration.

In his long and intense working career, music, his first muse, whether lyric, symphonic, electronic or dodecaphonic, was always present, making different demands of his plastic potentialities, to the point of forcing him, when faced with the scenic requirements of Philip Glass's opera, to create the neologism "scenoplasty"[21], about which we will talk more below.

"SET DESIGN IS A CHARACTER THAT EXPRESSES ITSELF PLASTICALLY"[22]

The great passion for drawing, fueled by his admiration for Gordon Craig, led Ratto to initiate his professional trajectory at the Arts Lyceum, while working at the studio of the architect Mario Labò, an active protagonist of rationalist architecture. The experience begun at the age of 15, decisive for his training, ended when he moved to Rome to study at Centro Sperimentale di Cinematografia, which he joined after winning a contest promoted by a film magazine. During the fascist regime, his training at Centro Sperimentale would be abruptly interrupted by the long period of military service. However, even in the barracks, he does not stop drawing and translating and adapting plays, trying to find ways to do theater.

During military service at the officers' school in Fano, a city on the Adriatic coast, he meets Paolo Grassi, a cultured journalist and very active stage director who, being extremely tactful, obtains permission for them to stage a satirical musical performance as a graduation assignment: "During the day I would create the set designs for the performance in the large room where fencing classes were normally held; among old shirts that, reduced to strips, allowed me to reinforce my painted panels (inspired by Steinberg and Munari), I drew and painted on all fours." In the evening they rehearsed at the local theater, the lovely Teatro della Fortuna, "a beautiful theater with a slight musty smell due to the old woodwork and rigging."[23]

During the war his battalion is transferred to Greece, where he ends up deserting. Brought back to Italy by the English in early 1945, he meets with the disaster of a country marked by World War II and the Resistance which, together with the Allied armies, had freed Italy from the occupation. Returning to Genoa, he learns of the assassination by the Nazis of his best friend: Giorgio Labò, son of Mario, posthumously decorated as a hero, shot dead in Rome in the Ardeatine Caves massacre. He finds the city "half-destroyed by sea and air bombardment, visiting friends, learning about the total annihilation of families I knew. The Carlo Felice, a lyric theater of great tradition, was no more than a heap of rubble; whole streets obstructed, broken piping, shattered hospitals, and, most of all, innocent people dead, dead, dead..."[24]

Gianni Ratto then moves to Milan where he re-encounters Paolo Grassi, who, in the post-war bombed city, was gathering a group of critics, writers and actors engaged in renovating theater. At the "Il Diogene" cultural center they would discuss the central role theater should play in reconstructing post-war society. Free from fascist censorship, they read unpublished texts aloud, debated the renewal

---

19. "It is necessary to break this narrow circle of pure sounds and achieve the infinite variety of 'noise sounds'" (*Bisogna rompere questo cerchio ristretto di suoni puri e conquistare la varietà infinita dei "suoni-rumori"*). See Luigi Russolo, "L'Arte dei Rumori. Manifesto Futurista", Mar. 11, 1913. Available at: <https://www.wdl.org/pt/item/20037/>. Accessed on: January 17, 2019.

20. Gianni Ratto, *Hipocritando, op. cit.*, p. 19.

21. The term was coined during the preparation with Philip Glass of the opera *The Fall of the House of Usher* in 1992. Typed text. Gianni Ratto archive.

22. Gianni Ratto, *A mochila do mascate, op. cit.*, p. 110.

23. *Ibidem*, p. 119.

24. *Ibidem*, p. 153.

of classics. In this setting Ratto meets Giorgio Strehler, who invites him to work in his first professional production, that same year: Eugène O'Neill's *Mourning Becomes Electra*, which premieres in December 1945.

Ratto actively participates in the creative effervescence and yearning for freedom of speech that animated the groups engaged in renovating theater, giving lectures and writing about set design in specialized journals. His concept of "set design as character" dates from that period,[25] theorized in a text in which he argues that, as with the actor, also with the set designer every element used in the conception of the scene, every detail, must obey the interpretation of its specific role in the play. He goes back to the idea in his memoirs: set design "is not an ornamental phenomenon," but a "character that expresses itself plastically."[26]

After the success of the debut, the fertile partnership with Strehler is consolidated in ten theater plays, besides the opera *La Traviata*, at the Teatro alla Scala of Milan, even before the foundation of the memorable Piccolo Teatro in May 1947 – celebrated with the staging of *The Lower Depths* by Maxim Gorky. In common they had mothers who were musicians, familiarity with solfeggio and musical scores and total devotion to the theater. They grow and mature amid opera and drama, staging together a total of 56 shows that made history in Italian theater in the years preceding Ratto's move to Brazil.

Piccolo Teatro di Milano, the first Italian public theater company, was a banner and model for others that emerged in Italy in the following years, based on the conception of theater as a public service. Paolo Grassi, the company's director and member of the Socialist Party, enjoyed a privileged relationship with the city's mayor, also a socialist, from whom he obtained the right to use the company's premises and the necessary funds to reconstruct the former Broletto movie theater, partly destroyed during the wartime occupation. Strehler becomes the all-powerful director and Gianni is named the company's permanent set designer as well as architect in charge of renovating and adapting the facilities to the new purposes.[27]

On the tiny stage of Piccolo Teatro, Gianni was able to create prodigious solutions thanks to the inventiveness of his perspective drawing. The mastery of that skill, which dated back to his Renaissance ancestors and the 17th-century architects-scenographers he admired, provided the technical grounding for his inventions[28] and for the different aesthetic intentions of each staging, whether architectural constructions at Teatro alla Scala or merely pictorial solutions on canvases and panels. Gianni studied everything, processing past knowledge blended with the entire history of 20th-century art, with Futurism, with metaphysics, with expressionism, with movements that delighted him enough to make him learn their nexuses and then abandon them in order to better use them in the service of the art that inspired his passion above all others, theater.

Italy was recovering culturally and morally by producing high quality art, film, literature, internationally acclaimed. Regained freedom and the need to communicate personal experiences spawned a flourishing movement in the arts in general. Theater was in tune with literature and film – in those years, Italian cinema produced films such as *Rome, Open City* (1945) and *Paisan* (1946) by Rossellini, and *Shoeshine* (1946) and *Bicycle Thieves* (1948) by Vittorio de Sica, while Visconti released *The Earth Trembles*, filmed with non-professional actors. Visconti also brought to the theater subjects previously excluded from the stage, such as incest and homosexuality, openly addressed.[29]

Gianni is a protagonist in this creative process. He works in all major Italian theaters that were reopening and in successful productions touring Europe. He collaborates with different directors and theater companies, from Mario Landi, Vittorio Gassman and Vittorio de Sica to Adolfo Celi and Ruggero Jacobbi, whom he would meet again in Brazil.[30] "I worked non-stop. I once designed seven sets in a single day."

It wasn't easy optimism or gratuitous euphoria, on the contrary: we felt we were the custodians of a meaning of life as something that could start again from scratch, an overall strenuous anguish and also our ability to live through the pain and danger.... Having emerged from an experience – war, civil war – which had spared no one established an immediate communication between the writer and his audience: we were face to face, on an equal footing, burdened with stories to be told, each one had his own, each one had experienced an irregular life, dramatic and adventurous, we snatched words out of each other's mouth. The revived freedom of speech meant a compulsion to tell: in the trains that were back in operation, teeming with people and sacks of flour, cans of oil, each passenger told the vicissitudes they had experienced [...]".[31]

---

25. Gianni Ratto, "Invito alla critica della scenografia", *Palcoscenico, Rivista di arte teatrale*, mar. 1947.

26. *Idem, A mochila do mascate, op. cit.,* p. 110.

27. The Gianni Ratto Archive contains a letter of introduction to the "Municipal Technical Department," signed by Grassi, written on stationary with the letterhead of *Avanti!,* the Socialist Party journal.

28. In his memoirs Gianni Ratto mentions being inspired by Galli Bibiena and the ornamental masters, also referred to in his *Antitratado de cenografia* [Anti-Treatise of Set Design].

29. Vf. G. P. Brunetta, *La città del cinema. I cento anni del cinema Italiano*. Milano: Ed.

Skira, 1996; Elio Testoni, "Introduzione", in: *Atti del convegno sulla drammaturgia di Eduardo di Filippo*. Roma: Senato della Repubblica, 2004.

30. For Jacobbi he designs the set of *Mirandolina* by Goldoni, with Maria Della Costa in the title role, in 1955. Ratto did not work with Celi in Brazil, as is commonly believed, and worked in only two productions at TBC: direction and set design of *Euridyce* by Jean Anouilh in 1956; and direction and set and lighting design of *Life with Father* by H. Lindsay and Russell Crouse in 1957. He would return in 1991 with *Quaff*, an adaptation from Peter Shaffer's *Lettice and Lovage*, directed by José Renato, for which he designs the sets, costumes and lighting. But that was another story...

31. Italo Calvino, preface for the 1964 edition of *Il sentiero dei nidi di ragno*. Milan: Ed. Garzanti, 1987 (1947), pp. 7-8.

In this singularly expressive account of the mood of those years and the productive frenzy experienced at the time, Italo Calvino, from the distance of a few years, recalls the sense of urgency that marks the publication of his first novel, *The Path to the Spiders' Nests,* in 1947.

CHARACTERS IN SEARCH OF AN AUTHOR

Pirandello's most famous play,[32] recalled in the title above, thematizes theater within theater, actors who now welcome, now refuse their characters. Gianni Ratto's first decade in Brazil is marked by the magical meeting of the set designer who wanted to direct with actors who wanted someone with his experience and universal view of theater.

Ratto wished to take on full responsibility for the productions. His working method had always been to analyze the dramatic text and conceive each aspect of the staging with the director. This line of thought is visible in his sketches and notes that guide his process of designing sets and costumes, as well as in his correspondence with directors. Shackled by his fame as set designer in Italy, Ratto saw in the invitation made by Maria della Costa and Sandro Polônio the opportunity to embrace the show as a whole. Months later he premieres in São Paulo Jean Anouilh's *The Lark,* directing the play and also designing the set and lighting. The unity of conception, the direction of actors and the great plastic beauty of the staging were unanimously praised by the critics, who awarded the production in all categories. "He had educational cultural awareness of theater, without the exhibitionist didacticism I have seen so often," says Fernanda Montenegro, who met him that same year. "He was a professor of acting, of history of theater, sociology, anthropology. He had ambition to do it that way."[33]

In 1958, three years after his arrival, Gianni and the Italian costume designer Luciana Petrucelli, with whom he was married, spent some time working at the University of Bahia and from there returned to Italy for Christmas, staying on for several months. The intense correspondence exchanged between him and Fernando Torres during that period, interspersed with the voices of Fernanda and Luciana, is eloquent of the deep professional and human relationship previously established. "I perceive how useful to me were the years spent by your side, Mr. Ratto," writes Torres, who had worked as Ratto's assistant and was now directing a play in São Paulo. "The discipline imposed by you, based on mutual respect and love of work, all that has taken root in me." The tone is ceremonious and reverent, but direct and frank in

discussing repertoire, exchanging opinions on criticism and audience, commenting on material difficulties faced, entreating him to return and settle in Brazil so they could found a theater company together.[34]

The result was "Teatro dos Sete," which premiered in 1959 with Artur Azevedo's *O mambembe* – at Fernanda's suggestion, recalls Ratto – respecting the director's concern with staging plays by Brazilian authors: "There is no national theater without national authors," he would assert in the face of the prevailing prejudice that privileged foreign authors. With this aim in mind the group requests works from several authors and Fernanda insists on having a play by Nelson Rodrigues, who after some time gives them *O beijo no asfalto,* a "Rio de Janeiro tragedy," which was directed by Torres, with set design by Ratto and the author's constant presence at rehearsals.

The group composed of the "Fernandos," Ítalo Rossi and Sérgio Britto – Luciana does not return to Brazil – had already staged a few plays with Ratto, including *A moratória* [The Moratorium] in 1955, Jorge de Andrade's first theater play and Fernanda Montenegro's debut in the lead role. Besides achieving success with *O mambembe* and being acknowledged for the quality of their productions, the group puts on experimental plays such as *Apague meu spotlight* [Switch off my Spotlight], by Jocy de Oliveira and Luciano Berio, the first electronic music show staged in Brazil, in the municipal theaters of Rio de Janeiro and São Paulo in 1961.[35]

The previous year they had staged *O cristo proclamado* [The Announced Christ], by Francisco Pereira da Silva, a play that denounced the exploitation of the poverty and naivety of northeastern migrants by politicians. On entering the theater the audience encountered open curtains and a bare stage, a plainness to which many attributed the show's failure. The play's caustic social criticism hardly resonated with the audience attending the theater of Copacabana Palace in Rio de Janeiro and it was the greatest flop of Teatro dos Sete. Nevertheless, Ratto considered it one of their best productions,[36] a quality acknowledged by part of the critics:

> We believe that the play is destined for great success in the near future. Quite contrary to the (alleged) lack of communication, one notes an experience common to both actors and audience. At times the spectators actually feel part of the play, tempted to protest against the demagoguery of the politician Feitosa, masterfully played by Sérgio Brito . . .[37]

---

32. *Six Characters in Search of an Author,* of 1921.

33. Statement by Fernanda Montenegro in the documentary film *A mochila do mascate.*

34. Letter dated June 24, 1958. Ratto was in Bahia at the time. The letters are respectively preserved in the Gianni Ratto archive and the Fernanda Montenegro collection.

35. The I Avant-Garde Music Week, considered an introduction to the I Music Biennial, was an initiative of Brazilian Musical Youth, directed by the conductor Eleazar de Carvalho. According to Berio's statement to local newspapers, the "electronic drama"

Apague meu spotlight celebrated the desired union of avant-garde music with avant-garde theater. The first performance took place in Rio to a full-house in the Municipal Theater. In São Paulo the show was performed during the Art Biennial. Unfortunately, only a small part of the show's audio survives, featuring the voice of Fernanda Montenegro and the laughs of Sérgio Britto. The rest was destroyed together with the MEC Radio files by the military during the dictatorship regime imposed in 1964. Cf. in Youtube the moving statement by Fernanda Montenegro recounting her participation in the play and the cultural effervescence of the early 1960s. Available at: https://tinyurl.com/apaguemeu. Accessed on: 31 January 2019.

36. Gianni Ratto, *A mochila do mascate, op. cit.,* pp. 213-6.

The choice of the play and the austere staging were in tune with movements linked to popular culture – the Center for Popular Culture (CPC) would be founded the following year – initiatives that would be soon repressed by the military dictatorship. In 1966 Ratto is invited to direct the first play of Grupo Opinião. Although he is not a member of the company, his participation is eloquently justified in the program of *Se correr o bicho pega, se ficar o bicho come* [Damned If You Run, Damned If You Stay], by Oduvaldo Vianna Filho and Ferreira Gullar: "GR was and is part of the movement that ultimately gave birth to Grupo Opinião."[38]

In the promising 1960s Ratto would also set up the ambitious Teatro Novo,[39] a theater and music school and ballet company, a long-cherished dream that lasted less than a year before being brutally shut down by the military dictatorship in late 1968. Such arbitrariness made him abandon the theater and retire to a deserted beach for over a year. He was brought back at the insistence of Flávio Rangel, with whom he would establish a fertile partnership. Twenty years after the traumatic episodes mentioned above, Gianni reaffirms the poetics that inspired him in those years:

I continue to believe in a theater that is stripped-down, poor – ragged, even – where everything is ritual, spontaneous, in a context of signs and symbols. I believe in jute that becomes precious brocade by candlelight; I believe in the tree branch that is staff, scepter and serpent: in everything that changes through the magical gaze of a cat.... Humankind needs poetry and not theater "with an artificial taste of poetry." Humankind needs the means to come into contact with itself; it needs to cry out in anguish without its cries being muffled by searchlights and the clatter of gears; it needs to rediscover its spaces, its luminosities, its disappointments; to rediscover the understanding of its destinies.[40]

Ratto was a master at designing large scenographic constructions. Over time, the role of set design as a "strategic element that should announce the performance when the curtains open" would deserve different considerations. In the last decades he conceives the set as an empty stage, replacing material elements with immaterial aspects in the construction of the theatrical space, such as light and its transparencies, relying on the key role of speech.

Today [set design] is no longer a structural or pictorial problem: it is a space in which the lighting acts with increasing depth; we could even change its name, call it scenic space, action area, three-dimensional ambiance,

dramatic atmosphere, etc.; that does not exclude the possibility of using resources that belonged to the recent past, but I believe that, speaking of perspective, for example, it would be more logical to think in terms of dramatic perspective rather than architectural design.[41]

There is no doubt that for Ratto, lighting becomes increasingly important in the construction and transformation of the architectural space. In this course, it is interesting to observe the role that music, an immaterial art par excellence, may have had in the "dramatic translation of theatrical space" by generating decisive experiences. The unexpected staging of *Don Giovanni* in 1991 solely with lighting – because the sets had burned down – and, in the following year, of Philip Glass's opera based on Edgar Allan Poe's *The Fall of the House of Usher* raised reflections that made him coin the neologism "scenoplasty".

Given the spatial conditions in which the Glass-Poe characters must perform, the term scenography is not very convenient, certainly less than **scenoplasty,** which suggests surfaces, volumes and levels as opposed to the use of ornamentation and adjectivization suggested and required by traditional concepts of set design. We therefore have placed on stage, in the functional space, structures involved in a hazy atmosphere; in an attempt not to visualize a story, but to find a suitable atmosphere for the work as a whole.[42]

Ratto was essentially a theater professional, although film, an art that had fascinated him in his youth for its resources, still amused him. Not only as set designer but also as actor, as in the role of grandfather he played in the series *Anarquistas, graças a Deus* [Anarchists, Thank God] (1983), the story of a family of Italian immigrants directed by Walter Avancini, and in *Sábado* [Saturday] (1995), a comedy by Ugo Giorgetti in which he played the role of a dead man inside an elevator. In his early youth in Italy he designed the sets of Enrico Pea's *L'orizzonti del sole*, in 1953. Much later he would create the scenes of the opera *Ernani*, in Teatro Amazonas in Manaus, for Werner Herzog's film *Fitzcarraldo* (1982).

"I wouldn't be a good Brazilian if I ceased to be Italian," writes Ratto about never having been naturalized, a fact that perplexed many people who were close to him. This paradox seems to have guided much of his activity, nourishing, in this tension, his rich personality. The five books written in beautiful Portuguese, alongside the strong Italian accent he never lost, form the outline of Ratto's commitment to Brazil. Emotionally and existentially devoted to the country he chose, his mindset, the humanist framework, remained Italian, as did his

---

37. "Cristo Proclamado e o Teatro dos Sete", *Correio Literário*, dez. 1960.

38. "As razões para Gianni Ratto", in: *Se correr o bicho pega, se ficar o bicho come* [play program], by Oduvaldo Vianna Filho and Ferreira Gullar, 1966.

39. For a better insight into this period and Gianni Ratto's achievements during the dictatorship, as well as the characteristics of Teatro Novo, see Sérgio Carvalho's essay in this book, p. 218.

40. Gianni Ratto, *A mochila do mascate*, op. cit., p. 190.

41. *Ibidem*, p. 110.

42. Typed and signed text. Gianni Ratto archive, emphasis added.

43. Giorgio Vasari, *Proemio di tutta l'opera* in *Le Vite dei più eccellenti pittori, scultori ed architettori*, 1568. Florença: Ed. Sansoni, 1906, t. I, p. 93.

44. Gianni Ratto, *A mochila do mascate*, op.cit., p. 277.

ENGLISH VERSION | 359

spatial, plastic and pictorial sensibility. We hope this book may achieve its goal of documenting the scenographic work of this transatlantic artist, sparing it from a "second death," in the words of a historian of the past,[43] and helping keep alive his beautiful ideas: "Art is reinventing nature; creating new languages; giving life to immortal beings; erecting spatial structures; risking absurd adventures; provoking controversy. Art is strict technique coupled with ruthless creativity. Art is wisdom and naivety. Art is victory over death."[44]

ITALY

THE ENLIGHTENMENT OF AN ADVENTUROUS MAN

VITTORIA CRESPI MORBIO

Gianni Ratto was not yet forty when in Genoa he climbed aboard the ocean liner "Eugenio Costa" en route to Rio de Janeiro. It was in 1954 and the Ligurian scenographer was at the peak of success: the greatest directors and most prestigious theater institutions in Italy competed for him. And yet he decided to leave: "I thought that then nothing could stop me. I was happy."[1]

Appeal of the unknown? Need for a challenge? A legend began to develop around Ratto's figure, increasingly mysterious as his presence receded in memory.

Meanwhile in Milan at the Piccolo Teatro and La Scala Giorgio Strehler made up for his absence with promising youths, Luciano Damiani and Ezio Frigerio. The new scenographers transformed the performances that Ratto had already signed in the late 1940s: *The Servant of Two Masters* by Goldoni,[2] *The Tempest* by Shakespeare,[3] *The Love of Three Oranges* by Prokofiev,[4] *The Mountain Giants* by Pirandello.[5] While the Piccolo was spawning a continual whirlwind of ideas and projects Frigerio often wondered: whatever

became of Gianni Ratto? And above all, why did he go away, breaking off his affections and work?

Paolo Grassi, the founder of the Piccolo with Strehler, the first to become aware of Gianni Ratto's talent when in 1942 they were both at the military school,[6] explicitly asked him. Grassi felt he was close to him, they had been fellow adventurers in the first theatre performances during the war. The scenographer's reply was simple and disarming: "There is not much to say about my departure. At a certain point it seemed right for me to leave and I did it. I never liked to talk about myself and my affairs, and privacy has always been a part of my relations with others. Here I'm starting all over, without too many illusions, but with a certain serenity that I feared I might lose forever."[7]

In Brazil Ratto settled in Sao Paolo, but everything seemed to reject him and condemn him to nostalgia and regret. For him it was like starting all over from scrap, because it was hard to find work in the theatres but also because those little things that help us live were missing. To his friend the head stagehand of the Piccolo, Ratto wrote: "You ought to be so kind as to buy an expresso coffee machine, trademark Vesuviana, for 6 cups [for a friend]. I also need a package of coloured gelatins [...] because there aren't any here and we have to work with cellophane. Bring me all the colours you can."[8] Pride would be greater than regrets. Ratto rose to the challenge and never left his new country.

GENOA: GORDON CRAIG AND MARIO LABÒ

To understand what lay behind this mysterious decision we must take a step back and return to the beginning, to the bustling and stimulating Genoa the Ratto family came from (Gianni was born by chance in Milan on 27 August 1916). It shaped his thirst for adventure, his love of the sea, his adrenaline temper; and also the sense of poetic ebullience that characterises his work, the very air, the pastel tones of the 17th-century frescoes in the Genoese palaces, the brightness of the light and the freshness of certain sea gusts.

Genoa is important because it is where the youth met the first great artist to urge him towards the theatre, the famous British director Gordon Craig. Gianni Ratto was a visitor at the beautiful house on Via

---

1. Gianni Ratto *apud* Pietro Boragina, *Il mago dei prodigi*. Torino: Nino Aragno Editore, 2015, p. 754; Boragina's essay contains some excerpts, translated por Ivana Librici from Gianni Ratto's autobiography, *The peddler's backpack* (ed. original: A mochila do mascate. São Paulo: Hucitec, 1996.).

2. *The servant of two masters*, comedy in three acts by Carlo Goldoni, director Giorgio Strehler, sets Gianni Ratto, costumes Ebe Colciaghi, music Fiorenzo Carpi, Milan, Piccolo Teatro, 24 July 1947. Revived under the title *Arlequin, Servant of Two Masters* (masks by Amleto Sartori), Rome, Teatro Quirino, 17 April 1952. In 1956 Ezio Frigerio presented a new version of the work directed by Giorgio Strehler and produced by the Piccolo Teatro di Milano (Edinburgh, Royal Lyceum Theatre, 27 August, X Edinburgh International Festival).

3. *The Tempest*, comedy in five acts and three parts by William Shakespeare, translated by Salvatore Quasimodo, director Giorgio Strehler, sets Gianni Ratto, costumes Ebe Colciaghi, music Fiorenzo Carpi (on themes by Domenico Scarlatti), conductor Ettore Gracis, produced by the Piccolo Teatro di Milano, Florence, Boboli Gardens, 6 June 1948 (XI Maggio Musicale Fiorentino). Luciano Damiani staged the play in the translation by

Agostino Lombardi and directed by Giorgio Strehler at the Piccolo Teatro di Milano on 28 June 1978.

4. *The Love for Three Oranges*, opera in a prologue, three acts and ten scenes, music and libretto by Sergei Prokofiev, translated and versified by Rinaldo Küfferle, conductor Angelo Questa, director Giorgio Strehler, sets Gianni Ratto, costumes Ebe Colciaghi, choreography Ugo Dell'Ara, Milan, Teatro alla Scala, 30 December 1947 (first performance in Italy). In 1974 Luciano Damiani staged a new version conducted by Claudio Abbado and directed by Giorgio Strehler (Milan, Teatro alla Scala, 19 December).

5. *The Mountain Giants*, unfinished play in two acts by Luigi Pirandello, director Giorgio Strehler, sets Gianni Ratto, costumes Ebe Colciaghi, masks Marta Latis, music Fiorenzo Carpi, pantomimes Rosita Lupi, Milan, Piccolo Teatro, 16 October 1947. Ezio Frigerio presented a new version (in German) at the Piccolo Teatro di Milano directed by Giorgio Strehler on 19 April 1958.

6. Gianni Ratto was promoted to the rank of second lieutenant at the military school for reserve officer cadets of Fano (Marche). He was able to meet Paolo Grassi through their mutual friend Giannino Galloni, critic, translator, and then theater director. At Fano Ratto designed the sets for a satirical review directed by Grassi at the Teatro della Fortuna (1942). In Milan, in 1945, Grassi founded the Circolo del Teatro "Il Diogene", at the Zanotti

Costa del Serreto – "surrounded by orange trees and beautiful views [...], with a magnificent library and a lovely garden"[9] – where his mother, Maria, gave singing lessons to Craig's daughter. The future scenographer was enthralled by the director's personality, ascribing to him almost a paternal role; and while he pored over drawings, sketches, colours, forms, volumes, lights and shadows, a vocation was born.

Later Ratto was to criticise Gordon Craig's art with scrupulous insight. In an article in 1942 Craig's delicate graphic projects were taken to task for their abstract idealism: they were foreign to theater's pragmatic requisites that "would have wiped out everything, gone against everything, crushing tonal subtleties, the brilliant motion of his pencil, his scribbles, his brushes."[10] Ratto had at heart the other aspect of theatre, the wearisome, anti-Romantic side, the burden of physical strain, sleepless nights, giving up lasting relationships. Creative work has to merge with craftsmanship and labour to materialise complex equipment (flats, practicables, wings, rafters, wood, paper, filling materials). The scenographer does not just sit there holding a pencil but takes part in the yard in progress.

From Craig's teaching Ratto kept the love for the tonal subtleties of his own watercolour sketches. In him the creative act arose from careful planning, polished with perfectionism in graphic details. For the staging of Eugene O'Neill's *Desire under the Elms* (1946),[11] Ratto recalls that "to draw and watercolour that sketch I spent a sleepless night using a technique I learned in art school: you spread, after wetting and gluing the paper on the dry edges, a sheet of grainy paper upon which, once it is dry, the drawing is transferred and then the painting itself."[12]

A crucial experience for the young scenographer's development was his apprenticeship in the studio of the Genoese architect Mario Labò in the mid-1930s. Close by their innate meticulousness, Ratto learned from him the scrupulous care for detail that would be valuable for him. The artist's task is to control chaos, and this ability begins with the slightest detail. "He equipped me with an eraser, transfer paper and a jackknife so I could begin 'the test' by sharpening a pencil [...], the simplest thing in the world. But it was not so. Mario Labò stopped me right away. With his usual tranquillity but the firmness of a master he showed me

the 'technique' for sharpening a pencil."[13] It may seem excessive rigour, but instead it is respect for work tools and a stimulus to concentration. Over the years the relationship between master and pupil turned into a fellowship, even paternal on Labò's side: his own son Giorgio was tortured and shot by the Nazis in 1944. A voluminous correspondence documents the mutual esteem between the two artists who shared their hardships and successes up to the architect's death in 1961.

THE YEARS OF TRAINING AND THE PARENTHESIS OF THE WAR

In this period Ratto spent his time between Genoa, where he was a pupil in an art school and then in Labò's studio,[14] and then Rome where a scholarship (1936–37) allowed him to attend classes at the Centro Sperimentale di Cinematografia (Experimental Film Centre). In Genoa he entered the theater world working with Aldo Trabucco, director and actor, and Giulio Codda, a stage technician. His true school was the classic ranks of the handyman. At the Teatro dei Mutilati di Guerra[15] he was in turn lights technician, prompter, property man. His name appeared for the first time on the theater playbill in 1934, as the possible double in the modest part of a waiter.

Military service and the war kept him in the army for seven years (1938–45). First a soldier, then an officer in the campaign in Greece, the youth, when General Pietro Badoglio declared the armistice on 8 September 1943, deserted. After a wild escape in the mountains of the Peloponnese, helped by the local peasants, Ratto was taken by the English to Southern Italy. There, he joined the American troops, who took him home.

After a wild escape in the mountains of the Peloponnese, helped by the local peasants, Ratto was taken by the English to Southern Italy. There, he joined the American troops, who took him home.[16]

ARRIVAL IN MILAN AND FIRST PERFORMANCES WITH SERGIO TOFANO AND GUIDO SALVINI

To the budding artist however, Genoa felt small. The post-war cultural revival was having a hard time taking off, and many intellectuals

---

bookstore (via Brera 2). Public readings were held of new, as yet unpublished texts by Italian and foreign authors. Ratto was on the board of directors and met Giorgio Strehler.

7. Letter from Gianni Ratto to Paolo Grassi, São Paulo, 12 April 1954 (cf. Pietro Boragina, *Il mago dei prodigi*, Turin: Nino Aragno Editore, 2015, p. 470).

8. Letter from Gianni Ratto to Bruno Colombo, São Paulo, 12 May 1954 (*ibid.*, p. 472).

9. Edward Craig, *Gordon Craig: The Story of His Life*, New York: Limelight Editions, 1985, p. 320 (1st ed. *Gordon Craig: The Story of His Life*, London: Victor Gollancz Ltd, 1968).

10. Gianni Ratto, 'Litografie inedite di Craig', in *Spettacolo-Via Consolare*, IV, no. 1, December 1942, p. 15.

11. *Desire under the elms*, play in three acts by Eugene O'Neill, director Giorgio Strehler, sets by Gianni Ratto, company Maltagliati–Randone–Carraro, Milan, Teatro Odeon, 15 June 1946.

12. Ratto, *op. cit.*, p. 115.

13. *Ibid.*, p. 211.

14. While a student at the art school in Genoa, Gianni Ratto made a model in plastic, paper, and wood inspired by Aristophanes' *Birds*. The work was shown in the foyer of

the Teatro Carlo Felice in an exhibition that Anton Giulio Bragaglia devoted to modern scenography (1935).

15. The Teatro dei Mutilati di Guerra (Genoa, 7 Piazza Tommaseo) had opened to the public in 1933, directed by Aldo Trabucco and Luigi Giulio Codda. The former Circolo Mutilati had been inaugurated at the end of World War I as an entertainment centre for veterans and their families. In the 1930s Maria Ratto, the artist's mother, performed there on the piano.

16. The Compagnia per il Teatro Sperimentale Luigi Pirandello had its premiere on 2 December 1944 at the premises of the former Teatro dei Mutilati di Guerra (D.I.C.E.A., premises managed by the bankers' club; cf. preceding note). A year later the company moved to the larger stage of the Teatro dei Postelegrafonici on via Carducci, next to the more central Piazza De Ferrari. For the Experimental Theatre in the 1945–46 season Gianni Ratto did several sketches staged by Giulio Codda. They included the three one-act plays *Before Breakfast* by Eugene O'Neill, *The Land of Heart's Desire* by William Butler Yeats, *Riders to the Sea* by John Millington Synge, directed by Ivo Chiesa (1946); and *The Tragedy of Love* by Gunnar Heiberg, directed by Gian Maria Guglielmino (1946).

(journalists, playwrights, actors) moved to Milan. "Genoa has given and still gives energy," Paolo Grassi told Gianni Ratto, even if but a few would bear up with "the wear of a job like ours."[17] The war had been devastating: "In just a couple of days not a theater was left standing. Politeama, Margherita, Politeama Genovese, the Paganini, the Giardino d'Italia, the Nazionale, the Falcone- all gone, amidst flames and clouds of dust,"[18] and the former Experimental Theater[19] did not receive public subventions. Gian Maria Guglielmino and the theatre critic Giannino Galloni endeavoured to keep it alive by appealing to private patronage, but the flight of talents to Milan was inevitable. Even the monthly periodical *Sipario* moved there in 1947, only a year after it was founded in the Ligurian capital by Guglielmino himself with Ivo Chiesa.

The reopening of La Scala with Toscanini's memorable concert on 11 May 1946 conferred on Milan the primacy of action and 'courage'. Gianni Ratto was among the many who wagered on the Lombard city. He had to work, earn a reputation, learn, grow. It was a question of survival and honour. Between 1945 and 1947 we find him busy at the Excelsior, the Odeon, the Teatro Nuovo. The physiognomy of his language began to become recognisable: we can now begin to speak of a 'Ratto style'.

"The scenographer is an artist whose proposals should descend directly from the author of the text you want to represent,"[20] he wrote in 1948. Serving Donizetti or Verdi, Goldoni, or Chekov, Ratto demonstrated the technical flexibility that enabled him to shift from the paintbrush to the three-dimensional stage and even slide projections. The various schools, the painterly one of Antonio Rovescalli and Leon Bakst, the stage made of light inspired by the Futurist experiments and Luigi Veronesi's new research, the architectural stage of Appia and Russian constructivism, had to be constantly transformed and fused in a new language. Thus the technical limits of theaters become the chance of a challenge. "Neither of the two has a loft and the backdrops cannot rise directly but have to be pulled down, rolled up tied and pulled up with a huge loss of time,"[21] Sergio Tofano warned about the San Remo theater and the Odeon. The versatile actor, draughtsman, writer, and director was among the first to believe in Gianni Ratto.

Even the great Guido Salvini noticed and appreciated him, while remedying a few naivetés. In Anouilh's *Dinner with the Family*,[22]

the scenographer emphasised the light contrasts. The expert director intervened: "There is a rule in the theater you cannot elude: if you can't hear it or can't see it there is no spectacle."[23] Ratto, Salvini claims, was "a man who had the same manias as mine in scenography, [...] he wasn't afraid of anything, above all of *not doing* scenography;"[24] the narcissistic temptation of the 'beautiful stage' that rouses applause was avoided: "True scenography is the one that succeeds in being forgotten, absorbed in the lives of those ghosts sentenced to die before the fateful midnight,"[25] as Ratto himself was to claim.

THE MEETING WITH GIORGIO STREHLER AND DEBUT AT LA SCALA

But Salvini was a 'transition master'. The decisive meeting for Ratto was with the explosive figure of a rising young director, Giorgio Strehler. The bond between them was immediate: they both came from sea cities and their mothers were musicians. Ratto was used to the sol-fa scale that his mother, a singing teacher, taught her pupils; Strehler, from Trieste, grew up amidst the sound of the violin of his orchestra professor mother and the horn of his grandfather, a musician as well. They both had temperaments given to enthusiasm, passions, dynamism, complicity, and sudden outbursts. In the span of a decade they revolutionised the history of Italian theater, bursting into it with such a propulsive energy as to compete with the Roman duo of Luchino Visconti with his reference scenographer Mario Chiari. Strehler and Ratto both loved rigour and spoke the same theater language. It was a relation between equals; they grew together.

After an improvised debut at the Odeon in 1945 with *Mourning becomes Electra* by Eugene O'Neill[26] ("I still think with terror that I accepted to direct O'Neill's trilogy with two weeks of rehearsals", Strehler recalled[27]), in the feverish mood of opportunities offered by post-war Milan the two artists found the doors of La Scala opening up to them. It was 1947 and the superintendent Antonio Ghiringhelli, backed by the artistic director Mario Labrioca, entrusted new stagings to Guido Marussig, Gino Sensani, Mario Sironi. He commissioned Strehler and Ratto for a new edition of Verdi's *Traviata*, conducted by the veteran Tullio Serafin. The time before, Verdi's famous opera had been represented in the traditional performance by Giovanni Battista Grandi, conducted by Gino Marinuzzi (1943). Now the two young artists

---

17. Letter from Paolo Grassi to Gianni Ratto, Milan, 17 February 1948 (cf. Boragina, *op. cit.*, p. 303).

18. Giannino Galloni, 'Cronache d'arte e Cultura', in *Genova*, September 1949.

19. In 1947 Gian Maria Guglielmino and Giannino Galloni re-opened the Teatro Sperimentale under the new name Teatro d'Arte della Città di Genova.

20. Gianni Ratto, 'Scenografia lirica, problema di modernità', in *Il Giornale d'Italia*, 8 January 1948.

21. Letter from Sergio Tofano to Gianni Ratto, Rome, Monday [n.d. but early January 1949] (cf. Boragina, *op. cit.*, p. 410).

22. *Dinner with the Family*, play in three acts by Jean Anouilh, director Guido Salvini, sets Gianni Ratto, Milan, Teatro Excelsior, 1st February 1947.

23. Letter from Guido Salvini to Gianni Ratto (cf. Boragina, *op. cit.*, p. 416).

24. Comment by Guido Salvini on Gianni Ratto while staging *The Restless Heart* (comedy in three acts by Jean Anouilh, director Guido Salvini, sets Gianni Ratto, costumes Ebe Colciaghi, Milan, Piccolo Teatro, 27 March 1948, first performance in Italy), cited in *Piccolo Teatro 1947–58*, edited by Arturo Lazzari, Giorgio Morandi, Milan: Nicola Moneta Editore, 1958, p. 51.

25. Gianni Ratto, 'Anche l'ambiente è paesaggio', in *Sipario*, II, July 1947, pp. 10–11.

26. *Mourning Becomes Electra*, play cycle by Eugene O'Neill, director Giorgio Strehler, sets Gianni Ratto and Piero Fornasetti, company Benassi-Torrieri, Milan, Teatro Odeon, 15 December 1945.

27. Fabio Battistini, *Giorgio Strehler*, Rome: Gremese Ed., 1980, p. 12.

aspired to an intimist *Traviata*, a far cry from the traditional gorgeous spectacularity, more straightforward and modern. But the "simple and natural" direction[28] split the audience. In the set for Flora's palace, traditionally crammed with mirrors, tables, and sofas, here was a ladder staircase going around the entire stage. Strehler himself said "a ladder like it had never been done before."[29] It was a new stage perception, bare, fresh and functional. All this showed that there was a new way to represent opera. The people in charge of the theater were in favour of innovation and fully trusted Gianni Ratto, who from 1947 to 1954 signed at La Scala eighteen performances, half of which with Strehler directing.

THE PICCOLO TEATRO ADVENTURE

The same year, 1947, marked the beginning of the Piccolo Teatro adventure. Ratto devoted himself to it with unstinting energy. It followed the renovation of the Via Rovello building, connected with a tragic page in the war history (during the Salò Republic it housed a political and military police corps, the Legione Autonoma Mobile Ettore Muti, the dressing rooms being turned into cells for prisoners, later becoming a club for the occupation troops). The project was backed by the mayor Antonio Greppi, a playwright and theater lover, and coordinated by Paolo Grassi, who gave up his youthful aspirations to be a director and devoted himself to a more profitable career as organiser, promoter, talent scout. "I have a concrete realism, a sharpness of observation, my own syntax,"[30] Grassi himself claimed. Ratto was given carte blanche by him and Strehler (he represented "our wishes in the matter"[31]) in accompanying the birth of the new theater, and designed "even details like the lighting of the dressing room mirrors."[32]

Even though they worked with parsimony and materials were purchased by instalments, the workers were galvanised by Strehler's personality, and his understanding with Grassi and Ratto was absolute. Everyone was aware that a revolution was taking place in the theater, "everyone motivated by the desire to do something splendid and glowing."[33] Aspirations were ambitious: open the theater to every social class. The drama repertory was enriched by introducing new foreign authors and long-forgotten Italian titles, they were discovering a less formal and more direct language, they disciplined the actors' impulses, the director's role became more prominent, the vocabulary of scenography was renewed.

"He gave his life, time, and health for the glory of the Piccolo,"[34] recalled with a touch of bitterness Ratto's first wife, the actress Elsa Asteggiano. Time, energy, and affections were invested in the adventure of the new theatre that became the scenographer's true "home", a fixed point in a wandering nature that led him to continually change loves and homes (Pensione Orlandini in Galleria del Corso, Palazzo Serbelloni in Corso Venezia, Piazza Castello).

The drawbacks of the new space were obvious to everyone: a six-by-four metres stage, no lateral opening, tiny dressing rooms without hot water, only five hundred seats. Yet in this tiny space, Ratto created his masterpieces, each time thinking up new solutions. For the opening play (Maxim Gorky's *Lower Depths*, 14 May 1947)[35] the artist took advantage of the over nine-metres stage height and designed a vertical set. Greenish walls soaring upwards, dim light cast by a window, a disconnected stairway created an atmosphere that went beyond a painstaking naturalism. Even the slightest element contributed to an overall view that gave the set design a specific "tone", as if the scenographer were composing the score of a symphony. Fiorenzo Carpi's musical genius contributed to this unity: his stage music was no longer a mere background but part of the scenic language suggesting remote resonances. In Salacrou's *Nights of Wrath*[36] (1947) sight merged with sound: the raucous clanging of the train's arrival suggested by the rolling drums, and the almost cinematographic dissolves in which a room was replaced by the metal structure of a bridge, with an extraordinary simplicity of means created an intense impression.

Whereas at La Scala Ratto following Strehler's indications sought to re-dimension the huge stage, too dispersive for the repertories of Cimarosa, Piccinni, Donizetti, or 20th-century authors like Prokofiev, Malipiero, Peragallo, at the Piccolo Teatro the scenographer had to deal with minimal units, centimetres. The stage equipment was 'drained', becoming ideal for Goldoni's commedia dell'arte: in *The Servant of Two Masters*[37] (1947) the stage became a wooden platform and a few painted canvases, appropriate for a wandering company. At the same time Ratto had to create an imaginative series of backdrops when Strehler introduced in the playbill Calderón de la Barca's majestic baroque performance, *The Mighty Magician*[38] (1947), written for the huge theaters of Philip IV.

---

28. Rubens Tedeschi, in *L'Unità*, 7 March 1947.

29. Battistini, *op. cit.*, p. 46.

30. Letter from Paolo Grassi to Orazio Costa, Milan, 27 July 1946 (cf. Boragina, *Il mago* op. *cit.*, p. 373).

31. Letter from Paolo Grassi to the engineer Magnaghi – Ufficio Tecnico del Comune di Milano, Milan, 28 January 1947 (cf. *ibid.*, p. 444).

32. Ratto, *A mochila* op. *cit.*, p. 267.

33. *Ibid.*

34. Elsa Asteggiano, *Importante è dormire*, Traversetolo: Publiprint Grafica, 1986 (cited in Boragina, *Il mago op. cit.*, p. 493).

35. *The Lower Depths*, play in four acts by Maxim Gorky, translated, adapted and directed by Giorgio Strehler, sets Gianni Ratto, costumes Ebe Colciaghi, Milan, Piccolo Teatro, 14 May 1947 (inauguration of the theatre).

36. *Nights of Wrath*, play in two parts by Armand Salacrou, translated by Mario Luciani and Guido Rosada, director Giorgio Strehler, sets Gianni Ratto, costumes Ebe Colciaghi, music Fiorenzo Carpi, Milan, Piccolo Teatro, 6 June 1947.

37. Cf. note 2.

38. *The Mighty Magician*, comedy in three acts by Pedro Calderón de la Barca, translated by Carlo Bo, director Giorgio Strehler, sets Gianni Ratto, costumes Ebe Colciaghi, music Fiorenzo Carpi, Milan, Piccolo Teatro, 8 July 1947.

ENGLISH VERSION | 363

MUSICAL COMEDY

Again in 1947 our tireless Gianni Ratto explored another theater genre, undaunted by eclecticism. Contacted by Pietro Garinei and Sandro Giovannini for musical reviews with huge spectacular means, he signed unforgettable shows like *Domani è sempre domenica*[39] (1947) and *Al Grand Hotel*[40] (1948).

For him it was an amusing parenthesis and more remunerative than his work with Strehler. He fancied the queen of the Italian review Wanda Osiris borne in the chariot of Ceres casting ears of wheat to her admirers. But musical comedy was not his world. Garinei and Giovannini worked in Rome, their reference theater for performances was the Teatro Sistina, and Ratto could not reconcile the sponsors' demands between Milan and the Capital, or else with some compromises. The scenographer recalls: "I worked all the time, designing up to seven sets in one day and sometimes I even dared to order the execution of sets for the performance of a review with a telephone call."[41] This was certainly not his usual method. For him preparing a performance meant giving himself up to a long period of gestation that allowed to enter in symbiosis with the script.

When Garinei and Giovannini offered to sign an exclusive contract with him, Ratto parted with the two impresarios: "I am an active man, a man of action, if you will, but above all proudly independent."[42] Nonetheless, the experiences in 'light' theater were not disowned, and Ratto's collaboration with the comedy author Michele Galdieri even gave him a chance to work with Totò (*Bada che ti mangio!*, 1949)[43]. Light theater remained a parenthesis, crowned by the triumph of *Carosello napoletano* (1950)[44] directed by Ettore Giannini, with the lively succession of views of Naples enhanced by the presence of Pulcinella's mask.

STYLE AND PERSONALITY

Gianni Ratto could not bear being tied down. He stayed only two years at La Scala as vice-director of stage design (the director was Nicola Benois), invited by Ghiringhelli in 1952. In his resignation letter he wrote: "It seemed to me necessary, since I was determined to resume my autonomous work, which was what I had always done."[45] His natural habitat was the exciting precariousness of the Piccolo Teatro, sailing on sight in the midst of everlasting economic worries and the shifting moods of Strehler, Grassi, and his own. "The life of the Piccolo Teatro was a perpetual risk. Risk of dying at each performance,"[46] Strehler confessed, and for our scenographer this uncertainty meant freedom. Between ups and downs the collaboration lasted until 1954, even if explosions were everyday events: "I'm tired" – Ratto wrote Paolo Grassi in 1948 – "of your shouting at me and at everybody. Tired of having to calm down creditors [...]. Tired of always being ignored. Tired of having to beg for my fees."[47]

At the Piccolo the scenographer defined his style. If we wish to sum it up, we might say that it was founded on an order warranted by rational clear-sightedness. On the stage Ratto filtered reality in a crystal-clear abstraction of symmetries and plays on perspective. His enlightened *spirit of geometry* was rendered lively and sparkling by his *spirit of finesse* of exquisite taste. "A huge precision clock"[48] defined the perfect balancing of the set changes in *The Love for Three Oranges* by Prokofiev[49] (1947). For Strehler, Ratto turned the front of the Scala stage into a *boîte à surprise* of enchanting scenic variations. The narrow space of Cimarosa's *Secret Marriage*[50] (1949) forced the characters to adopt the mechanical gestures of a music box; a second stage was invented for *L'allegra brigata* by Malipiero[51] (1950); a revolving platform many metres distant from the proscenium gave visual depth to Donizetti's *Don Pasquale*[52] (1950). Everywhere artifice celebrated its triumph over naturalism: it could be seen by the audience, did not shy from showing the very mechanisms of the fiction. And it was the lightness with which it came about that was behind the elegance in Ratto's work. Here were sudden changes with the curtain open, shifting of furniture by the stage servants, symmetrical rotating stands like theater wings in *La Cecchina, ossia La buona figliola* by Piccinni[53] (1951), the stage taking over the space reserved

---

39. *Domani è sempre domenica*, review in two parts by Garinei Giovannini, directors Pietro Garinei and Sandro Giovannini, sets Gianni Ratto, costumes Folco, music Giovanni D'Anzi, Gorni Kramer, Vittorio Giuliani and Zecca, choreography Dino Solari, production Elvezio Clerici, Milan, Teatro Lirico, 30 August 1947.

40 *Al Grand Hotel*, review in two parts by Garinei Giovannini, directors Pietro Garinei and Sandro Giovannini, sets Gianni Ratto, costumes Folco, music Vittorio Giuliani and Pasquale Frustaci, choreography Dino Solari, production Ettore Romagnoli, Milan, Teatro Lirico, 30 August 1947.

41 Ratto, *op. cit.*, p. 110.

42 Letter from Gianni Ratto to Sandro Giovannini and Pietro Garinei, Milan, 28 November 1948 (cf. Boragina, *op. cit.*, p. 711).

43 *Bada che ti mangio!*, review in two parts by Totò and Michele Galdieri, director Michele Galdieri, sets Gianni Ratto, company Totò – Barzizza – Giusti, production Remigio Paone, Milan, Teatro Nuovo, 3 November 1949.

44 *Carosello napoletano*, musical comedy by Ettore Giannini, director Ettore Giannini, sets Gianni Ratto, costumes Maria De Matteis, production Remigio Paone, Florence, Teatro della Pergola, 14 April 1950. In 1954 the homonymous film came out directed by Ettore Giannini, assistant director Francesco Rosi, sets Mario Chiari, costumes Maria De Matteis, production Carlo Ponti.

45 Letter from Gianni Ratto to the superintendent Antonio Ghiringhelli, Milan, 26 May 1952 (cf. Boragina, *op. cit.*, p. 576).

46 Giorgio Strehler, in Battistini, *op. cit.*, p. 13.

47 Letter from Gianni Ratto to Paolo Grassi, Milan, 23 December 1948 (cf. Boragina, *op. cit.*, p. 606).

48 Emilio Radius, 'Il Mandarino meraviglioso', in *L'Europeo*, 30 December 1947.

49. Cf. note 4.

50. *The Secret Marriage*, melodramma giocoso in three acts, music Domenico Cimarosa, libretto Giovanni Bertati, conductor Mario Rossi, director Giorgio Strehler, sets Gianni Ratto, costumes Ebe Colciaghi, Milan, Teatro alla Scala, 22 March 1949.

51. *L'allegra brigata*, six tales in an opera in three acts, music and libretto Gian Francesco Malipiero, conductor Nino Sanzogno, director Giorgio Strehler, sets Gianni Ratto, costumes Ebe Colciaghi, Milan, Teatro alla Scala, 4 May 1950 (stage world premiere).

52. *Don Pasquale*, comic opera in three acts, music Gaetano Donizetti, libretto Michele Accursi, conductor Franco Capuana, director Giorgio Strehler, sets Gianni Ratto, costumes Ebe Colciaghi, Milan, Teatro alla Scala, 20 May 1950.

for the pits and the balcony in *Danton's Death* by Büchner[54] (1950). Removed to the dispersive space of the Boboli Gardens in Florence, for Shakespeare's *Tempest* [55] (1948) the scenographer amplified, without overturning them, the natural potentials of the Vasca dei Cigni (Swans' Pool), creating a crown with the sequence of steps becoming tiers of seats for the audience, with a background of a phantasmagoria of painted rocks. Amidst the tall holm-oaks and the statues rising up out of the waters, Prospero's reign culminated on the little island overlooked by Giambologna's solemn Neptune.

As in the world of Mozart, Gianni Ratto's whole life unfolds in the form of a sonata.[56] With his brush and accustomed enthusiasm the artist regulated the pace of 18th-century works, giving Goldoni, Gozzi, Paisiello, and Cimarosa the adorable sugary tones in refreshed stagings. To Mozart he paid the tribute of an *Abduction from the Seraglio* (1952, directed by Ettore Giannini)[57] all in white and pearl grey, crowning Leonor Fini's playful tissue paper costumes. But the supremacy of harmonious symmetry over the indiscrimination of naturalism extended beyond the 18th-century repertory. In Stravinsky's ballet *Pulcinella* (Teatro alla Scala, 1950) the airy places, delicately perforated with the intention of offering the vague scent of the sea lingering in the air, Ratto mirrored himself and was himself again. This solar, ebullient universe was his favourite world.

Again Stravinsky with *The Rake's Progress* (1951, directed by Carl Ebert)[58] gave him the opportunity to prove himself an excellent perspective draughtsman in the Italian tradition. The sketches of the performance are a delightful demonstration of painterly skill, and the staging, with the drop-curtain square and the garden scene at Trulove's country house, in clear and dazzling colours, almost Flemish, gave the illusion of slipping into depths, moving away from the audience in a dimensional giddiness oblivious of inveterate theater conventions. And yet he designed the so typically 'New England' square apprehending Stravinsky's judgement: the latter gave the youthful scenographer some vague advice, above all recommending he forget Hogarth's prints, and even confessing in a dash of solidarity his own fear over the opera's debut.[59]

The very fact of being subject to directors' dictates, when not those of the authors of an opera or a play as well, was unbearable to Ratto. In 1948 he already told Paolo Grassi: "I want to be alone [...] on my own, I want to start all over."[60] However, our scenographer's greatest successes were yet to come, as the critics and the audience became increasingly aware of his true value. In 1952 the stage of the Piccolo was transformed, its surface attaining eighty square metres. Gianni Ratto signed the opening performance with Bruckner's *Elizabeth of England*,[61] and with the simple curtains system succeeded in giving unity to the on-going succession of scenes. But in the magic understanding with Strehler something was broken: Strehler claimed his own role ("in my opinion if the director is a real one the scenographer's task should be well defined and very profound")[62] and the role of the passive executant did not suit Ratto.

THE FAREWELL

The last performances created for La Scala betrayed the uneasiness. Margherita Wallmann wanted a huge baroque architectural set for Monteverdi's *Coronation of Poppaea*[63] (1953), whereas Ratto strived to limit its solemnity, adding a significant note to the sketch: "Everything should be extremely light and airy."[64] Last, in 1954, he was disappointed by the utter indifference of Herbert von Karajan, both director and conductor in Donizetti's *Lucia di Lammermoor*[65]. The great master did not bother to discuss anything. In the madness scene the scenographer imagined dark projections around the gestures of Maria Callas, dressed in light colours by Ebe Colciaghi, the faithful costume designer ever linked to Gianni Ratto.

It was time for the farewell and Ratto performed it with lightness, without resounding declarations. He did not renew his collaboration with the Piccolo for the 1954–55 season, and left the Italian theater forever.

Beyond the boundless expanse of the Atlantic Ocean, it would be the new continent to give him a renewed sense of freedom and the strength to begin all over.

---

53. *La Cecchina, ossia La buona figliola*, dramma giocoso in three acts, music Niccolò Piccinni (modern edition by Giacomo Benvenuti), libretto Carlo Goldoni, conductor Franco Capuana, director Giorgio Strehler, sets Gianni Ratto, costumes Ebe Colciaghi, Milan, Teatro alla Scala, 24 February 1951.

54. *Danton's Death*, play in three parts by Georg Büchner, abridged and directed by Giorgio Strehler, sets Gianni Ratto, costumes inspired by period prints, music Umberto Andrea Cattini, production Piccolo Teatro di Milano, Lecco, Teatro Sociale, 15 December 1950.

55. Cf. note 3.

56. Edward J. Dent, *Mozart's Operas: A Critical Study*, Oxford: Oxford University Press, 1913.

57. *The Abduction from the Seraglio*, commedia musicale in three acts, music Wolfgang Amadeus Mozart, libretto Johann Gottlieb Stephanie, conductor Jonel Perlea, director Ettore Giannini, sets Gianni Ratto, costumes Leonor Fini, Milan, Teatro alla Scala, 2 April 1952.

58. *The Rake's Progress*, opera in three acts, music Igor Stravinsky, libretto Wystan Hugh Auden and Chester Kallman, conductor Igor Stravinsky, director Carl Ebert, sets Gianni Ratto, costumes Ebe Colciaghi, Venice, Teatro La Fenice, 11 September 1951, XIV Festival di Musica Contemporanea (stage world premiere).

59. Oral communication of Gianni Ratto, Milan, Museo Teatrale alla Scala, 28 Sept. 2003.

60. Letter from Gianni Ratto to Paolo Grassi, Milan, 23 December 1948 (cf. Boragina, *op. cit.*, p. 608).

61. *Elizabeth of England*, play in two parts by Ferdinand Bruckner, translated by Grazia Di Giammatteo and Fernaldo Di Giammatteo, director Giorgio Strehler, sets Gianni Ratto, costumes Giulio Coltellacci, music Fiorenzo Carpi, Milan, Piccolo Teatro, 21 November 1952.

62. Letter from Giorgio Strehler to Gianni Ratto, n.p. and n.d. [Summer 1952] (cf. Boragina, *op. cit.*, p. 645).

63. *The Coronation of Poppaea*, dramma per musica in a prologue and three acts, music Claudio Monteverdi, instrumentation Giorgio Federico Ghedini, libretto Gian Francesco Busenello, conductor Carlo Maria Giulini, director Margherita Wallmann, sets Gianni Ratto, costumes Dimitri Bouchène, Milan, Teatro alla Scala, 1st June 1953.

64. Annotations by Gianni Ratto on the sketch for *The Coronation of Poppaea* (reproduced in Boragina, *op. cit.*, p. 568).

65. *Lucia di Lammermoor*, dramma tragico in two parts, music Gaetano Donizetti, libretto Salvadore Cammarano, conductor and director Herbert von Karajan, sets Gianni Ratto, costumes Ebe Colciaghi, Milan, Teatro alla Scala, 18 January 1954.

The Mighty Magician[1]

"Ratto is not limited to solving the technical problems posed by the vast proportions of the stage of Scala or the miniaturistic dimensions of the stage of Piccolo (6 x 4m). Ratto's scenographic intervention is more complex, and involves the interpretation of classic texts and their representation on stage."

Vittoria Crespi Morbio, *Ratto alla Scala*

IL DIOGENE (The First Years)

Piccolo Teatro of Milan, inaugurated in May 1947, is the realization of the ideas cherished in the 'Il Diogene' theater circle, founded in early 1945.

The group converged to the social role of theater, essential for a society devastated by twenty years of fascism and five years of war. In a Milan destroyed by bombings but free of censorship, the group formed by Paolo Grassi, Giorgio Strehler, Mario Landi, Vito Pandolfi, Vittorio Gassman, Valentino Bompiani, Vittorio de Sica and Ruggero Jacobbi met weekly to read an unpublished Italian or foreign play, by an individual or group of actors, followed by debates with the audience. In 1946 Gianni Ratto is officially appointed to the board of the circle, by then numbering hundreds of members. He lectures and writes articles, in which he develops the idea of "set design as character." This leads to the invitation to work in *Il lutto si adisce ad Elettra*, Ratto's professional debut, alongside Strehler, in December 1945.

CALIGOLA

***Caligula*, by Albert Camus**
Odeon Theater | Milan, 1946
Direction Giorgio Strehler **Set and Costume Designer** Gianni Ratto
Company Renzo Ricci

This is the second play Ratto and Strehler put together in less than a month.

"Renzo Ricci contacted Giorgio Strehler to offer him the direction and the role of Scipio in the staging of Camus's *Caligula* he was about to interpret. The play opened in Florence and was later performed, as was *Mourning...*, at the Odeon in Milan. The set designer, as in *Mourning...*, was Gianni Ratto. And it was the second great success..."
Ettore Gaipa, *Giorgio Strehler*, 1959

Letter from Gianni Ratto to Giorgio Strehler, Milan, December 20, 1945

"How is *Caligula* coming along? Fine, I'm sure. Rather hasty, yes, but I hope it's clear to you nonetheless. In acts 3 and 4, the small stairs on the right (from the audience's point of view) could be modified like this (if the downstage length does not allow keeping it as in the design [set sketch]). Is that clear? That way we would gain 1.75 cm in full length. Keeping the mirror at an angle, we would give it a somewhat ghostly role, for it would be white on white, evidenced at a later moment by the projection of the shadow limited to it. The heights relate to the downstage height. In any case, it should not be higher than five meters or five and a half meters. That is to maintain the horizontal progress of the composition. The set design is very easy to execute. The first rostrum can be deeper. Instead of two meters, three meters. No less than two and a half meters. For Cesonia's costume, if we can't find a nice china crepe (it must be heavy to drape well), we could use this, which is perhaps better than the crepe georgette that is fuller. Anyway, arrange it with the seamstress. No belt around the waist, just an inner elastic band to make it pleated (not too much), affording a little more adherence. The bodice should be close-fitting without being tight, with adherence produced by the neckline pleats. The hairstyle, which is not quite clear in the costume design (the least successful as a sketch), should be loose and gathered with ribbons of contrasting colors."

In his autobiography, Strehler omits his partner: "I staged Camus's *Caligula* in Italian and also acted in it. In fact, I remember that, for lack of money, I did everything: set design, costumes, music and direction."[2]

DESIDERIO SOTTO GLI OLMI

***Desire Under the Elms*, by Eugene O'Neill**
Odeon Theater | Milan, 1946
Director Giorgio Strehler **Set and Costume Designer** Gianni Ratto
Company Maltagliati | Randone | Carraro | Hinrich

"I find here the sketch I made for one of my first set designs: *Desire Under the Elms*. It was in 1946, at Teatro Odeon in Milan, a theater for nine hundred people where previously I had produced my first professional work in *Mourning Becomes Electra*.

The sketch showed already some professional refinement, a watercolor on Fabriano paper, it is stuck to the card of a *dépliant* that contains the floor plan, executive designs and costumes: a neat work, a little naive, but clear in its ideas and execution. How it didn't get lost I don't know."
Gianni Ratto, *A mochila do mascate*

"Even before the actors, all excellent, we wish to say to Gianni Ratto, who, brushing aside exceptional difficulties of environment and space, was able to give us a splendid staging, that we do not know whether to praise first the historian, the scenographer or the architect."
***Avanti!*, June 18, 1946**

---

1. *Il Mago dei Prodigi* is the Italian title of Calderon de la Barca's play staged at Piccolo Teatro di Milano in August 1947, directed by Strehler and with sets designed by Ratto. The theater critic Giulio Cesare Castello attributes the term to Ratto, extending it to his entire work as set designer (see *La Fiera Letteraria* magazine, January 1949). This was the title given by Pietro Boragina to the biography dedicated to Gianni Ratto: *Il Mago dei Prodigi*, Milan: Nino Aragno, 2015.

2. Giorgio Strehler, *Per un teatro umano*, Milano: Feltrinelli, 1974, p. 35.

"Gianni Ratto's set design is extremely beautiful, perhaps the most beautiful of this theater season."
Ruggero Jacobbi, June 16, 1946

I GIORNI DELLA VITA
The Time of Your Life, by William Saroyan
Olimpia Theater | Milan, 1946
Director Adolfo Celi **Set Designer**
Gianni Ratto **Costume Designers** Fiori and Finzi
Company Vittorio de Sica | Besozzi | Gioi

Nick's Bar is the reference point for people of all types and origins: available girls, uncorrectable scoundrels, hungry artists, various types of idlers, drunks, subworld people, cops, flipper players, all circulate around Nick's table.

The Italian premiere occurred in July 1945 in Rome, directed by Adolfo Celi, who graduated from the Accademia Nazionale di Arte Drammatica at the time. The following year the Spettacoli Effe Company staged the play in Milan with Vittorio de Sica, Nino Besozzi, Vivi Gioi, again under Celi's direction.

TERESA RAQUIN
Thérèse Raquin, by Émile Zola
Odeon Theater | Milan, 1946
Adaptation Giorgio Strehler and Ruggero Jacobbi **Director** Giorgio Strehler **Set Designer** Gianni Ratto

"Gianni Ratto's sets and ambiance are excellent."
Vito Pandolfi, in *Unitá*
"Strehler once again had in Gianni Ratto not so much the mercenary set designer as the loving coordinator of a first-class performance."
Paolo Grassi, in *Avanti!*

Piccolo Teatro di Milano

Founded by Paolo Grassi, Giorgio Strehler and Gianni Ratto, Piccolo was the most important achievement of the Italian theater system in the post-war period. The first stable theater company, with a cohesive group and permanent repertoire, it was a model for the companies that were formed later. The space was very small, but Ratto's sets were grand. Grassi obtained from the socialist government of Milan the use of the premises and the money required for the reconstruction of the semi-ruined Broletto movie theater. Ratto was the architect in charge of the works and permanent set designer.

The innovative staging of unpublished contemporary plays and great classics enjoyed great success in Italy and abroad.

L'ALBERGO DEI POVERI
The Lower Depths, by Maxim Gorky
Opening of Piccolo Theater | Milan, 1947
Director Giorgio Strehler **Set Designer** Gianni Ratto
Costume Designer Ebe Colciaghi

Inaugural play of Piccolo Teatro of Milan. The ingenious staircase feature, the three-part scenic space and the positioning of the windows would be repeated in a few sets, due either to the constraints of the small space or the scarcity of finances.

"I had at my disposal an extremely small stage, with minimal depth, but above nine meters high, very provocative. In this area, which hardly measured 40 square meters, I had to select several dramatic spaces, leaving also circulation areas for the characters. . . . I structured the semicircular plan of the humid and unhealthy cellar, where some hovel bunk beds were reached by a rickety wooden staircase leading to a height of almost three meters, up to street level. At the higher levels there were two small windows, almost loopholes, through which filtered an unwholesome, gray light. . . . One night, with my technician friends, we built the set for the rehearsal the following day. . . . The semicircular wall in the background was treated with sawdust and wet paper, crumpled and wrinkled, and then painted with various techniques to, aided by the lighting, convey the exact feeling of an uneven, anfractuous and dripping wall. . . . The actors congratulated me, but were worried about having to climb that curved stairway a little over 50-cm wide that seemed rather disjointed, but it was very solid and I knew it. In response, I climbed up and down it several times, two steps at a time in the final descent."
Gianni Ratto, in *A mochila do mascate*

ARLECCHINO, SERVITORE DI DUE PADRONI
The Servant of Two Masters, by Carlo Goldoni
Piccolo Theater | Milan, 1947/1950
Director Giorgio Strehler **Set Designer** Gianni Ratto **Costume Designer** Ebe Colciaghi **Music** Fiorenzo Carpi

If there is a show capable of summing up the capacity to revive tradition, characteristic of Piccolo Teatro, as well as the inspiring role played by this playhouse in the reconstruction of Italian identity in the postwar period, it is *The Servant of Two Masters,* by Carlo Goldoni, a great renovator of commedia dell'arte in the 18th century. In 1961, the actor Ferruccio Soleri replaced Marcello Moretti, the original Harlequin and his master, playing the part for over 50 years. The show toured Europe, had several runs in Parisian theaters and had great success in Brazil and other Latin American countries. The exuberance

ENGLISH VERSION | 367

of the body language and the irresistible comicality of the situations overcame any difficulties in understanding the script. In 2017, it celebrated its 70th anniversary.

IL MAGO DEI PRODIGI

The Mighty Magician, by Calderón de la Barca
Piccolo Theater | Milan, 1947
Director Giorgio Strehler **Set Designer** Gianni Ratto **Costume Designer** Ebe Colciaghi **Music** Fiorenzo Carpi

In the few square meters of the small theater, Ratto unfolds in several set changes the baroque universe of Calderón de la Barca's *The Mighty Magician,* a play written for the large theaters of Philip IV.

The press used the title of the play to refer to Gianni Ratto's surprising sets: "But the miracles of Ratto, Calderonically dubbed 'mighty magician' in allusion to his scenographic interpretation, would be too many to list today and currently correspond to almost every show."
Giulio Cesare Castello, Jan. 16, 1949

LE NOTTI DELL'IRA

Night of Wrath, by Armand Salacrou
Piccolo Theater | Milan, 1947
Director Giorgio Strehler **Set Designer** Gianni Ratto **Costume Designer** Ebe Colciaghi **Music** Fiorenzo Carpi

For this script by the Frenchman Armand Salacrou on the Resistance, written in the heat of the hour, Ratto designs a set that expresses the parallel between the two clashing worlds: the bourgeois couple and the antifascist militants planning the bombing of a railway bridge. Ratto was praised for his skill to, with such scant means, solve "with the use of sheer ingenuity, a complicated set design, achieving a truly exemplary result," as Ivo Chiesa stated in *Il Sipario* in July 1947.

I GIGANTI DELLA MONTAGNA

The Mountain Giants, by Luigi Pirandello
Piccolo Theater | Milan, 1947
Director Giorgio Strehler **Set Designer** Gianni Ratto **Costume Designer** Ebe Colciaghi **Music** Fiorenzo Carpi **Masks** Marta Latis

Luigi Pirandello's last play, unfinished at the time of his death in 1936, had been performed only once outdoors in the Boboli Gardens in Florence in 1937. The boldness of performing it in such a small space was considered absurd by the press – "The Spaceless Giants" – that nevertheless praised the elegance of the staging that inaugurated the new season of the newly founded Piccolo Teatro. The play was a hit with the audience and included in Piccolo's repertoire on a European tour two years later. Especially praised by theater critics were "the

impressive fable atmosphere created by the set design in act two" and "the magical and allusive scenes" that abolished the "habitual naturalism" common in Pirandellian set designs.

L'URAGANO

The Storm, by Alexander Ostrovsky
Piccolo Theater | Milan, 1947
Director Giorgio Strehler **Costume and Set Designer** Gianni Ratto

The play *The Storm* is considered the masterpiece of the celebrated Russian realist.

A series of sketches allows us to follow Ratto's course and his rationale to change situations by shifting a few characteristic elements – the trees, a bench or a ladder, as well as the backdrops that descend, modifying the scenes. The arcade framing the proscenium echoes 19th-century Russian architecture, evidencing Ratto's usual attention to context.

RICCARDO II

Richard II, by William Shakespeare
Piccolo Theater | Milan, 1948
Director Giorgio Strehler **Set Designer** Gianni Ratto **Costume Designer** Ebe Colciaghi **Music** Fiorenzo Carpi

"Ratto solved the staging problem very well, reconstructing almost exactly an Elizabethan stage, and therefore a few banners and carpets were enough to change scenes without affecting the unity of the representation in oblique surfaces. . . . less appropriate seemed to me some small *papier mâché* horses, but they certainly contributed a delightfully heraldic mood to the staging."
Renato Simoni, *Corriere della Sera,* **April 24, 1948**

DELITTO E CASTIGO

Crime and Punishment, by Fiodor Dostoyevsky
(adapted by Gaston Blay)
Piccolo Theater | Milan, 1948
Director Giorgio Strehler **Set Designer** Gianni Ratto **Costume Designer** Casa Safas **Curatorship** Ebe Colciaghi **Music** Fiorenzo Carpi

"We cannot but assert that Gianni Ratto's sets are a true new miracle of this scenographer who continues to impress us with the quality of his taste and the intelligence with which he 'understands' the environments he must represent. A more appropriate frame could not be desired for this show which undoubtedly places Paolo Grassi's theater in the vanguard of the current Italian scene."
Ivo Chiesa, *Sipario,* **1948**

FILIPPO

Philip, by Vittorio Alfieri
Piccolo Theater | Milan, 1948/49
Director Orazio Costa **Set Designer** Gianni Ratto **Costume Designer**
Ebe Colciaghi

The bicentenary of Vittorio Alfieri (1749-1803) is celebrated with the staging of *Filippo,* a tragedy written in 1783 freely inspired by the biography of Philip II of Spain. Ratto conceives sets and props capable of expressing on stage the various situations of the plot inside the palace: the king's chamber, the council chamber, the chapel, the queen's quarters, with a balcony, a prison at the top of the tower. Amid velvets and paintings by El Greco, the set also alludes to the romantic painter Francesco Hayez, engaged in the causes of the Italian *Risorgimento.*

L'ALBA DELL'ULTIMA SERA

The Dawn of the Last Night, by Riccardo Bacchelli
Piccolo Theater | Milan, 1949
Director Alessandro Brissoni **Set Designer** Gianni Ratto

A tragedy in three acts by the celebrated Italian novelist Riccardo Bacchelli, a protagonist in discussions on the genre in modernity. "The unpublished script addressed the ethical conflict between modern science and civilization in the face of technological evolution heading towards a cosmic catastrophe."[3]

ESTATE E FUMO

Summer and Smoke, by Tennessee Williams
Piccolo Theater | Milan, 1950
Director Giorgio Strehler **Set Designer** Gianni Ratto **Costume Designer**
Ebe Colciaghi **Music** Fiorenzo Carpi

"Gianni Ratto conceived a brilliantly allusive set, suspended between reality and fantasy, which greatly contributed to establish the characters' fate of pilgrims with no destination through the paths of time".
Carlo Terron, *Sipario,* **Nov. 1950**

On the sketches, the 6.40 m measurement written on the stage front testifies to the dimension of the Piccolo Teatro, inside which happened the drama with the two spaces simultaneously visible, the "pastor's house" and the "doctor's house", separated by a water faucet.

---

3. Ines Scaramucci, Recensione a R. Bacchelli, *L'Afrodite, um romanzo d'amore.* Milano: Mondadori, 1969.

LA MORTE DI DANTON

Danton's Death, by Georg Büchner
Piccolo Theater | Milan, 1950
Director Giorgio Strehler **Set Designer** Gianni Ratto
Music Umberto Andrea Cattini

To recreate key sites in the drama of the French Revolution, Strehler and Ratto play with few elements and light shifts. It is a unique set, a courtyard surrounded by high, bare walls onto which open empty windows. From the background wall descends a staircase lining a door down to a wooden stage, which is mounted by few steps. The same setting is continuously transformed, serving as Danton's house, square, meeting hall, Robespierre's house, prison and gallows.

ELETTRA

Electra, by Sophocles
Olimpico Theater | Vicenza, 1951 — Piccolo Theater | Milan, 1951
Director Giorgio Strehler **Set Designer** Gianni Ratto **Costume Designer**
Felice Casorati **Music** Fiorenzo Carpi

Olimpico Theater in the city of Vicenza is considered a masterpiece of Renaissance architecture. Designed by Andrea Palladio with a permanent set, like those used in antiquity, it was built by Vincenzo Scamozzi in wood and stucco imitating marble, according to a perspective drawing of great illusionism.

In that context, Ratto's set designs were limited to the inclusion of elements alluding to classical Greek architecture (in which there are no arcs), superposed to the permanent set. The play was included in Piccolo Teatro's 1953 European tour, and Ratto prepared the basic set. Jacques Lecocq was in charge of the choir's acting.

In the same year Ratto designs at Teatro alla Scala a large permanent set for the opera *L'Incoronazione di Poppea,* by Claudio Monteverdi, a Renaissance composer, clearly alluding to Teatro Olimpico.

ELISABETTA D'INGHILTERRA

Elisabeth of England, by Ferdinand Bruckner
Piccolo Theater | Milan, 1952
Director Giorgio Strehler **Set Designer** Gianni Ratto **Costume Designer**
Giulio Coltellacci **Music** Fiorenzo Carpi

First play performed after the extension of the theater's auditorium and stage, which was increased to nine meters wide and six meters deep. However, despite the grandiosity of the drama and the potential iconographic wealth of the staging, Strehler and Ratto once more do not hide their preference for the more essential means of tradition, giving life to baroque palaces and Gothic cathedrals with the use of curtains of different transparencies and some elements of refined finishing.

L'INGRANAGGIO

In the Mesh, by Jean-Paul Sartre
Piccolo Theater | Milan, 1953
Director Giorgio Strehler **Set Designer** Gianni Ratto **Music** Fiorenzo Carpi

This staging featured a large metallic structure, stripped-down and sad, of great expressive effectiveness. The situation and environment shifts in the different phases were marked by a gong and accompanied by plays of light. The sound element introduced the various actions succeeding one another under the spotlights, which in turn represented eloquent instruments of surveillance and control. Thus were also determined the flashbacks, making the audience perceive the chronological and topographic changes.

SEI PERSONAGGI IN CERCA D'AUTORE

Six Characters in Search of an Author, by Luigi Pirandello
Piccolo Theater | Milan, 1953
Director Giorgio Strehler **Set Designer** Gianni Ratto **Costume Designer** Ebe Colciaghi

The play toured several theaters in Italy and other European countries. The Paris press was split between a sense of strangeness and praise for the unfamiliar staging of Pirandello, unlike its traditional interpretation, thus sparking intense debate. Reviewers were used to the metaphysical interpretation given by Georges Pitoeff, an important stage director who had made Pirandello famous in France. Strehler revives the version that premiered in Rome in 1921, when Pirandello was still alive, with a realistic reading of the script as a drama of solitude and incommunicability. The reviews praised "the subtle and concrete suggestion of Ratto's sets, which offered a counterpoint to Colciaghi's elegant costumes."

LULU

Piccolo Theater | Milan, 1953
Director Giorgio Strehler
Set Designer Gianni Ratto
Costume Designer Ebe Colciaghi

Bertolazzi's drama is set in Milan at the dawn of the 20th century, an age contemporaneous with the play's premiere in 1903. It features the seductive, malicious and deceitful Lulu and a naive young aristocrat. In their details, colors and furniture the sets designed by Ratto adopt a meticulous liberty style, a variation of *art nouveau* very much in vogue in Italy in the early 20th century, and were hailed as "brilliant and beautiful" by critics. In the same year the play was adapted into film starring Marcelo Mastroianni and Valentina Cortese in the title role.

Piccolo in Other Venues

The Piccolo Teatro Company of Milan met with fame and prestige from the outset, whether for its choice of unpublished Italian and foreign texts or its ability to innovate in staging great classics. Critics praise the formal harmony achieved by the "Strehler-Ratto-Colciaghi trio" in the work done on different stages and situations. The company was invited to stage shows, which today we would call "site-specific," at prestigious theater and music festivals held in beautiful historical buildings during the summer. Such was the case of T. S. Eliot's *Murder in the Cathedral*, staged in the Romanesque San Francesco church in San Miniato, Tuscany, and of the historic staging of Shakespeare's *The Tempest* in the Renaissance gardens of Palazzo Pitti in Florence. For Rossini's opera *The Siege of Corinth*, performed at the XII Maggio Fiorentino, Ratto received an individual invitation, as was sometimes the case. In addition to the literary and iconographic sources he so skillfully exploited, the beautiful sets draw on his memories of the Parthenon, which he had observed a few years earlier as a soldier in Athens.

LA TEMPESTA

The Tempest, by William Shakespeare
Boboli Gardens | Florence, 1948
Director Giorgio Strehler **Set Designer** Gianni Ratto **Costume Designer** Ebe Colciaghi **Music** Fiorenzo Carpi (based on a theme by Domenico Scarlatti) **Choreographer** Rosita Lupi
XI Maggio Musicale Fiorentino

Staged outdoors in the walkways of the Renaissance garden, *The Tempest* made a curtain of the fountain waters, which fell for the show to begin.

"The 'Piccolo Teatro' company, directed by Paolo Grassi, came from Milan to Florence to stage Shakespeare's *The Tempest* at the Boboli Swan Basin as a closing show of 'Maggio Musicale.' The director Strehler and the set designer Ratto were able to create unrestrictedly, and not only in terms of height as they do on the Milan stage. Between the fictional mountain erected in the center of the basin, crowned by Giambologna's statue, and the semicircular stands for the audience the water was dammed by false rocks and a thousand spurts rose and fell like a curtain. The play opened with an actual small vessel gliding over the water, transporting the characters amid the rays. Ratto's great merit was to have merged real elements and scenes of fantasy in a single atmosphere of enchantment, outside normal theatrical conventions."
Adriano Magli, *L'Avvenire,* Jun. 13, 1948

ASSASSINIO NELLA CATTEDRALE

Murder in the Cathedral, by T. S. Eliot
San Francesco Church | San Miniato, 1948
Conductor Piombino **Director** Giorgio Strehler **Set Designer** Gianni Ratto
Costume and Mask Designer Bissietta (Giuseppe Fontanelli) **Music**
Fiorenzo Carpi

"The first big applause went to Gianni Ratto, whose intelligence in solving the set design deserves the warmest praise: nothing besides a huge fake stained glass window, similar in its ogival shape to the arc that filtered the light from the apse. A monastical piece of work, which he constructed almost alone, with tesserae linked together as in a monumental mosaic. The three vertically arranged zones represented the apostles Peter, Paul and John in a style between Gothic and Byzantine. Peter with a red and blue cloak and white beard; Paul with a green and red cloak and violet beard; John with a yellow and blue tunic and yellow-gold hair. Before the stained glass window a rostrum with two crossed walkways enabled the happy circulation of the groups."
Guido Rosada, *Milano-Sera,* Aug. 24, 1948

IL CORVO

The Raven, by Carlo Gozzi
Director Giorgio Strehler **Set Designer** Gianni Ratto **Costume Designer**
Ebe Colciaghi **Music** Fiorenzo Carpi
IX International Theater Festival

The Raven is the second "theatrical fable" written by Carlo Gozzi (1720-1806), a Venetian author in the tradition of *commedia dell'arte* who opposes fantastic language to the "realism" proposed by Goldoni, also Venetian. Gozzi, who came from an aristocratic family, considered Goldoni's style bourgeois.

The sets comprise arcades and balconies with a large fragmented arch in the center opening up to a potential marine horizon, useful for the acting.

The play was part of the repertoire performed by Piccolo at the Champs Elysées theater in 1949, in Paris – all in Italian – and was praised in the press for its extraordinary vitality and also for what "the group was able to exploit from a traditional script." The praises exalt the merits of the classical training, which provided the modern repertoire with interpreters capable of illustrating it.

L'ASSEDIO DI CORINTO

The Siege of Corinth, by Gioacchino Rossini
Communale Theater | Florence, 1949
Director Enrico Frigerio **Set Designer** Gianni Ratto **Music** Gioacchino
Rossini **Conductor** Gabriele Santini
XII Maggio Musicale Fiorentino

"...every time I was able to go down to the city, my footsteps led me spontaneously to the Parthenon. The columns were marked by the wars against the Turks, but nothing had affected the splendid and serene harmonious beauty of its overall structure. And I, the modest little soldier sent to war in a land of legends, myths and sufferings, would stand there for hours on end staring at the landings surrounding the temple, seeing processions of holy virgins passing by, translucent, in the space vibrating with the summer heat... of the Erechtheum I loved the caryatids, so beautiful, soft and asexual."
Gianni Ratto in *A mochila do mascate*

LA PUTTA ONORATA

The Honored Whore, by Carlo Goldoni
Campo San Trovaso | Venice, 1950
Director Giorgio Strehler **Set Designer** Gianni Ratto **Costume Designer**
Ebe Colciaghi **Music** Ermanno Wolf-Ferrari
XI International Theater Festival

The outdoor performance exploited the theatrical aspect of Campo San Trovaso in Venice, where Goldoni's play is set. Once again the staging proposal resulted in a kind of "theater within theater," in which the assembled sets were inserted in actual constructions and revolving mechanisms brought to the proscenium the scenes that took place indoors, alternating them with typical street situations.

LA DODICESIMA NOTTE

Twelfth Night, by William Shakespeare
Palazzo Grassi Theater | Venice, 1951
Director Giorgio Strehler **Set Designer** Gianni Ratto **Costume Designer**
Ebe Colciaghi **Music** Fiorenzo Carpi

Inaugural performance of the open-air theater of Palazzo Grassi in Venice, where the International Center for Arts and Fashion was also being inaugurated at the time. Piccolo was a theater of great international success and prestige for such an occasion, which gathered the cream of Italian society in the Venetian summer, reported in newspapers across the country.

"The box set is inspired by a famous late 15th-century architectural design. Theater critics praise the good taste and 'fantastic illogicality of Gianni Ratto's set,' as well as the 'show enhanced by the stylized settings in shades of violet'... with the caveat that 'the set composed of modifiable elements was often fragmented and dispersed by the intrusion of those in charge of replacing and adapting the furniture.'
Il Messaggero, E.C., Aug. 27, 1951

Opera and Ballet

Teatro alla Scala is one of the most celebrated opera houses, whose history coincides with great moments of lyric music worldwide. Special mention goes to Giuseppe Verdi, who debuted and conducted his operas there. It was the venue of the successful premiere of *The Guarany* by Antonio Carlos Gomes in 1870. Bombed and reduced to debris during World War II, the theater was rebuilt and reopened in May 1946 by Arturo Toscanini, who, self-exiled in the US during fascism, returned to the theater he had directed since the 1920s. A few months after the reopening, the young Strehler and Ratto are invited to conceive the staging of *La Traviata*, which premieres on March 6, 1947, even before the inauguration of Piccolo Teatro of Milan.

LA TRAVIATA
La Traviata, by Giuseppe Verdi
Teatro alla Scala | Milan, 1947
Music Giuseppe Verdi **Libretto** Francesco Maria Piave **Conductor** Tullio Serafin **Director** Giorgio Strehler **Set Designer** Gianni Ratto **Costume Designer** Ebe Colciaghi **Choreography** Aurelio Milos

"The management of Teatro alla Scala in Milan invited Giorgio Strehler and me to stage Giuseppe Verdi's *La Traviata*. When Paolo Grassi told us the news, I thought he was joking. I realized at that moment that this was a great professional breakthrough. I studied, reflected, took risks and succeeded in great style, I might say, since my set design triggered a controversy in which the conservatives yelled 'Scandal!' and the renovators cried 'Finally!'"
Gianni Ratto, in *A mochila do mascate*

"The large, bridge-shaped staircase that stretches along the wall of Flora's house is, for Strehler, an acclaimed achievement . . . which represents the renewed role of the director, but one who cannot do without the set designer: this staircase is a masterpiece of ingenuity, but building it required overcoming not only a multitude of technical problems, but above all the uniqueness of the actual construction, since such a 'bridge' had never been made before."
Fabio Battistini, *Giorgio Strehler,* 1980

L'AMORE DELLE TRE MELARANCE
The Love for Three Oranges, by Sergei Prokofiev
Teatro alla Scala | Milan, 1947
Music Sergei Prokofiev **Libretto** Sergei Prokofiev and Carlo Gozzi **Conductor** Angelo Questa **Director** Giorgio Strehler **Set Designer** Gianni Ratto **Costume Designer** Ebe Colciaghi **Choreography** Ugo Dell'Ara

The opera, with music and libretto by Prokofiev, was inspired by an 18th-century Italian theatrical fable, structured on commedia dell'arte schemes and its comic and satirical features. To these the Russian composer mixed elements of the surrealistic poetry already present in the translation and adaptation made years earlier by Meyerhold. The first version of the opera, written in French, premiered in Chicago in 1921 and is said to have featured the Brazilian soprano Vera Janacopoulos.

The set design created a second proscenium, which accommodated the horde of characters that overcrowded the scenes in this kind of "theater in theater" inserted in a set design made up of modules laid out like an assembly game.

IL MATRIMONIO SEGRETO
The Secret Marriage, by Domenico Cimarosa and Giovanni Bertati
Teatro alla Scalla | Milan, 1949
Music Domenico Cimarosa **Libretto** Giovanni Bertati **Conductor** Mario Rossi **Director** Giorgio Strehler **Set Designer** Gianni Ratto | Gino Romei **Costume Designer** Ebe Colciaghi

In this two-act comic opera Ratto draws on humor and skill, contracting the space of the majestic Teatro alla Scala stage to support a series of refined calligraphic-like paintings, almost engravings, framed by elegant black curtains of 18th-century rigor, with one eye on tradition and the other on innovation.

DON PASQUALE
Don Pasquale, by Gaetano Donizetti
Teatro alla Scala | Milan, 1950
Music Gaetano Donizetti **Libretto** M. A. (Giovanni Ruffini) **Conductor** Franco Capuana **Director** Giorgio Strehler **Set Designer** Gianni Ratto **Costume Designer** Ebe Colciaghi

The critics were divided between execrating the experimentalism of *Don Pasquale* and praising the daring of Ratto's sets, the result of "keen research that reflects the issue of the relationship between lyric music and set design." The proscenium – framed like a painting by curtains, walls, stairs and balusters, which limited the immense downstage area of Teatro alla Scala – narrowed the field of view and the acting space, much like a court theater, which nevertheless boasted a turntable. As usual, Ratto surprises with his ability to explore space, dilating or contracting our perception of the actual stage size.

PULCINELLA
Pulcinella, by Igor Stravinsky
Teatro alla Scala | Milan, 1950
Music Igor Stravinsky, based on a theme by Giovanni Battista Pergolesi

Libretto M. A. (Giovanni Ruffini) **Conductor** Franco Capuana **Director** Giorgio Strehler **Set Designer** Gianni Ratto **Costume Designer** Ebe Colciaghi

The ballet, based on a Neapolitan commedia dell'arte manuscript, was commissioned from Stravinsky by Sergei Diaguilev, the director of Ballets Russes, who had invited Pablo Picasso to design the sets and costumes for the Paris debut in 1920.

Ratto handles the Italian staging brilliantly. His costumes, of great originality and beauty, exploit the contrast between the deep black of the "doctors" and the white chalk of the Pulcinella. The partly solid, partly fluttering set exploits the transparency of overlapping canvases, poetically alluding to the colorful clotheslines of the alleys of Naples.

"...Some found Ratto's sets hardly Neapolitan. But the Naples of this *Pulcinella* is an abstract, anti-oleographic Naples, with no Vesuvius or urchins, transfigured into a commedia dell'arte album page that has reached its last state of decantation."
Candido, Jan. 14, 1951

LA CECCHINA, OSSIA LA BUONA FIGLIOLA
The Good Daughter, by Niccolò Piccinni
Teatro alla Scala | Milan, 1951
Music Niccolò Piccinni **Libretto** Carlo Goldoni **Conductor** Franco Capuana **Director** Giorgio Strehler **Set Designer** Gianni Ratto **Costume Designer** Ebe Colciaghi

For this 18th-century comic opera by Niccolò Piccinni, Ratto looks to the music box for inspiration. His courage and innovation triggered both execration and praise among critics.

"...the 'changes in sight' are continuous. Gianni Ratto studied a mechanical artifact in which he inserted his geometric, symmetrical and abstract art. That is the finding of refined intellectual flavor. In the first set of this suggestive 18th-century small staging we see six symmetrical monoliths, three on the right and three on the left, which seem to allude to the backstage of old private theaters. However, it is the backstage only in appearance, because they are actually triangular prisms that, throughout the three acts, are renewed by rotating around themselves with the curtain open, changing faces and turning the setting into garden, hall, forest or rocky landscape. A few figurative clues painted on each face (those in the hall are of early neoclassicism) suffice to convey an idea of outdoors or indoors. The rest must be supplemented by your imagination, as was the case of the so-called 'suggestive scene' in Shakespeare's day.

When it comes to the hall, the central chandelier descends from above and the lamps light up above each side-scene, where later they will remain switched off when the setting turns into a garden. You might say this is

absurd, but the modern over-refinement is 'anti-veristic.' As the chandeliers, even among jungles and rocks, imparted a certain 18th-century decorative graciousness to the whole, Ratto left them where they were."
"Anti-veristic over-refinement," *Corriere Lombardo,* Feb. 27, 1951

L'ELISIR D'AMORE
The Love Potion, by Gaetano Donizetti
Teatro alla Scala | Milan, 1951
Music Gaetano Donizetti **Libretto** Felice Romani **Conductor** Argeo Quadri **Director** Giorgio Strehler **Set Designer** Gianni Ratto **Costume Designer** Ebe Colciaghi

"The intervention by the trio composed of Giorgio Strehler, Gianni Ratto and Ebe Colciaghi was a great choice. When these guys get it right, they really succeed and seem to throw the windows of the opera house wide open.... Strehler, Ratto and Colciaghi responded powerfully to the Italianism of the music and lyrics respectively uniting direction, set design and a panel of extremely vivid costumes. They understood how Donizetti, in composing *The Love Potion,* felt modern, thus becoming a chronicler of his happy days.... Result: absolute success."
Giulio Confalonieri, *Il Tempo di Milano,* Mar. 10, 1951

GIUDITTA
Judith, by Arthur Honegger
Teatro alla Scala | Milan, 1951
Music Arthur Honegger **Libretto** René Morax **Conductor** Issay Dobrowen **Director** Giorgio Strehler **Set Designer** Gianni Ratto **Costume Designer** Ebe Colciaghi

Inspired by the biblical drama, the opera tells the story of the young and beautiful Judith, who liberates the people of Jerusalem, besieged by the Assyrian General Holofernes, camped outside the city. Judith manages to penetrate the camp and behead the enemy chief. Upon her return, she is acclaimed by the people. Honegger also composed the opera *Antigone* to a libretto by Jean Cocteau, but he was mainly celebrated for his oratorios and cantatas.

Ratto's caricature, made by a theater technician, satirizes the set designer who, known for his bold creations, had promised something light for this show. Images and texts mockingly depicting the effort involved in switching sets reveal that the promises were not kept.

MARSIA
Marsyas, by Luigi Dallapiccola
Teatro alla Scala | Milan, 1951
Music Luigi Dallapiccola **Creation** Aurelio Millos **Conductor** Nino Sanzogno **Choreographer** Aurelio Millos **Set and Costume Designer** Gianni Ratto

The only ballet by the important Italian composer of twelve-tone music, Luigi Dallapiccola, the mythological drama tells the story of the satyr Marsyas, who, with his flute, challenges Apollo, the god of music, and his lyre. After being defeated, he is hung from a tree and condemned to be skinned alive. Ugo Dell'Ara, a Roman dancer and choreographer who would become the main choreographer of Teatro alla Scala in those years, plays Marsyas.

OBERTO, CONTE DI SAN BONIFÁCIO

Oberto, count of San Bonifacio, by Giuseppe Verdi

Teatro alla Scala | Milan, 1951

Music Giuseppe Verdi **Libretto** Antonio Piazza and Temistocle Solera **Conductor** Franco Capuana **Director** Mario Frigerio **Set designer** Gianni Ratto **Costume designer** Ebe Colciaghi

Oberto is Giuseppe Verdi's first opera, written when he was 26 years old. It was first performed at Teatro alla Scala in 1839, a little over a hundred years before the 1951 performance, when critics disagreed over the value of this work of Verdi's youth but unanimously praised Ratto's sets.

"Ratto found the right tone, the friendliest visual materialization for the poetic and musical mood of *Oberto*: more than that, he surpassed it, as did the art of Capuana and the art of Setignani. His 'open areas' with those Cezanne-like trees, so talkative, so fabulous, so revived by eternal romantic desire; the interior atmospheres, where historicism is no longer culture, but becomes nostalgic and artistic energy; his unfocused skies; his clear and energetic surfaces, everything imposed on the scenes of *Oberto* a superior spirit."
Giulio Confalonieri, *Corriere della Sera,* Feb. 22, 1951

"Ratto loves monochromatic colors precisely because he perhaps believes they paint with electric colors nowadays. The uniform paints emerged in both the inner woods and the three woodlands . . . An artist of amiable and refined intimacies, the most pleasing Ratto seemed to us to be that of Cuniza's simple and graceful prints. Here, as it is night, the cold, monochromatic gray of the walls took on an expressive moonlight tone created by the lighting effects."
Corriere Lombardo, Feb. 14, 1951

LA CARRIERA DI UN LIBERTINO

The Rake's Progress, by Igor Stravinsky

Music Igor Stravinsky **Libretto** W. H. Auden and Chester Kallman **Conductor** Igor Stravinsky **Director** Carl Ebert **Set designer** Gianni Ratto **Costume designer** Ebe Colciaghi

The opera premiered worldwide at the Venice Contemporary Music Festival at Teatro La Fenice, conducted by Stravinsky himself and attended by the librettist W. H. Auden. The beautiful sets and costumes created by Ratto for *Pulcinella* certainly motivated the important invitation by the Russian composer.

The Rake's Progress is the story of a libertine who, under the influence of a devilish figure, trades true love for worldly pleasures and ends his days in a mental hospital. The opera was inspired by a series of eight engravings by Hogarth which Stravinsky asks Ratto not to consider when designing the sets. It was performed in the original language in Venice, conducted by Stravinsky, and in Italian in Milan.

EL AMOR BRUJO

Love, the Magician, by Manuel de Falla

Teatro Dell'Opera | Roma, 1952

Director and Choreographer Boris Romanoff **Set and Costume Designer** Gianni Ratto

Manuel de Falla's (1876-1946) best-known work is based on Andalusian Gypsy legends and songs involving spells and witchcraft.

The ballet includes the celebrated "Ritual Fire Dance," "Song of Wildfire" and "Dance of Terror," which Gianni Ratto sets amidst expressionist-like rocks and caves. Ratto had previously worked with the Russian dancer and choreographer Boris Romanoff in Stravinsky's *Pulcinella* in 1950. Invited the following season to design the sets and costumes for Rimsy-Korsakov's *Fanciulla di Neve*, Ratto declines the invitation.

WOZZECK

Wozzeck, by Alban Berg

Music Alban Berg **Libretto** Georg Büchner **Conductor** Dimitri Mitropoulos **Director** Herbert Graf **Set designer** Gianni Ratto **Costume designer** Ebe Colciaghi

"I worked at three levels: the constructivist, the pictorial and that of front and rear projection. Each sketch had been drawn on three transparent layers, two of acetate and one of paraffin-treated parchment paper, on which a complicated pastel painting was strategically scraped to allow the vision and transparency of what lay beneath. For its execution, a newly patented cyclorama was ordered from France that enabled a rear projection towards the audience with the light source unperceived on the completely seamless surface. There was total integration of the various elements of the performance."
Gianni Ratto in *A mochila do mascate*

IL RATTO DAL SERRAGLIO
The Abduction from the Seraglio, by Wolfgang Amadeus Mozart
Teatro alla Scala | Milan, 1952
Music Wolfgang Amadeus Mozart **Libretto** Johann Gottlieb Stephanie
Conductor Jonel Perlea **Director** Ettore Giannini **Set designer**
Gianni Ratto **Costume designer** Leonor Fini

"As in Mozart's world, in Gianni Ratto's world 'life unfolds in the sonata form' and the prevalence of harmonious symmetry over the randomness of naturalism runs across the 18th-century repertoire. Ratto enthusiastically regulates with the paintbrush the rhythm of Settecento operas and gives Goldoni, Gozzi, Paisiello and Cimarosa adorable, mellowed hues in renewed set designs; he pays tribute to Mozart with a tinted in white and pearl gray, in scenes that frame Leonor Fini's amusing silky paper costumes."
Vittoria Crespi Morbio, *Ratto alla Scala*

L'INCORONAZIONE DI POPPEA
The Coronation of Poppea, by Claudio Monteverdi
Teatro alla Scala | Milan, 1953
Music Claudio Monteverdi **Libretto** Gian Francesco Busenello **Conductor**
Carlo Maria Giulini **Director** Margarita Walmann **Set designer**
Gianni Ratto **Costume designer** Dimitri Bauchéne

The Renaissance composer Claudio Monteverdi (1567-1643) was a pioneer in creating music for a theatrical text conceived with scenic rigor. In other words, critics consider it the first ever, a historical melodrama. Ratto designed a permanent set, as used in Monteverdi's time. He dispensed with curtains, revealing the majestic Renaissance building, with porticoes, columns, terraces and stairs, which attested to the illusionistic capacity of his highly skillful designs and his admiration for 17th-century architects-scenographers. It is impossible not to think of the experience of two years earlier in Sophocles's *Electra* at Teatro Olimpico in Venice.

LUCIA DI LAMMERMOOR
Lucia di Lammermoor, de Gaetano Donizetti
Teatro alla Scala | Milan, 1954
Music Gaetano Donizetti **Libretto** Salvatore Cammarano **Conductor and
Director** Herbert von Karajan **Set designer** Gianni Ratto **Costume designer**
Ebe Colciaghi

"In those Italian times, my scenographic conceptualization was extremely eclectic; I thought it essential to employ a range of different stylistic languages, clashing with those who wanted to impose a personal style, in a unified form of expression for any kind of author."
Gianni Ratto in *A mochila do mascate*

In this opera, Ratto is inspired by the lugubrious moods of German expressionism, which accompanied the tragic events of the early 20th century, to set the drama and madness of the character embodied by Maria Callas, directed in this historic staging by Herbert von Karajan.

"Ratto designed the sets with few elements and few painted backdrops, but widely exploited projection to integrate those elements. A huge magic lantern projected colors, lines, architectural elements: thus realism was achieved while avoiding verism and oleography."
Teodoro Celli

Musical Theater and Vaudeville

Vaudeville was characterized by exuberant sets, political satire and vedettes. Gianni Ratto nurtured no genre prejudice and never stopped working with satire and humor. Parallel to his work with the more refined and challenging texts of opera and drama, he created dozens of set designs for vaudeville. While conceiving sets for politically engaged plays at Piccolo Teatro, doing wonders with scant resources, he was also working in the most expensive shows in the history of Italian vaudeville, designing Hollywood-like sets for the mythical Wanda Osiris, Walter Chiari, Totò, Macario.
He created sets that marked the era of Vittorio Metz and Marcello Marchesi and of Pietro Garinei and Sandro Giovannini – the indomitable duo of authors of Italian musical theater that were active up to the 1980s. For the 1949/1950 season he received the Maschera D'Argento award, the "Italian Oscar" of musical theater, radio and television.

GRAND HOTEL
Grand Hotel, by Pietro Garinei and Sandro Giovannini
Teatro Lirico | Milan, 1948
Music Frustaci and Giuliani **Director** Garinei and Giovannini
Set designer Gianni Ratto **Costume designer** Folco **Choreographer**
Dino Solari **Company** Wanda Osiris
Wanda Osiris was the absolute star of vaudeville and the duo Garinei and Giovannini formed a lasting partnership that dominated musical comedy from the postwar period onwards. Ratto was greatly courted by them, a fact recorded in the amusing correspondence they exchanged in those years between Milan and Rome. For *Grand Hotel,* Ratto created a series of sets of great effect and the longest staircase of the many that the queen of vaudeville specialized in descending onto the stage. The reviews mention thirty steps, to the top of which the star was transported by lift to then walk down with open arms as she sang *Sentimental,* her most famous song. The show's high costs were apparently paid off with the box office receipt of the first night.

QUO VADIS

Quo Vadis, by Oreste Biancoli, Dino Falconi, Otto Vergani
Teatro Nuovo | Milan, 1949
Director Oreste Biancoli **Conductor** D'Ardena **Set designer** Gianni Ratto
Company Remigio Paone

Where are you going?, Christ's famous question to Peter when the latter was fleeing Rome, refers here to humankind, to the events and stories circulating in Italy in the post– World War II period. The defeat of fascism, the end of monarchy, political polarization, the new world order were real-life themes that invaded culture, from music to film, and were addressed with desacralizing verve by vaudeville, fueling satire, pastiche and musical numbers. The curtain opened to the arrival of the "world train," a real locomotive invented by Ratto, from which the characters of the fable got off. The whistling, steaming and screeching locomotive is said to have given the audience goosebumps.

BADA CHE TI MANGIO!

Watch Out or I'll Eat You!, by Michele Galdieri
Teatro Nuovo | Milan, 1949
Director Michele Galdieri **Conductor** Mariano Rossi **Set designer** Gianni Ratto **Costume designer** Costanzi and Torres **Choreographer** Gisa Geert **Company** Totò | Remigio Paone

Ratto designed thirteen different sets for Totò's vaudeville, with fountains and elephants on stage, among other exploits, creating one of the most opulent shows in the history of Italian vaudeville.

Ratto admired "this modern Punch," as he called him, who had fascinated him since childhood. In his memoirs, he recounts a conversation in which Totò, during a rehearsal break, told him about a surrealist dream he had had – a show with scenographic problems of difficult resolution that occupied his imagination for a few days.

CAROSELLO NAPOLETANO

Neapolitan Carousel, by Ettore Giannini
Teatro Della Pergola | Florence, 1950
Music Raffaele Gervasio **Director** Ettore Giannini **Conductor** Nino Stinco **Set designer** Gianni Ratto **Costume designer** Maria de Matteis **Choreographer** Ugo Dell'Ara **Company** Remigio Paone

The show told the history of Naples and its characters in 42 celebrated songs. Ratto's sets established multiple levels for the performance. Considered "very inspiring and of rare beauty," they included spicy details such as "octopuses that 'make love' among fish and mollusks at the bottom of the sea" to the sound of a tarantella. Humorous notes aside, the work required Ratto to engage in intense on-site research to replicate Naples's particular topography and the atmosphere of the seaside city. The great success resulted in tours in Europe, Brazil and Latin America. Two years later, *Carosello* was adapted into film by Ettore Giannini himself, starring Sophia Loren and winning the Palme d'Or at Cannes in 1954.

I FANATICI

The Fanatics, by Vittorio Metz and Marcello Marchesi
Teatro Nuovo | Milan, 1952
Music Gorni Kramer **Director** Marcello Marchesi **Conductor** Mariano Rossi **Set designer** Gianni Ratto **Costume designer** Henri Fost **Choreographer** Don Arden **Company** Remigio Paone

The show addressed fanaticism in various areas of life. The photos feature Franca Rame, who belonged to a family of actors with a tradition in theater dating back to the 17th century. Rame acted in comedies and vaudeville shows before marrying Dario Fo, with whom she would found a theater company of their own in 1958. Together they dedicated themselves to political satire and militant theater, which resulted in the Nobel Prize in Literature in 1997.

CHRONOLOGY

1916 Gianni Ratto is born on August 27, in Milan, into a Genoese family, during World War I. His mother, Maria Ratto, is a pianist and composer graduated from the Giuseppe Verdi Conservatory in Milan, with a specialization degree from the Gioacchino Rossini Conservatory in Pesaro. His father, who is already married with two daughters, does not give him his surname.

1918 They move to Genoa.

1919 His parents separate. Maria Ratto works as a private music teacher.

1920 At the age of four he attends afternoon movie sessions with his mother. He does not understand the plot captions on the screen, but follows the musical dramatization played live on the piano.

1922 Benito Mussolini leads "the March on Rome" and takes over as prime minister with a radical nationalist program. In 1925 he assumes dictatorial powers.

1928-9 Ratto meets the famous English director, actor and set designer Edward Gordon Craig, one of the great innovators of modern theater, father of one of his mother's singing students.

1932 Ratto starts attending the Arts Lyceum. In the same year he is accepted as apprentice by the architect Mario Labò, a life-changing meeting. Labò's son Giorgio becomes his best friend, with whom he shares a fertile artistic partnership, interrupted by the war and Giorgio's murder by the Nazis.

1934 First place in the University Set Design Competition held at Teatro Carlo Felice in Genoa. The theme, Gian Francesco Malipiero's *Sette Canzoni*, featured seven musical episodes, each requiring a different set, which he assembles on a revolving stage. The national prize takes him to Venice, from where he is obliged to return earlier "for not having participated in a parade in honor of the regime."

1935 Thanks to the second place obtained in a contest promoted by *Cinema* magazine, he is admitted to study film direction at Centro Sperimentale di Cinematografia in Rome.

1938 Ratto starts military service in Sardinia, remaining in the army until 1945 due to constraints imposed by the imperialist pretensions of fascism and World War II.

1939 In May, Benito Mussolini's fascist Italy makes a "Pact of Steel" with Hitler's Germany.

1940 Italy officially joins World War II on Germany's side.

1941 Ratto joins the Officers' School in Fano, on the Adriatic coast. He secures the post of clerk, which allows him to draw in the evening. He meets Paolo Grassi, who studies at the same military school. Grassi obtains permission for them to organize a musical satire as a graduation show at the beautiful local theater, Teatro della Fortuna. After the war they would found Piccolo Teatro of Milan together.

1942-3 Ratto is transferred with the troops to Greece, remaining in Athens for a time before deserting the army in late 1943 and joining underground members of the Greek Resistance gathered in the mountains. "We could never imagine at that moment what the next two years would be like."

1944 June 6. More than 5,000 ships land Allied troops in Normandy, northern France. This new war front marks the beginning of Hitler's defeat.
September. Death of his fraternal friend Giorgio Labò, member of the Italian Resistance, tortured and murdered by the Nazis in Rome in the Ardeatine Caves. Gianni receives the news upon returning from the war. He continues corresponding with Mario until 1961.

1945 Ratto returns to Italy at the beginning of the year, before the end of the war, crossing the country devastated by bombings.
April 25. The *Partigiani*, the Italian army of resistance to fascism, enter Milan and Turin ahead of the Allies. End of war. Mussolini is arrested on the run and shot together with his mistress, Claretta Petacci. In Europe the war ends on May 8 with the surrender of the German army.
He moves to Milan and in December the play *Il lutto si adisce Elettra*, by Eugene O'Neill, debuts at Teatro Odeon, directed by Giorgio Strehler, his first professional work as set designer. The show is a success and together they stage another eight shows in the following year.

1946 Ratto works in all the historical theaters of Milan that are reopening: Teatro Nuovo, Excelsior, Olimpia, Teatro della Pergola, etc. He works with several directors and designs sets for 26 shows. Free from fascist censorship, they wanted to stage contemporary and classic texts with a modern feeling.

1947 With Giorgio Strehler and Paolo Grassi he founds Piccolo Teatro of Milan, the first Italian public theater company. The stage of the former movie theater is tiny, but Ratto's scenarios are grand. The first show in May is Maxim Gorky's *L'albergo dei poveri*, followed by *I giganti della montagna*, Pirandello's last play.
Invited together with the director Giorgio Strehler, he designs the sets for Giuseppe Verdi's *La traviata* at Teatro alla Scala, the world's temple of opera. The show is both praised and execrated for its boldness and innovation. It marks a new way of staging opera.
Carlo Goldoni's *Arlecchino, servitore di due padroni* premieres in July. This emblematic production by Piccolo Teatro is staged until today, currently celebrating 70 years of success. Another six shows follow until December, acclaimed by critics and audience.

1948 As part of the prestigious Maggio Musicale Fiorentino, he stages Shakespeare's *The Tempest* with Giorgio Strehler and the Piccolo Teatro company in the Boboli Gardens of Palazzo Pitti in Florence, amid the walkways and Renaissance fountains.
Riccardo II by W. Shakespeare and *Delitto e castigo* by Gaton Blay, the latter based on Dostoyevsky's novel, both directed by Giorgio Strehler and with musical score by Fiorenzo Carpi.
Assassinio nella cattedrale, by T. S. Eliot, in the church of San Francesco in San Miniato. Ratto builds a fake stained glass window the size of the high altar's pointed arch.
Set designs of highly successful vaudeville shows, including *Grand hotel* with Wanda Osiris and *Bada che ti mangio* with Totò, which are made into movies. A large number of set designs full of irony and Hollywood pomp.
Gianni Ratto was "the set designer," courted by everyone in all genres across the country, from opera to comedy and vaudeville.

ENGLISH VERSION | 377

1949 *L'assedio di Corinto*, by Rossini, at Maggio Musicale in Florence.

Alban Berg's *Lulu*, based on texts by Wedekind. Festival of Contemporary Music, Teatro La Fenice, Venice.

He is dubbed "Mighty Magician" by critics.

1950 Sets and costumes of Igor Stravinsky's ballet *Pulcinella*, on a theme by Giovanni Battista Pergolesi, at Teatro alla Scala, conducted by Nino Sanzogno and choreographed by Boris Romanoff.

Carosello Napoletano, by Ettore Giannini. Naples and its history in everyday life scenes, dance and traditional songs. It opens at Teatro della Pergola in Florence and tours Europe and Latin America, including Brazil.

1951 He features in the catalog of Italian scenography alongside the greatest painters of the time. His style is categorized as "plastic-chromatic spatial abstraction" along with Balla, Depero, Prampolini, Severini.

Invitation by Igor Stravinsky to design the sets of *The Rake's Progress*. World premiere at Teatro La Fenice in Venice. He collaborates regularly with Teatro alla Scala and designs sets for six new productions in the 1951-2 opera season, besides Dallapiccola's ballet *Marsia* and Manuel de Falla's *El amor brujo* at Teatro dell'Opera in Rome.

1952 Set design of W. A. Wozart's *Il ratto dal serraglio* with Maria Callas, then married to the Italian businessman G. B. Menghini.

1953 Set design of Monteverdi's *Incoronazione di Poppea*, Teatro alla Scala.

One-month run of Piccolo Teatro at Théâtre Marigny in Paris: *Six Characters* and *Arlecchino*.

1954 Premiere in January of Gaetano Donizetti's *Lucia di Lammermoor*, with Maria Callas, Di Stefano and Tito Gobbi, conducted and directed by Herbert von Karajan.

He leaves Italy in the same month at the height of his success, leaving behind a legacy of 120 shows in nine years. The drawings are currently preserved in the archives of the main Italian theaters, listed as historical heritage.

He moves to São Paulo at the invitation of Maria Della Costa and Sandro Polloni, motivated by the desire to direct. The first show is Jean Anouilh's *The Lark* with Maria Della Costa, which Ratto directs, besides designing the sets and lighting.

1955 *A moratória*, by Jorge Andrade, an author staged for the first time. Premiere of Fernanda Montenegro as leading actress. Teatro Popular de Arte – São Paulo.

A Flea in Her Ear, by Feydeau, the first of many stagings of the play, always a big hit. Teatro Popular de Arte – São Paulo.

Dialogues of the Carmelites, direction, set design and lighting design at Teatro Copacabana – Rio de Janeiro.

1956 He directs two shows for TBC: Jean Anouilh's *Eurydice*, and Howard Lindsay's *Life with Father*, starring Fernanda Montenegro and Fernando Torres.

1957 Direction and lighting design of *Pedro Mico*, by Antonio Callado, with set design by Oscar Niemeyer. *Guerras do alecrim e da manjerona*, by Antonio José da Silva, the Jew, with set and costume design by Millôr Fernandes. And also *É de xurupito!*, a vaudeville show bhy Walter Pinto.

1958 Set and costume design of Ariano Suassuna's *O santo e a porca* and *Long Day's Journey into Night*, both directed by Ziembinski. Teatro Dulcina – Rio de Janeiro.

He teaches at the University of Bahia together with Koellreutter and Lina Bo Bardi.

He stages Chekhov's *Three Sisters* and Antonio Callado's *O tesouro de Chica da Silva*.

In December he returns to Italy where he remains until July 1959. Intense correspondence with Fernando Torres and Fernanda Montenegro in preparation of Teatro dos Sete, with the conviction: "There is no national theater without national authors."

1959 Teatro dos Sete is founded.

O mambembe, by Artur Azevedo. Municipal Theater of Rio de Janeiro. Awards for best show, director, set design, actor and actress.

Mrs. Warren's Profession, by Bernard Shaw. Copacabana Palace Theater – Rio de Janeiro.

The Waltz of the Toreadors, by Jean Anouilh, directed by Augusto Boal. Teatro de Arena of São Paulo.

1960 *Cristo proclamado*, by Francisco Pereira da Silva. After the huge great success of the previous two plays, the stripped-down play featuring tattered migrants on the stage of the Copacabana Palace theater shocks audiences and flops. They are called leftists.

Set design of two unstaged plays directed by Ziembinski: *Sangue no domingo*, by Walter G. Durst, and *Boca de Ouro* [Golden Mouth], the premiere of Nelson Rodrigues's play at Teatro da Federação – São Paulo, followed by a run at Teatro Cacilda Becker – São Paulo.

Descobrimento do Brasil [Discovery of Brazil], by Heitor Villa-Lobos, who had died the previous year. Four symphonic suites to which Ratto creates an epic dance.

A Flea in Her Ear, swiftly restaged, saves the company's finances, running for a year.

1961 *O beijo no asfalto*, by Nelson Rodrigues, directed by Fernando Torres with set design by Ratto. Nelson attends the rehearsals at Teatro Ginástico – RJ.

Comedy Festival: Teatro Maison de France – Rio de Janeiro, with the plays *The Jealous Old Man*, by Miguel de Cervantes; *The Flying Doctor*, by Molière (translated by Ratto); *O ciúme de um pedestre* [The Jealous Officer], by Martins Pena. Awards for best show, director, set design, costume design, actor (Sérgio Britto) and actress (Fernanda Montenegro).

1962 *The Man, the Beast and the Virtue*, by Pirandello, translation and set, costume and lighting design. Teatro Maison de France – Rio de Janeiro. Last play of Teatro dos Sete.

1963 Bernard Shaw's *Caesar and Cleopatra*, with Cacilda Becker and Ziembinski as actor and director. The fifth of six shows with Ziembinski: "Gianni always does the opposite of what I ask, but it's exactly what I want."

1964 Goldoni's *Mirandolina* reunites Teatro dos Sete. Despite the critical praise, the group breaks up.

Gianni works as independent set designer and director in commercial theatrical productions, and directs and designs sets for opera as well as politically engaged plays.

Direction and set design of Georges Feydeau's *The Lady from Maxim's*, with Tonia Carrero and Paulo Autran. Direction and set, costume and lighting design of *Werther*, by Massenet. Teatro Sodre – Montevideo.

1966 Direction and set design of *Se correr o bicho pega, se ficar o bicho come*, by Oduvaldo Vianna Filho and Ferreira Gullar, with Cleide Yáconis, Antonio Pitanga, Marieta Severo and Hugo Carvana. Third play of Grupo Opinião, the mainstay of political theater at the time.

Set and costume design of *O santo inquérito*, by Dias Gomes, directed by Ziembinski, with Eva Wilma in the role of Branca Dias. First staging of the play, which draws on the Inquisition as an allegory of current political repression.

1967 Direction and lighting design of Puccini's *Tosca*. Direction and set, costume and lighting design of *I pagliacci*, by Leoncavallo, and *Cavalleria rusticana*, by Mascagni. Municipal Theater – Rio de Janeiro.

A saída, onde fica a saída?, by Antonio Carlos Fontoura, Armando Costa and Ferreira Gullar. Directed by João das Neves with set and lighting design by Ratto. Teatro Opinião - São Paulo.

Direction of *Isso devia ser proibido* [That Should Be Forbidden], by Bráulio Pedroso and Walmor Chagas, with Cacilda Becker.

1968 He founds Teatro Novo, which also included dance and music, courses and lectures. He invites to Brazil the avant-garde choreographer Merce Cunningham and the twelve-tone composer John Cage, among others. He commissions plays from Pablo Neruda. The project, executed with Fernando Pamplona and Tatiana Memória and funded by the art patron Paulo Ferraz, is closed by the military in less than a year.

Debut with *The Lower Depths*, by Maxim Gorky, the same play that had opened Piccolo Teatro of Milan twenty years earlier (1947). He publishes a volume on Gorky with essays by Clarice Lispector, Antonio Houaiss and Otto Maria Carpeaux.

Translation and direction of Alfred Jarry's *Ubu Roi*. The irreverent allegory of tyrannical power is staged with actors and puppets. Scheduled to open at Teatro Novo – Rio de Janeiro, the play is performed at Teatro Itália – São Paulo, in 1969.

Set design of *Rhythmetron*, by Marlos Nobre, a piece for ten percussion instruments commissioned by Cia. Brasileira de Ballet do Teatro Novo, with choreography by Arthur Mitchell.

The Little Prince, by Saint-Exupéry. Direction and set, costume and lighting design.

Dura lex sed lex, no cabelo só Gumex, by Oduvaldo Vianna Filho. Directed by Gianni Ratto. Music by Dori Caymmi and Francis Hime. Teatro Mesbla – Rio de Janeiro.

1969 *Incident at Vichy*, by Arthur Miller. Direction and set and lighting design by Gianni Ratto. Teatro Princesa Isabel – Rio de Janeiro.

Disappointed with the outcome of Teatro Novo, he abandons the theater to live alone at Maricá beach, RJ, deserted at the time.

1971 *Abelard and Heloise*, by Ronald Millar. At the height of political repression, the medieval epistolary drama marks Gianni's return to the theater and the beginning of his partnership with Flávio Rangel, with whom he would stage thirteen plays.

The decade is marked by the production of 45 shows. These are years of censorship and persecution of the slightest suspicion of subversive activities.

1972 Direction and set, costume and lighting design of:
Great Curse before the City Walls, by Tankred Dorst, a metaphor of nonconformity to the established order.

Figaro, by Beaumarchais, a satire on the decadent aristocracy staged by black actors, reversing the social hierarchy of races in the distribution of roles.

The performances at Teatro São Pedro – São Paulo, leased to the businessman Maurício Segall, are marked by resistance to the dictatorship and were targeted by political repression, with the arrest and torture of the businessman.

ENGLISH VERSION | 379

Arthur Azevedo's *A capital federal* [The Federal Capital], with its original scores, revived the humor and political satire of vaudeville. Teatro Anchieta/Sesc Consolação – São Paulo.

1973 Set and costume design of *Frank V*, by Friedrich Dürrenmatt, at Teatro São Pedro – São Paulo, and *Caminho de volta* [Way Back], by Consuelo de Castro. Both directed by Fernando Peixoto – São Paulo.
Set design of *Dr. Fausto da Silva*, by Paulo Pontes, directed by Flávio Rangel, Teatro Glaucio Gill – Rio de Janeiro.

1974 Set design of *Pippin*, by Roger O. Hirson and Stephen Schwartz. Musical directed by Flávio Rangel. Teatro Adolpho Bloch – Rio de Janeiro.

1975 Direction and set and lighting design of *Os executivos* [The Executives], by Mauro Chaves. Teatro São Pedro – São Paulo.
Set, costume design and props of William Shakespeare's *Richard III*. Directed by Antunes Filho. Campinas Municipal Theater.
Artistic director of Funterj (Rio de Janeiro Theater Foundation).
Direction and lighting design of *Gota d'água*, by Chico Buarque and Paulo Pontes, who refuse the Molière Award in protest against the censorship of their other plays. Premiere at Teatro Tereza Raquel – Rio de Janeiro, followed by performances in São Paulo in 1977 and Brasília and Mexico City in 1980.

1976 Set and lighting design of Puccini's *Il tabarro* and *Gianni Schicchi*. Teatro João Caetano – Rio de Janeiro.
Set and costume design of Gianfrancesco Guarnieri's *Ponto de partida*, with music by Sérgio Ricardo and directed by Fernando Peixoto.

1977 Direction and set and costume design of Carlos Gomes's operas *Salvador Rosa*, Municipal Theater – SP, and *Lo schiavo*, Municipal Theater – SP and Teatro Sodre – Montevideo.
Set and costume design of Chico Buarque's *Os saltimbancos*, adapted from the original by Sergio Bardotti and Luis Bacalov, Teatro da Universidade Católica (TUCA) – São Paulo.

1978 Direction and set, costume and lighting design of *O grande amor de nossas vidas* [The Great Love of Our Lives], by Consuelo de Castro. Teatro Paiol – São Paulo.
Set design of *Murro em ponta de faca*, by Augusto Boal, directed by Fernando Peixoto. The play addressed the issue of political exiles.

1979 Set and costume design of the musicals *O Rei de Ramos* [The King of Ramos], by Dias Gomes, with music by Chico Buarque and Francis Hime, at Teatro João Caetano – Rio de Janeiro, and *Lola Moreno*, by Bráulio Pedroso, with music by John Neschling and Geraldo Carneiro at Teatro Ginástico – Rio de Janeiro.
Set design of *Um rubi no umbigo* [A Ruby in the Navel], by Ferreira Gullar. Directed by Bibi Ferreira. Teatro Casa Grande – Rio de Janeiro.

1980 Direction and set, costume and lighting design of *Don Giovanni*, by Mozart. Municipal Theater – Rio de Janeiro.

1982 Design and construction of the opera set for the film *Fitzcarraldo*, by Werner Herzog – Manaus.
Set and costume design of *Wozzeck*, by Alban Berg. Municipal Theater – São Paulo.
Set design of *Amadeus*, by Peter Schaffer. Teatro Adolpho – Rio de Janeiro.
Direction and set design of *Vidigal, memórias de um sargento de milícias* [Vidigal, Memoirs of a Militia Sergeant], by Millôr Fernandes, who also designs the costumes. Teatro João Caetano – Rio de Janeiro.

1983 Set design of *Vargas*, by Dias Gomes and Ferreira Gullar and *Piaf*, by Pam Gems, with Bibi Ferreira. Both directed by Flávio Rangel.

1984 Translation, direction and set and lighting design of G. Feydeau's *A Flea in Her Ear*. It is the fourth staging of the play. Ratto used to say that when things weren't going well, the solution was to stage *A Flea*, always a hit. Teatro Procópio Ferreira – São Paulo.

1986 Translation, direction and set and lighting design of *Dracula*, by H. Dean and J. Balderston. Teatro Procópio Ferreira – São Paulo.
Set design of *Cyrano de Bergerac*, by E. Rostand. Directed by Flávio Rangel. Teatro Cultura Artística – São Paulo.

1988 Direction and set, costume and lighting design of Rossini's *The Barber of Seville*. Municipal Theater – Rio de Janeiro.

1992 Set and lighting design of *The Fall of the House of Usher*, Phillip Glass's opera based on the short story by Edgar Allan Poe. Teatro São Luís – São Paulo. He creates the concept of scenoplasty.

1993 Direction and lighting design of *Porca miséria*, by Jandira Martini and Marcos Caruso. Teatro Bibi Ferreira – São Paulo. The show, brilliantly cast, was an absolute success, running for six years.

1995 He works as an actor in Ugo Georgetti's film *Sábado*, playing the corpse of an old Nazi found in a room of an old building.

1996 Set design for H. J. Koellreutter's *Ópera do café*, based on the novel by Mario de Andrade. Municipal Theater – Santos.

He publishes the autobiography *A mochila do mascate*.

Direction and set and lighting design of *Morus e seu carrasco*, by Renato Gabrielli, with music by Oliviero Pluviano. Teatro Ruth Escobar – São Paulo.

Shell Award for his contribution to Brazilian theater.

1998 He takes part alongside artists such as José Celso Martinez Corrêa, Mariana Lima and Eduardo Tolentino of *Art against Barbarism*, a cultural movement that produced debates, manifestos and proposals for public cultural policies.

1999 He publishes *Antitratado de cenografia* [Anti-Treatise of Set Design] with Editora Senac, São Paulo.

2000 Set and lighting design of *O acidente*, by Bosco Brazil, directed by Ariela Goldman, with whom he would also collaborate in the staging of *Novas diretrizes em tempos de paz* (2002) and *O dia do redentor* (2003), both by the same author.

2002 He publishes *Crônicas improváveis* [Improbable Chronicles], Editora Códex, São Paulo.

He receives the Shell Award for lifetime achievement.

2004 Set and lighting design of *Sábado, domingo e segunda* [Saturday, Sunday and Monday], by Eduardo De Filippo. Teatro das Artes – São Paulo.

2005 He publishes *Noturnos* [Nocturnes], Editora Códex, São Paulo.

He dies at home in São Paulo on December 30.

BRAZIL

GIANNI IN BRAZIL
SÉRGIO DE CARVALHO

To Vaner Ratto

Gianni Ratto, more than a great stage director, was also a driver of modern theater in Brazil. And if that task did not leave the same visible trace of his remarkable shows, it was no less important in a country where cultural life happens between cycles of scorched earth. Few among the many foreign artists who worked in Brazil fit into Brazilian theatrical life as completely as he did, to the point of being considered "assimilated" by a certain Italian cultural attaché, an observation that irritated him for its suggestion of passivity. Strictly speaking, it was he who made a deliberate effort to interact with what he considered an unclassifiable culture, evading any intention to "elevate" the national theatrical scene to international aesthetic standards, not only because he doubted the truth of that proposal, but also because he admired the liveliness of ambiguous forms.

His ability to influence unexpected movements of Brazilian modern theater is also due to the specificity of his wide-ranging work. He engaged in the most specialized and integrating functions possible in the performing arts. He was a set designer, a lighting designer, but also a director interested in the fusion of arts. He moved between dramatic theater and opera, with forays into epic-popular experiments. He seemed at one point to dream of a theater capable of casting itself out of the playhouse, both in terms of aesthetic conventions and institutionalization. He also lectured in many places, so much so that his impressive production in set design, of an unimaginable volume nowadays, is only part of the enormous contribution around which revolve his other efforts.

It was as this cultural driver that I came to know him. In the 1990s, when he turned 80 and political theater had fallen out of fashion, he coordinated the meetings that spawned "Art against Barbarism," perhaps the last major movement of São Paulo artists in the 20th century. It is impossible for me to comment on his work without calling him by his first name: What Gianni proposed in those conversations was the need for artists of various origins to discuss the meaning of doing theater, an activity that for him was losing its social role in the face of the avalanche of commodified culture of that decade. He would remind us: We must repeat the fundamental questions. What is theater? For whom? Among other things he regretted the disappearance of practices such as booing; and imagined a school for spectators, an idea he executed to some extent in 2001, when, at the invitation of Celso Frateschi, he coordinated an "audience training program" with the São Paulo municipal government. In meetings with young artists at his home, he would say that a live stage depended on an active audience, and that the years of dictatorship had destroyed in the public the ability to reflect on the relationship between scene and world, while theater was withdrawing into itself. The meetings soon moved to Teatro de Arena, received the support of other theater groups and swiftly generated manifestos in the press, debates in crowded theaters and unprecedented achievements in public policy.

"The secret of life is the meeting of generations." That is the dedication preceding the autograph in my copy of his memoirs, *A mochila do mascate*. The statement was not rhetorical for someone who had recently become a radical anti-rhetorician: it was a suggestion for historicizing behavior that I seek to follow, learned between crafts and high art, made by someone who pursued simplicity by refining the complex.

From that beautiful and unusual book containing the nonlinear reminiscences of a "peddler", I extract an episode that seems revealing to me of Gianni's bond with Brazil. In 1963 he met the Czech set designer Joseph Svoboda, a master of black box theater, whom he very much admired. At the time he was on the board of the Municipal Theater of Rio de Janeiro and did not pass up the offer to work with Svoboda, who was in Brazil to take part in the São Paulo Biennale. He invites him to design the sets of *L'italiana in Algeri*, a comic melodrama by Rossini that was on the program but ended up not being staged. The meeting allowed Gianni to realize that the mathematicised design conceived by Svoboda, which at first seemed to counteract the surging scenic joy required by the music, actually enhanced it. He then proposes a car trip to the historic cities of Minas Gerais. During the tour, he wonders at Svoboda's indifference to the masterpieces of Minas Gerais baroque. How could such an extraordinary artist not be impressed by the region's statuary and architecture, showing interest only in nature? In what manner did the capacity for contradictory aesthetic production not translate into interaction with a really different world? Reflecting on that trip in his memoirs, Gianni notes: "Then I remembered that also I, when newly arrived in Brazil, viewed with very limited interest the region's art, especially Aleijadinho's work and all the Baroque of his time, and that only later, after a period of adaptation, did I notice unappreciated values."[1] Svoboda still shared the notion common to cultured European travelers who compare European and Brazilian Baroque as if they were analogous, arriving at the easy conclusion that the grandiloquent style of higher civilization had been diluted here into a minor hybridism. "A clearly arrogant and somewhat reactionary position," Gianni would say of himself, "which was later neutralized by the discovery of what I hadn't known how to see."[2]

By then he had been living nine years in Brazil and was at that moment reassessing his craft, hesitant about whether or not to engage more actively in the cultural and political processes of a country on the brink of the military coup. He already understood the distinctiveness of Brazilian aesthetic manifestations, which required a different kind of gaze. The memory of slavery is in the crooked images of Aleijadinho's figures and their mortuary beauty bears witness to the violence of domination. However, one must know how to see it. When Gianni became aware of the constitutive strangeness of Brazilian production, he was interacting with both the laborers and the employers of our theatrical milieu. Being familiar with manual crafts, he already knew how much our art forms allude to something beyond them, and perhaps that is why he always preferred, until the end of his life, to consider himself a theatrical artisan.

However, his arrival in Rio de Janeiro in 1954, at the invitation of Maria Della Costa and Sandro Polônio, coincided with a period of hope for historical progress in those relationships that to this day condemn Brazilian cultural production to being an adornment with no social function. In those years, the expectation of national integration encouraged Brazilian theater, stimulating the emergence of a generation of artists. The couple who invited him to work here was conducting an unusual experience with Teatro Popular de Arte [Popular Art Theater]. This was a small company founded in 1948 in Rio de Janeiro that combined the drive for renewal inspired by student theater (heir to the activism of Paschoal Carlos Magno) with the quest for modern technical awareness based on the choice of outstanding scripts (they even adapted Büchner's *Woyzeck*). They had recently worked with foreign directors such as the Polish Ziembinski and the Italian Ruggero Jacobbi, who was also a brilliant scholar. The company's name reflected the ideal, later theorized by Jacobbi, of combining a sophisticated classical attitude with popular artistic achievements, not exactly among the interests of the Brazilian cultural elite. There is no doubt that at the root of Gianni's self-proclaimed eclecticism lies the same anti-bourgeois stance, the same willingness to combine internal consistency and public interest, even if the quality of the link between artistic practice and social life is the only thing preventing such ideals from becoming an ideology of aristocratic tones.

Gianni arrives in 1954 at a different moment in the career of Teatro Popular de Arte. Soon to be renamed Companhia Maria Della Costa, it had relocated to São Paulo and inaugurated its own playhouse. The recent founding of TBC, Teatro Brasileiro de Comedia [Brazilian Comedy Theater], with its team of Italian directors and quest for a less conventional repertoire, had already reorganized the debate on the modernization of the Brazilian scene. Although the future name of Companhia Maria Della Costa suggested a reversion to the former structure of a company controlled by the actress-proprietor, the company's opening repertoire made it clear that the possible cult of stardom would be up against a group of well-prepared actors. For Gianni, Jean Anouilh's (1910-1987) *The Lark*, with Maria Della Costa in the role of Joan of Arc, was also the Italian set designer's initiation as stage director. Images and testimonies of *The Lark* suggest it had enormous visual power, provided by the flexibility of the set, consisting of different levels, in dialogue with the costumes of his partner Luciana Petrucelli, a constant presence in these works. Stairs and windows were altered by the lighting and transmuted into a hut, a courthouse or a cathedral. Gianni conceived each and every detail of the show, which revolved around the helpless beauty of the protagonist.

There is no doubt that the company's most important production would be the 1955 staging of *A moratória*, by Jorge Andrade (1922-1984). Following the production of a light comedy by Feydeau, in accordance with the TBC principle of alternating between an old piece of commercial appeal and one of modern aesthetic quality, *A moratória* was suggested by Décio de Almeida Prado in response to Gianni's

---

1. Gianni Ratto, *A mochila do mascate*, op. cit., p. 172.
2. *Ibidem*.

interest in new authors. In a sense, it marks the beginning of modern Brazilian dramaturgy as a generational project. Strictly speaking, the show was far more important than the celebrated 1943 staging of *Vestido de Noiva* [Wedding Gown], acclaimed for formal reasons. Both the play and the set design suggested a new model of relationship between theater and Brazilian society. The drama of individuals ceased to be a false ideal, and the city could already reflect on the rural past. Gianni's simple set aimed to emphasize that tension between different periods, without excessive stylization or naturalization, but drawing on both possibilities of representation. Supporting him was an exceptional team and actress, Fernanda Montenegro, to whom Maria Della Costa conceded the lead role, a gesture that attests to her ethical attitude.

Gianni would go on to work on other productions with the group. He directs Sergio Tofano's *The Island of Parrots* and designs the sets of Goldoni's *Mirandolina*, directed by Jacobbi, both in 1955. These were years when the search for a new theatrical scene required experimentation with new ways of working, a moment in which the small Teatro de Arena, formed by graduates from the School of Dramatic Arts (where Gianni would direct more than one show with students in 1956), was becoming increasingly politicized, to the point of setting a benchmark for a national-popular theatricality.

In his early years in Brazil Gianni accepts the work offers he receives as a professional of recognized technical excellence. That will bring him in contact with the local personalism already practiced by the Italian community of São Paulo. His brief stint at Franco Zampari's TBC in 1957, where he was placed on the back burner in a typical contract to neutralize the competition, is one such example. He works on two productions there, one of them a trivial piece of entertainment, *Life with Father* by Howard Lindsay and Russell Crouse, a Broadway hit in the late 1930s, and the other, a few months earlier, a staging of Anouilh's *Eurydice,* which Gianni considered one of his best scenographic works, despite drawing little attention. His attempt to set up a theater department at Bardi's São Paulo Museum of Art (MASP) is linked to same circle of personal relations.

He opens a parallel work front in Rio de Janeiro, designing sets and directing plays for Companhia Nacional de Comédia [National Comedy Company], a state-owned company linked to the National Theater Service. Wherever he works he is intent on raising the technical standard of theater crews, which forces him to take on training activities. He is increasingly interested in Brazilian dramaturgy, as attested by his boldest project during that period, the staging of *Guerras do alecrim e da manjerona* [Rosemary and Marjoram Wars], a 19th-century play by the "Jew" Antonio José, originally written as a puppet opera and modernized by Gianni in the style of Brazilian popular comedy. The same trend leads him in the following year, 1958, to collaborate with Ziembinski, designing the sets and costumes of *O santo e a porca*

[The Saint and the Sow], Ariano Suassuna's play inspired by the misers of Plautus and Molière.

However, working with Brazilian dramaturgy required reflection that went beyond thematic or formal issues. It was necessary to create new work environments beyond our sham theatrical institutions. Gianni, mindful of the difficulty of the relationships of alterity in Brazilian cultural circles, therefore devised the project of a cooperative of stage directors. A group of five artists should work collaboratively. When one of the members took over as director, the others would work in various different functions: assistant, set designer, costume designer, stage manager. The response of the first person he approached, João Bethencourt, with whom Gianni worked at Teatro Nacional de Comédia, was straightforward: "How much will I earn?" The reaction not only reveals a blatant commercial relationship, impressive to any foreigner coming to Brazil, but also an aversion to subordinate work. With no perspective of a politically constructed ethical relationship between individuals, what remains is raw individualism: "The sense of collectivity is not compatible with Brazilian conceptualizations, and in the case of theater, it gives way to fierce, hypocritical and mediocre individualism. There is no sense of citizenship either in the community in general or in the theater in particular."[3]

In 1958 Gianni accepts an invitation to teach in Salvador, Bahia, in one of the most interesting drama school projects in Brazilian history, directed by the also set designer Martim Gonçalves. He spends a year there. His contact with this "gigantic Ouro Preto by the sea," with its distinct brand of Baroque influenced by the African presence in a different historical cycle, is manifested in the shows produced with students. He stages *Three Sisters,* by Chekhov ("the most Brazilian of European writers," of whom Gianni was very fond) and *O tesouro de Chica da Silva* [Chica da Silva's Treasure], by Antonio Callado, an author who produced historically-themed dramaturgy. The collection of anecdotes on the conflicts between Gianni and Martim Gonçalves (they accused each other of authoritarianism!) conceals the fact that they shared the ideal of an experimental-classical-popular art that constitutes the parallel critical strand of theatrical modernization in Brazil, forgotten by the historiography more closely identified with the bourgeoisification of cultural consumption.

Without resorting to thoughtless coherence, one may say that the founding of Teatro dos Sete in Rio de Janeiro, one of Gianni's most important projects, was more than just a continuity of the contact initiated with *A moratória,* when he directed that group made up of Fernanda Montenegro, Sérgio Brito and Fernando Torres, among others. After Piccolo Teatro of Milan, for the first time Gianni took part in a collectively conceived project whose guidelines were not defined by the main actor or the impresario, but by staging proposals aimed at the development of a theatrical culture. As the name's number suggests, the idea was inspired by the French Théâtre des

---

3. *Ibidem*, p. 194.

Cinq, a model suggested to the directors. Being the most experienced, Gianni would eventually assume a prominent position within the group. However, these were artists who conceptualized what they did and were interested in the art of acting, not by chance setting benchmarks for their generation. The misguided return to Italy months earlier and the experience in Bahia led Gianni to engage in self-criticism, with implications in the work of Teatro dos Sete. The choice of the inaugural play in 1959, Artur Azevedo's musical comedy O mambembe, written in 1904, was suggested by Fernanda Montenegro, but its conversion into a reflection on Brazilian theater is due to the staging. In the naive history of the 20th-century traveling company, presented with luminous pictorial detail, in a show involving more than eighty people among actors and technicians, old theatrical work is confronted with current forms and popular entertainment exposes its side of art analysis in the world of merchandise.

With Teatro dos Sete Gianni threatens to engage more incisively with the social interests of his time. But O mambembe had premiered at the Municipal Theater of Rio de Janeiro. In August 1960 the company works on the play O Cristo proclamado, by Francisco Pereira da Silva. The theme of the electoral manipulation of northeastern migrants is staged from careful field research in the arid backlands, which influences Gianni's option for a stripped-down set design. A backdrop made of burlap cloth is colored by light and receives projections. It was for him the beginning of a quest for essence on stage. Absence becomes as important as presence in theater, he will say later when he loses interest in set design as a previously conceived ambiance. However, the staging of O Cristo proclamado coincides with the organization of the Peasant Leagues in the Northeast region. Beyond the criticism of populism, the play's theme alludes to actual class conflict. The premiere in the most elitist of Rio's stages, the theater of the Copacabana Palace hotel, in a stripped-down staging with a dire theme, leads to the predictable reaction and the beautiful show fails, running for only twenty days.

Gianni did not grasp at the time the importance of the line of work he was developing. In A mochila do mascate he expresses "remorse" for not having understood one of his best shows and regrets not being "more coherent and harder on myself about my future."[4] Unable to cater to other audiences, he will live the intense years leading up to the 1964 coup somewhat withdrawn in "pure professionalism," the least creative phase of his professional life, in his own opinion. He continues collaborating with opera at the Municipal Theater in Rio, organizes a good show with Teatro dos Sete, Festival de comédia [Comedy Festival], based on plays by Cervantes, Molière and Martins Pena (he declared at the time being interested in a unity of various Latin theatricalities). The stagings are all of high quality and pose no greater

risk of confrontation between stage and audience, as in the many he did for lyric theater. His last work as director with Teatro dos Sete will be Mirandolina in 1964, a year before the group breaks up.

The twenty years of dictatorship emerge in Gianni's memoirs "enveloped in mist." As a foreigner he felt unable to "take political action." He repeatedly declared his nonpartisanship, which partly stemmed from fear of the fascism he had known so well, now in a Brazilian version. From 1965 onwards, however, he steps up his cooperation with some of the best left-wing artists of the time, those who tried to take to the streets before 1964. Vianinha and João das Neves were two of those activists of the CPCs, the popular culture centers which were making a comeback in professional theater following the ban on all political art linked to social movements. Albeit restricted to performing in small theaters, they nevertheless met with success among critics and audiences with the show Opinião [Opinion], which will lend its name to the group. In 1966, Gianni is invited to direct the play Se correr o bicho pega se ficar o bicho come, the most collective creation of Opinião and that which structures it as a company. Gianni blames his creative discouragement for the lack of a "greater participatory dimension" that could have afforded the show the "tone of despair" and "critical mordacity" it required, in addition to its farcical comics. However, the show causes a great impact, reconnecting him with critical Brazilian theater and making him resume contact with Brazilian authors. That is seen in his next work in the same year, O santo inquérito [The Holy Inquiry], staged with Dias Gomes, an author with whom he had been in touch since O pagador de promessas [The Given Word] – a play to whose writing Gianni had contributed, as Gomes reveals in his autobiography.

At that point, a generation of modern Brazilian theater was pressed to solve the issue of how to harmonize the aesthetic-political radicalization required by reality with commercial survival. In 1967 the state-owned company of the National Comedy Theater closed down, significantly with a play by Jorge Andrade, Rasto atrás [Track Behind], directed by Gianni. The period would no longer have a voice in government environments. At the same time, Gianni follows the crisis of Opinião revolving around the staging of A saída, onde fica a saída [The Exit, Where Is the Exit], an anti-militarist play for which he designs sets and costumes. The group becomes the target of the actual left, as seen in the reviews of the next play, Meia volta vou ver [About Face Maybe], accused of proposing "subjective compensations" to the progressive bourgeoisie, desolated by the 1964 coup.

In the decisive year of 1968 Gianni is invited to be the stage director of a new dance company. The project conceived by Regina Ferraz, the principal dancer of the Municipal Theater of Rio, was financially backed by her husband, Paulo Ferraz, a businessman linked to the Mauá shipyards. Gianni proposes renovating an old theater, the República, creating there a venue for artistic exchanges. The project,

---

4. Ibidem, p. 216.

unparalleled in our theatrical history, expands to the point of conceiving the theater as a venue of public ideals, in which long-term educational initiatives would be combined with free art activities protected from market vicissitudes. They plan music and dance shows, a permanent cast to stage classic and experimental works, art history courses, puppetry and folk song festivals, high quality publications, as attested by the only edition in memory of Gorky, with contributors like Otto Maria Carpeaux and Clarice Lispector. Integration of art forms and social awareness would guide aesthetic and educational choices. The inaugural performance of Teatro Novo was *The Lower Depths* by the aforementioned Maxim Gorky, the same play chosen twenty years earlier for the inauguration of Piccolo Teatro of Milan, with Grassi and Strehler. The play, staged with a young cast, was performed to a full house in its inaugural run. The symbolism of choosing a Russian social drama was enhanced by the excellence of the production: the combination of social theme and young audience, benefited by the low-priced tickets, and the very aggregating force of the enterprise did not go unnoticed by the authorities at a time close to the decree of Institutional Act no. 5. The performance of *The Little Prince* by the Teatro Novo dance company was not innocuous enough to mitigate the impact of the theater's inauguration. During the rehearsals of Jarry's *Ubu Roi*, envisioned by Gianni as an allegory of the "grotesqueness of the dictatorship and the tragedy of its consequences,"[5] the theater was invaded by the military and the students were searched. Hours later, its closure was decreed by "high government levels" and communicated to the shipyard entrepreneur.

Shortly before that Gianni had been in touch with Vianinha and Paulo Pontes, both fresh out of Opinião, concerning a project about to debut around that same time, Teatro do Autor Brasileiro [Brazilian Author Theater], a company of partners with interests in dramaturgy. Shortly after the invasion of Teatro Novo, they premiere *Dura lex sed lex, no cabelo só Gumex* [Dura Lex Sed Lex, Fix Your Hair with Gumex], a political vaudeville written by Vianinha with music by Francis Hime, Dori Caymmi and Sidnei Waissman, narrating the descent of the Virgin (replaced by Princess Isabel) to Earth to solve the problems of Latin America. Gianni's staging enhanced the intelligent script, which did not prevent its commercial failure and the sharing of debts.

The short lives of Teatro Novo and Teatro do Autor Brasileiro proved that at that point theater would no longer have a place in our fragile arts system, a feeling confirmed by the failure of *Ubu* in its São Paulo version, staged with puppets and masked actors (in partnership with Ilo Krugli) in 1969.

In the mid-1970s, Gianni withdraws from theatrical life. He remains in isolation at a beach for over a year and only returns at the insistence of Flávio Rangel to design the set of *Abelard and Heloise*

in late 1971. In São Paulo, the main groups, Arena and Oficina, were in their death throes. Political theater was dispersed, resisting on the city's outskirts. A surprising exception to this generalized breakdown was the formation of a permanent company at Teatro São Pedro, organized by Maurício Segall with the help of Fernando Torres, where Gianni finds an environment conducive to fellowship. In the 1972 season, at one of the worst moments of repression, he directs in the theater's main auditorium *The Marriage of Figaro*, by Beaumarchais, a satire on the French nobility, while in the smaller hall Fernando Peixoto directs *Frei Caneca* [Friar Caneca], in the version by Carlos Queiroz Telles, both with revolutionary themes underlying a classical exterior. The cooperative work leads to more experimental and critical productions. In one of them, staged with the actors of Grupo Núcleo, an offshoot of Arena, Gianni experiments with a change in his working method. During the rehearsals of Tankred Dorst's *Great Curse before the City Walls*, for the first time he allows the conception of the set (usually imagined beforehand in drawings and sketches) to emerge from the rehearsals, which results in the image of a rope cage with which the actors interact.

Teatro São Pedro was an extremely important theatrical initiative in Brazil in that decade of exile and imposed paralysis. It represented the end of a movement still capable of producing plays such as Gianfrancesco Guarnieri's *Ponto de partida* [Starting Point], of 1976, and Augusto Boal's *Murro em ponta de faca* [Knife Point], of 1978. Both were directed by Fernando Peixoto and not by chance discussed the current impossibility of theater. Gianni conceived for them less figurative sets which suggested unstable levels in the former and a place of passage in the latter. Prior to those works, in 1975 he directed what would be the last major musical show in the national-popular cycle of Brazilian theater, *Gota d'água* [The Last Straw]. The staging went down in history as a masterpiece of Brazilian dramaturgy, but it also sounded like an epitaph. It combined all the different periods of theater: the world of former actors-impresarios and their commercial companies, with Bibi Ferreira; the legacy of Brazilian social dramatic theater, with Paulo Pontes' dramaturgy, based on an idea by Vianinha; the left-wing art still surviving in the cultural industry before its full incorporation, with the incredible songs composed by Chico Buarque. The complex result, which Gianni had the wisdom not to overestimate, produced social lyric theater with a sense of tragedy, a cross of requiem, a museum of national-developmental hopes and a celebration of left-wing culture tolerated by the art market, following the lesson drawn from the prohibition of *Calabar*, also by Chico Buarque, prevented from debuting due to its more grotesque character.

I imagine that Gianni no longer harbored many illusions about the chances of theater in Brazil as social construction. His attitude towards the staging of *Gota d'água* suggests as much: he leaves the set design in charge of Walter Bacci, a much less experienced artist, to whom he inform his interest of having an empty stage. He was criticized at the

5. *Ibidem*, p. 132.

ENGLISH VERSION | 385

time for merely "staging the text," refusing any display of a spectacular nature. Deep down he starts seeking, as an aesthetic project that will mark his final years, an internal consistency capable of sacrificing technical competence in favor of a subtler poetic dimension. He knows that technique will still be necessary, even for its own suppression, but he will pursue the "truly creative act" even if "syntactically flawed."[6] That is the meaning of his statement that "set design has died": theater as a field of absences, where light constructs depths in a space open to mutation afforded by the dramaturgical experience.

Paradoxically, the deeper his aesthetic awareness, the more he is forced to collaborate in conventional shows, a guaranteed means of survival in the 1980s. Given the bogus avant-garde internationalization of the new theatrical scene, he will go back to being a displaced artist, a foreign artisan at the service of the good dramatic and lyric theater of the time. That did not bother him. He once said to me, "I have never sunk below the level of dignity." The younger generations associated him with a few grandiose-type productions, among them a hugely successful and lively comedy, *Porca miséria* [Bloody Hell], of 1993, written by Jandira Martini and Marcos Caruso and focused on the talent of Myriam Muniz. A competent piece of work, but which revealed little of its director's extraordinary story. Even bolder and more occasional collaborations, such as the set design of *Café* [Coffee], by Mário de Andrade, directed by Fernando Peixoto in Santos, no longer had any social reverberation. One of his last works as stage director, *Morus e seu carrasco* [Morus and His Executioner], of 1996, was produced with alumni of the School of Dramatic Arts with whom he had worked years earlier. The simplicity of the set would be impeccable if only the young cast knew what was at stake. One critic complained at the time of the "excessively stripped-down set design." Perhaps Gianni took it as a compliment: he was in fact seeking to eliminate the superfluous tension between light and space. But the script limited his purpose, as did the neoliberal culture that hindered connections. Running against postmodern "effectism," Gianni allowed himself, at this point in his life, to deliberately experiment with "ragged" theater and "work within a wide range of insecurity," paying the price of such a choice. On the other hand, he would mentor young artists such as Ariela Goldmann and Bosco Brasil, with whom he cooperated in *O acidente* [The Accident], *Novas diretrizes em tempos de paz* [New Guidelines in Times of Peace] and *O dia do redentor* [The Redeemer's Day]. He wrote. He left books that are lovely for being luminous, when everything suggested that the mists of dictatorship were being dispersed. "But where are the snows of yesteryear?" says François Villon's famous line in "The Ballad of Dead Ladies," a poem Gianni liked to quote because his theater would not exist without his beloved female companions.

And if the present, when I met him, seemed to him rather melancholy, it was not for lack of enthusiasm for the craft, since only in activity did he see the chance of an unforeseen appearance of beauty, something that, in the case of Brazil, depended on knowing how to see between historical times. For Gianni, theater was in this vital motion. Therefore, from time to time, he was interested in spreading the secret of the "meeting of generations."

Characters In Search of an Author

Pirandello's most famous play, recalled in the title above, thematizes theater within theater, actors who now welcome, now refuse their characters. Gianni Ratto's first decade in Brazil is marked by the magical meeting of the set designer who wanted to direct with actors who wanted someone with his experience and universal view of theater. Ratto wished to take full responsibility for the productions. His working method had always been to analyze the dramatic text and conceive each aspect of the staging with the director. This line of thought is visible in his sketches for set and costume designs. Shackled by his fame as "set designer," Ratto saw in the invitation made by Maria della Costa and Sandro Polônio the opportunity to embrace the staging as a whole.

In the first decade he formed the permanent company Teatro dos Sete with Fernanda Montenegro, Fernando Torres, Ítalo Rossi and Sérgio Britto. Together they stage Artur Azevedo's *O mambembe*, a milestone in Brazilian theater.

O CANTO DA COTOVIA
The Lark, by Jean Anouilh
Teatro Popular de Arte (Teatro Maria della Costa) | São Paulo, 1954
Director and Set and Lighting Designer Gianni Ratto **Costume Designer** Luciana Petrucelli

Ratto's debut play in Brazil, the heroic drama of Joanna of Arc, with Maria Della Costa in the title role, was a big hit with audiences and critics, who praised not only "the perfect unity of the show" but also "the extraordinary plastic beauty, one of the most beautiful shows São Paulo has ever seen, not excluding those of the best foreign companies" (*O Estado de S. Paulo*). It received awards for best show, director, set design and actress.

COM A PULGA ATRÁS DA ORELHA
A Flea in Her Ear, by Georges Feydeau
Teatro Popular de Arte (Teatro Maria della Costa) | São Paulo, 1955
Director and Set and Lighting Designer Gianni Ratto **Assistant Director** Fernando Torres **Translator** Miroel Silveira **Costume Designer** Luciana Petrucelli **Company** Maria della Costa

---

6. *Ibidem*, p. 72.

Ratto staged Feydeau's irresistible comedy three times. The first, with Maria della Costa, followed the production of the dense play *The Lark*. Five years later came the production with Fernanda Montenegro and Teatro dos Sete. "Following the flop of *O Cristo proclamado*, we rehearsed and staged at full steam a comedy by Feydeau to recover our losses. The comedy ran for over a year." Ratto used to say that when things were going wrong, they would stage *A Flea in Her Ear*, which was always a success. It is a comedy of errors, an offshoot of commedia dell'arte. He would stage the play yet again with Eliane Giardini in São Paulo, in 1984.

MIRANDOLINA

Mirandolina, by Carlo Goldoni
Teatro Popular de Arte (Teatro Maria della Costa) | São Paulo, 1955
Director and Set and Lighting Designer Gianni Ratto **Costume Designer**
Luciana Petrucelli **Company** Maria della Costa

Goldoni's play was staged by Ratto in 1955 with Maria Della Costa in the title role. Ratto proposed a new staging in 1964, with Fernanda Montenegro. Despite the great success of the show, critically acclaimed as "the play of the year," this would be the last production of Teatro dos Sete, as they considered the experiment concluded and decided to break up.

"We worked seven years together in a quest for perfection that resulted in a vicious circle, but also in the completion of an important experimental cycle." **Gianni Ratto in *A mochila do mascate***

A MORATÓRIA

The Moratorium, by Jorge Andrade
Teatro Popular de Arte (Teatro Maria della Costa) | São Paulo, 1955
Director Ruggero Jacobbi **Set Designer** Gianni Ratto **Assistant Director**
Fernando Torres **Costume Designer** Luciana Petrucelli
Company Maria della Costa

The first Brazilian play staged by Ratto, it was also the premiere of the author Jorge Andrade in theater and of Fernanda Montenegro as leading actress, for which she was awarded: "When I met her, she was already a potential great actress" writes Gianni. The show was warmly reviewed: "The conception of the atmosphere, the naturalness of the dialogue, the evidence of the characters were highlighted in a very clear, logical and human way by Gianni Ratto's direction, exemplary in its painful fidelity to the script. . ."
Folha da Noite – São Paulo

É DE XURUPITO!

Awesome!, by Luís Iglesias, Max Nunes, Walter Pinto
Teatro Recreio | Rio de Janeiro | Teatro Paramount | São Paulo, 1957
Director Walter Pinto **Set and Lighting Designer** Gianni Ratto

Slang term used at the time to denote someone or something exceptional. The vaudeville show was very successful and moved on to São Paulo following its debut run in Rio. As in Italy, in Brazil Ratto had no qualms about creating beautiful and lavish sets for vaudeville.

O SANTO E A PORCA

The Saint and the Sow, by Ariano Suassuna
Teatro Dulcina | Rio de Janeiro, 1958
Director Zbigniew Ziembinski **Set and Costume Designer** Gianni Ratto

Debut of Companhia Cacilda Becker. Up to then the main actress of TBC, Cacilda chooses for the occasion Ariano Suassuna's play and the Polish-born director Ziembinski, besides inviting Ratto to design the sets and costumes. Cleyde Yáconis, her sister, plays the leading role.

AS TRÊS IRMÃS

Three Sisters, by Anton Chekhov
Teatro da Universidade da Bahia | Salvador, 1958

In 1956, Ratto was invited to join the faculty of the recently opened School of Theater of Universidade da Bahia. The *Three Sisters* staging was part of the Chekhov Project, a collective work by the entire school. The teachers of the different subjects studied the play with the students: the characteristics of the author, the history of theater in Russia at that time, period fashion and the creation of costumes – all the elements on which the making of the piece was based. The result of all this intense work was probably responsible for its great acceptance by Bahia's audience.

O MAMBEMBE

The Troupe, by Artur Azevedo
Theatro Municipal do Rio de Janeiro | Teatro Copacabana |
Rio de Janeiro, 1959
Director and Set and Lighting Designer Gianni Ratto **Music** Assis Pacheco e Antonio Lopes **Costume Designer** Napoleão Moniz Freire **Company** Teatro dos Sete

First production of Teatro dos Sete, the company formed by Gianni Ratto, Fernanda Montenegro, Fernando Torres, Sérgio Britto and Ítalo Rossi. For Ratto, the conception of the play and sets resulted from intense wandering through the old neighborhoods of Rio, its colonial houses and customs, as well as thorough research on Brazilian folk music and dance. It was a great success and received awards for best show, director, set design, actor and actress.

"Gianni Ratto has once again proved that, while faithfully observing the author's intentions, the director can and should be an imaginative

ENGLISH VERSION | 387

interpreter and creator of a script. But it was undoubtedly because Gianni Ratto was able impart to *O mambembe* the scenic life that Artur Azevedo had dreamed for it that the communal joy was greater in the theater than in the author's dreams." **Barbara Heliodora, "Suplemento Dominical",** *Jornal do Brasil,* **Nov. 21, 1959**

A PROFISSÃO DA SRA. WARREN
Mrs. Warren's Profession, by Bernard Shaw
Teatro Copacabana | Rio de Janeiro, 1960
Director and Set and Lighting Designer Gianni Ratto **Costume Designer** Luciana Petrucelli **Company** Teatro dos Sete

At the time, actresses, like prostitutes, had to report to the police before travelling.

"Having started with *O mambembe* (a play that compassionately drew attention to the hardships of a theatrical company), the second show, *Mrs. Warren's Profession,* addressed a social issue in which the integrity of a young woman led to obvious moral conclusions about society and proposed a more exasperated and violent approach to the themes of exploitation and conformity. *O Cristo proclamado* would be the coherent closure of a trilogy. . ." **Gianni Ratto in** *A mochila do mascate*

O CRISTO PROCLAMADO
Proclaimed Christ, by Francisco Pereira da Silva
Teatro Copacabana | Rio de Janeiro, 1960
Director and Set and Lighting Designer Gianni Ratto **Costume Designer** Bellá Paes Leme **Company** Teatro dos Sete

The stripped-down staging with no scenery at the Copacabana Palace theater shocked the audience, who rejected the show, leading to the biggest flop of Teatro dos Sete. The script had required from Ratto months of research and travel through the Northeast region together with the author.

"For me, who pursued the idea of a repertoire of increasingly incisive themes, Chico's play – whose basic theme was the cowardly exploitation of the simplicity of northeastern migrants by election candidates – coincided with the notion of a progressive repertoire of plays that should be part of a clearly political yet non-partisan dramatic discourse." **Gianni Ratto in** *A mochila do mascate*

O BEIJO NO ASFALTO
Kiss on the Asphalt, by Nelson Rodrigues
Teatro Ginástico | Rio de Janeiro, 1961
Director Fernando Torres **Set Designer** Gianni Ratto
Company Teatro dos Sete

Ratto was convinced that national theater is done with national authors. Fernanda Montenegro persisted for two years in her request for a play by Nelson Rodrigues, who eventually delivers the script and personally attends the rehearsals. The director on this occasion is Fernando Torres, hitherto Ratto's assistant.

The beautiful surviving sketch shows a set providing various acting levels and the use of newspaper collages in tune with the drama.

APAGUE O MEU SPOTLIGHT
Turn off my spotlight, by Jocy de Oliveira
Theatro Municipal do Rio de Janeiro, 1961
Director and Set and Lighting Designer Gianni Ratto **Music** Luciano Berio
Costume Designer Bellá Paes Leme **Mask Designer** Dirceu Nery **Company** Teatro dos Sete

Jocy de Oliveira and Luciano Berio's "electronic drama" was performed at the Avant-Garde Music Festival to a full house in the Municipal Theater of Rio de Janeiro. According to Berio's statement to local newspapers, *Apague meu spotlight* celebrated the desired union of avant-garde music with avant-garde theater. The success was repeated in São Paulo, performed during the Art Biennial. On stage, Fernanda Montenegro and Sérgio Britto, whom we can hear in an audio fragment that survived the destruction of the MEC radio files during the military dictatorship.

"The admirable Gianni Ratto had been able to extract the most amazing visual effects from the script's ploys. The cocktail of ghosts, the clouds invading the stage, the strolling among the ropes, so many technical solutions demonstrating the new possibilities of a new theater." **Helena Silveira, Sep. 8, 1961**

OBA!
Yippee!, by Carlos Machado
Teatro Maison de France | Rio de Janeiro, 1962
Director and Conception Carlos Machado **Music** Vicente Paiva
Set Designer Gianni Ratto

Carlos Machado was a great producer and promoter of shows and nightclubs that made history in Rio de Janeiro from the late 1940s. He worked with all of the most celebrated stage stars such as Carmem Verônica, Rose Rondelli and Anilza Leoni, in carefully produced shows of good taste, considered classier than the popular vaudeville acts. Ratto's two sketches here correspond to such reputation. The show was staged in prestigious theaters in Rio and São Paulo.

CÉSAR E CLEÓPATRA

Caesar and Cleopatra, by Bernard Shaw
Teatro Cacilda Becker | São Paulo, 1963
Director Zbigniew Ziembinski **Music** Damiano Cozzalla **Set and Costume Designer** Gianni Ratto

Besides the sets and costumes, Ratto designed all the costume garments and scene props. It was a big production, yet one of the few failures of the actress Cacilda Becker. Gianni staged seven plays with Ziembinski, who said about him: "It's curious, Gianni always does the opposite of what I ask, but it's exactly what I want."

The military dictatorship interrupted a fertile period of creative experimentation and conditioned cultural production. Ratto directed plays by Vianinha and Ferreira Gullar at Teatro Opinião and implemented the ambitious Teatro Novo project, brutally closed down by the military.

During Brazil's slow return to democracy, censorship of the media and artistic manifestations was a drawn-out process. Ratto directed *Gota d'água* by Chico Buarque and Paulo Pontes and various plays that criticized Brazilian reality through satire and allegory as well as all strands of comedy: Augusto Boal, Dias Gomes, Ferreira Gullar, Consuelo de Castro, João Bethencourt, Millôr Fernandes, Bráulio Pedroso, Jandira Martini, Marcos Caruso and many others.

1960s and 70s

WERTHER

Teatro Sodre | Montevideo, 1964
Director and Set and Lighting Designer Gianni Ratto **Libretto**
E. Blau, P. Millet and G. Hartman, based on the novel by J. W. Goethe
Music Jules Massanet **Conductor** Nino Stinco

"My friend Nino Stinco, a highly experienced conductor, with whom I had already worked on the complicated but successful *Carosello Napoletano*, was responsible for the invitation."
Gianni Ratto in *A mochila do mascate*

The 1964 military coup occurs during Ratto's stay in Uruguay.

PETER GRIMES

Peter Grimes, by Benjamin Britten
Theatro Municipal do Rio de Janeiro, 1967
Director and Set and Lighting Designer Gianni Ratto **Libretto** Montagu Slater **Music** Benjamin Britten **Conductor** Henrique Morelembaum
Costume Designer Maria José Neri

Considered the masterpiece of post-war English opera, Britten's first opera, composed in 1945, tells the tragic story of a fisherman hounded to death by his community. It is often interpreted as an allegory of the homosexual condition for having been written by Britten and his partner, the tenor Peter Pears. The libretto is in English, because "one of my aims," writes the composer, "was to restore to the musical setting of the English language a brilliance, freedom and vitality that have been rare since the death of Purcell."

Twenty Years of Dictatorship

"[Those years] are, for me, involved in a mist that I cannot make go away. Being a foreigner, I am unable to take political stances. I attempted everything to participate – through theater, signing manifestos, participating in protests – attitudes that benefit freedom of thought. I worked in the staging of plays, as director or set designer, such as *Se correr o bicho pega, se ficar o bicho come, A saída, onde está a saída, Dura lex, sed lex*, by company Grupo Opinião, directed by Vianninha, Paulo Pontes, Ferreira Gullar; structuring the Teatro Novo (New Theater), opening it with *The Lower Depths*, by M. Gorky, performing *Ubu Roi*, by Jarry, and, finally, *Gota d'água*, by Paulo Pontes and Chico Buarque de Hollanda. I have faced censorship many times, and I was threatened with prison and reprisals, only saved by being Italian. I think much more than leaving the country, staying here, working and acting, under constant threat (Maurício Segall, to remember one among so many, was arrested several times and savagely tortured), was a posture of courage and unquestionable intrepidity. A mist swallowed the sad period of dictatorship, and what remained of it was an economic disaster, from which the country tries to emerge, and the memory of those who were ruthlessly and cruelly destroyed; but that's a partial memory, a memory to be avoided, for it could hurt the feelings of so many people who are still in power; a partial memory, for the majority of people doesn't want to remember, and the young ones don't even know it happened."
Gianni Ratto in *A mochila do mascate*

Teatro Novo

Teatro Novo was born in 1968 as a theater and ballet company that included vocational training as part of its production. The unprecedented project, long cherished by Ratto, funded and directed by Paulo Ferraz, in addition to courses, provided for international exchange and quality publications. It was shut down in less than a year by the military, who invaded a rehearsal of Alfred Jarry's *Ubu Roi*, the caustic satire on authoritarian power. The theatrical company had premiered with the staging of Maxim Gorky's *The Lower Depths*, accompanied by a publication compiling texts by Clarice Lispector, Otto Maria Carpeaux, Antonio Houaiss, José Lino Grünewald and Ratto himself. The ballet company, directed by the American dancer Arthur Mitchell[1], performed the ballet *Rhythmetron* to music for 38 percussion instruments especially composed for the group and directed by Marlos Nobre, and also *The Little Prince*. The surviving documents show a round-table discussion with Merce Cunningham, John Cage and David Tudor on "the work and new achievements in the field of music and modern dance" on August 5 and a letter inviting Pablo Neruda to write a play, and another to Millôr Fernandes. The staging of *Ubu Roi*, translated by Ratto himself, with masks by Pedro and Ilo Krugli and music by Cecília Conde, ready to premiere, would only happen at the end of the following year at Teatro Itália, in São Paulo.

A GRANDE IMPRECAÇÃO DIANTE DOS MUROS DA CIDADE
Great Curse before the City Walls, by Tankred Dorst
Teatro São Pedro | São Paulo, 1972
Director and Set and Lighting Designer Gianni Ratto **Choreographer** Rafael Rodrigues

In the harshest years of censorship and political repression in Brazil, the story of a woman's indignation at her husband's arrest served as a metaphor for resistance and nonconformity to the established order. During that period, after Teatro Oficina's change of tack, the performances of Teatro São Pedro led the cultural protest against the military dictatorship. Ratto's set was "a polygonal framework" made of ropes on which the actors could climb and move about.

PIPPIN
Pippin, by Roger O. Hirson and Stephen Schwartz
Teatro Adolfo Bloch | Rio de Janeiro, 1974
Director Flávio Rangel **Set Designer** Gianni Ratto **Choreographer** Bob Fosse **Costume Designer** Kalma Murtinho

The story of the young prince in search of a deep meaning for his own existence was staged with an extraordinary cast, including the young Marco Nanini, Marília Pêra, Tetê Medina and many others.
The story is set in the reign of Charlemagne, which the sets materialize with vaults and stained glass windows. The musical inaugurated the theater designed by Oscar Niemeyer.

1. On leaving Brazil and returning to New York in 1969, Mitchell founds the Dance Theater of Harlem, which would play a key role in promoting black dancers previously excluded from ballet schools and performances.

RICARDO III
Richard III, by William Shakespeare
Teatro Municipal de Campinas | São Paulo, 1975
Director Antunes Filho **Set, Costume and Props Designer** Gianni Ratto **Music** Conrado Silva

The staging featured a host of flexible scenic devices and scenographic contrivances. Among other resources, Ratto used silhouette cut-outs, repeated as in certain children's games to represent the movement of large armies on stage.

SALTIMBANCOS
I Musicanti, by Sergio Bardotti and Luis Bacalov
Teatro da Universidade Católica (Tuca) | São Paulo, 1977
Director Silney Siqueira **Set and Costume Designer** Gianni Ratto **Adaptation** Chico Buarque

The adventure of the animals that, exploited by their owners and threatened with death, decide to run away and try their luck as musicians was clearly interpreted as a political allegory. One of the songs' lyrics stated that "we are stronger together" and celebrated the animals' union against their oppressive masters.

LOLA MORENO
Lola Moreno, by Bráulio Pedroso
Teatro Ginástico | Rio de Janeiro, 1979
Director Antonio Pedro **Set and Costume Designer** Gianni Ratto **Music** John Neschling **Lyrics** Geraldo Carneiro
The musical, starring Lucélia Santos and Ney Latorraca, revolved around the life of a female singer in the golden age of Brazilian radio. The parody was inspired by vaudeville, as were the costumes and sets that contextualized the play in the 1940s Rio de Janeiro radio milieu. At center stage stood a staircase which the actress descended in Carmen Miranda-style clothes and turban.

LO SCHIAVO
The Slave, by Antonio Carlos Gomes
Teatro Leopoldina | Porto Alegre, 1979
Director, and Set, Costume and Light Designer Gianni Ratto **Music** Carlos Gomes **Libretto** A. Taunay e R. Paravicini **Conductor** David Machado

The libretto is based on the story written in a strong abolitionist vein by Viscount Taunay for Carlos Gomes. Catering to the current taste for the exotic, the plot is set during a 16th-century indigenous revolt, the Tamoios Confederation. This opera is highly praised for its melodious music and refined orchestration.

1980s and 90s

WOZZECK

Wozzeck, by Alban Berg
Teatro Municipal | São Paulo, 1982
Director Fernando Peixoto **Set and Costume Designer** Gianni Ratto
Conductor Isaac Karabtchevsky

The charcoal sketches, a technique used by Ratto with great skill, show the sequence of the scenes and the town that is the setting of Georg Bruckner's unfinished drama, set to music by Alban Berg in 1922.

A FLAUTA MÁGICA

The Magic Flute, by Wolfgang Amadeus Mozart
Theatro Municipal do Rio De Janeiro, 1982
Director, and Set, Costume and Light Designer Gianni Ratto **Music**
Wolfgang Amadeus Mozart **Libretto** Emanuel Schikaneder
e Carl Ludwig Giesecke **Conductor** Giorgy Fischer

"...when I design a set, I am alone with myself. I work in search of an idea that pencil or charcoal will translate and transcribe on paper: alone, I elaborate ideas, structuring architectural and plastic values, imagining light, talking to the space."
Gianni Ratto in *A mochila do mascate*

The newspapers did not fail to notice that Ratto was directing the opera guided by the score rather than the more commonly used libretto. About the sets, he stated: "I didn't want the sets to distract people's attention from the music. The music itself says everything – or almost everything."

PIAF

Piaf, by Pam Gems
Teatro Ginástico | Rio de Janeiro, 1983
Director and Light Designer Flávio Rangel **Set Designer** Gianni Ratto
Costume Designer Kalma Murtinho

The play marked the history of musicals in Brazil and ran for four straight years. Ratto had previously directed Bibi Ferreira in the successful *Gota d'água*. The director this time was his partner Flávio Rangel. The elliptical-shaped set consisted of a central platform surrounded all around by rostrums arranged at various levels descending towards the proscenium, intended for the different situations of the dramatic biography.

CYRANO DE BERGERAC

Cyrano de Bergerac, by Edmond Rostand
Teatro Cultura Artística | São Paulo, 1986
Director and Light Designer Flávio Rangel **Set Designer** Gianni Ratto
Costume Designer Kalma Murtinho **Choreographer** Clarisse Abujamra
Music Director Murilo Alvarenga

"Two days later I was leaving for Lisbon to start the rehearsals of the opera *La Cenerentola*, by Rossini.... Flávio Rangel departed after having made me promise to give him the sketches and ideas for the project on the following day.... We were required to leave the stage empty every morning for the rehearsals of the symphony orchestra. Next morning the design started taking shape in my mind and by noon the plan and sketches were ready.... Besides the ground plans I also made a cardboard model. I handed the material to the construction crew, took leave of Flávio and flew to Lisbon."
Gianni Ratto in *A mochila do mascate*

O GUARANI

The Guarani, by Carlos Gomes
Theatro Municipal do Rio de Janeiro | 1986
Director, and Set and Costume Designer Gianni Ratto **Music** Carlos Gomes
Libretto Antonio Scabrini and Carlo D'Ormerille **Conductor** Roberto
Duarte **Choreographer** Sylvio Dufreger **Costumes** Funarj

Based on the book of the same name written by José de Alencar, the show was the first success of a Brazilian work of music abroad. It premiered at Teatro alla Scala in Milan in 1870. The series of geometric plans of the possibilities of spatial distribution, different levels and alternatives for the movement of characters on stage are an expressive example of Ratto's approach, the "conversation with the space" he carried out when starting to design a set, mentioned in his autobiography.

O BARBEIRO DE SEVILHA

The Barber of Seville, by Gioacchino Rossini
Theatro Municipal do Rio de Janeiro, 1986
Director, and Set, Costume and Light Designer Gianni Ratto **Music**
Gioacchino Rossini **Conductor** Romano Gandolfi

The geometric sketches show us Ratto's initial approach to the performance space. The detailed drawings for the set made it possible to reconstruct it as a model for the commemorative exhibition of Gianni Ratto's centenary in 2017.

LETTI AND LOTTE (QUAFF)
Lettice and Lovage, by Peter Shaffer
Teatro Brasileiro de Comédia | São Paulo, 1990
Director José Renato
Set, Costume and Light Designer Gianni Ratto

Peter Shaffer's comedy is a satire on the horrors of modern architecture and urbanism featuring three middle-aged intellectual women. They discuss the ongoing changes, from tradition to brutalism. It is set in the Tudor mansion, whose stained glass windows depicting rampant lions stand out in the bareness of the final scene, in progressive destruction.

DON GIOVANNI
Don Giovanni, by Wolfgang Amadeus Mozart
Theatro Municipal do Rio de Janeiro, 1991
Music Wolfgang Amadeus Mozart **Libretto** Lorenzo de Ponte **Conductor** David Machado **Director, and Set, Costume and Light Designer** Gianni Ratto **Choreographer** Dennis Gray

The set designs are almost all nocturnal, enhancing the dramatic and unjesting aspect of the opera set in a palatial theater in the Spain of Tirso de Molina. Ratto stated in an interview:
"Nothing was more rewarding than the third staging I conceived in Rio de Janeiro for Mozart's *Don Giovanni.* My sets had been destroyed by a merciless yet, I must admit, providential fire, since it forced me to reflect more deeply on the relationship between what one sees and what one hears. The theater did not have the resources required for the previous design . . ."
On the occasion in question, Ratto staged the opera with lighting only, a few props indispensable to the action and a cyclorama as backdrop.

A QUEDA DA CASA DE USHER
The Fall of the House of Usher, by Philip Glass
Teatro Sala São Luís | São Paulo, 1992
Director Harry Silverstein **Set and Light Designer** Gianni Ratto **Music** Philip Glass **Libretto** Arthur Yorinks (baseado no conto de Edgar Allan Poe) **Conductor** Thomas Toscan **Costume Designer** Carmela Gross

"Gianni Ratto succeeded in building a large house on the theater's small stage – more suitable for concerts – by developing the set in various horizontal levels. With the help of lighting he created gloomy effects required to enhance Glass's opera. Carmela Gross's costumes matched the set designer's work perfectly." **Norberto Modena**

"Given the spatial conditions in which the Glass-Poe characters must perform, the term scenography is not very convenient, certainly less than scenoplasty, which suggests surfaces, volumes and levels as opposed to the use of ornamentation and adjectivization suggested and required by traditional concepts of set design. We therefore have placed on stage, in the functional space, structures involved in a hazy atmosphere; in an attempt not to visualize a story, but to find a suitable atmosphere for the work as a whole." **Gianni Ratto**

CAFÉ
Coffee, by Mário de Andrade
Teatro Municipal de Santos | São Paulo, 1996
Director Fernando Peixoto **Set Designer** Gianni Ratto **Music** Hans Joachim Koellreutter **Conductor** Luis Gustavo Petri **Costume Designer** Maria do Carmo Brandini

Ratto notes that Mário de Andrade's opera would require various sets, but opts for a single set to facilitate the movement of the 130 artists on stage. According to his statements to the media at the time, "in drama the relationship of space is based on the actor, in opera the set designer has to work based on the entire cast." Nevertheless, the single set provided for a few transformations and featured "a sliding wall that enabled the introduction of a smaller set."

Fonte	Arquitecta 7,5/80 pt
Papel	Couché fosco 115 g/m² (miolo)
	Supremo Alta Alvura 350 g/m² (capa)
Impressão	Maistype
Data	Julho de 2022